닥터프렌즈의
구사일생 세계사

KB191250

닥터프렌즈의 **구사일생 세계사**

1판 1쇄 인쇄 2025. 5. 1.
1판 1쇄 발행 2025. 5. 10.

지은이 이낙준

발행인 박강휘
편집 박익비 디자인 정윤수 마케팅 이유리 홍보 강원모
발행처 김영사
등록 1979년 5월 17일(제406-2003-036호)
주소 경기도 파주시 문발로 197(문발동) 우편번호 10881
전화 마케팅부 031)955-3100, 편집부 031)955-3200 팩스 031)955-3111

값은 뒤표지에 있습니다.
ISBN 979-11-7332-194-8 03900

홈페이지 www.gimmyoung.com   블로그 blog.naver.com/gybook
인스타그램 instagram.com/gimmyoung 이메일 bestbook@gimmyoung.com

좋은 독자가 좋은 책을 만듭니다.
김영사는 독자 여러분의 의견에 항상 귀 기울이고 있습니다.

닥터프렌즈의

구사일생 세계사

죽다
살아난
인류 생존의
의학사

이낙준

세계사

김영사

처음에는 기괴했지만, 끝내 경외하게 된 의학사 이야기

의학의 역사를 처음 공부할 때만 해도 '뭐 이런 사람들이 다 있나' 싶었습니다. 21세기에 현대 의학을 배운 제가 보기엔 하나 부터 열까지 말도 안 되는 일투성이였거든요. 그냥 말만 안 되면 나을 거 같은데, 도리어 환자에게 해가 될 만한 일이 더 많았으니 말 다한 셈이죠. 제가 운영하는 '닥터프렌즈' 유튜브 채널에서 〈의학의 역사〉를 다룰 때마다 기괴하고 끔찍한 역사라는 말을 빼놓지 않았던 때도 있습니다.

좀 더 공부를 하다 보니 점차 감사하다는 생각이 들기 시작했습니다. '그때 태어나지 않아서 정말 다행이다'라고 생각했습니다. 생각해보세요. 저는 가뜩이나 몸도 약한 데다가 망막박리라는 상당히 무서운 병도 최근에 겪지 않았습니까? 정말 딱 100년 전에만 태어났어도 최소 실명 내지는 사망했을 겁니다. 200년이요?

마취도 없이 눈을⋯ 그만합시다. 생각도 하기 싫네요.

　최근에도 물론 의학의 역사는 꾸준히 공부하고 있습니다. 영상을 만들고 또 책을 쓰고 있으니 당연한 얘기입니다. 여전히 끔찍하고 기괴한 이야기가 많이 있습니다. 처음 공부를 시작할 때까지만 해도 얼마나 할 수 있을까 싶었는데, 하다 보니 이젠 이게 과연 끝이 있을까 싶습니다. 인류사를 여러 미시사로 분류할 수 있겠습니다만, 그중에서 의학사가 가장 황당하지 않을까 싶을 정도입니다.

　그런데 요즘 의학사를 바라보는 제 생각은 많이 달라지고 있습니다. 단순히 끔찍하다는 감상이야 벗어난 지 오래입니다. 또 그때 태어나지 않아 감사하다는 생각도 이제는 점차 옅어지고 있습니다. 대신 제 머릿속을 채우고 있는 것은, 선배들에 대한 존경입니다. 또 그 당시를 기어코 살아낸 환자들에 대한 경의입니다. 계기가 된 일이 있다면, 그것은 제가 19세기를 배경으로 쓰고 있는 《검은 머리 영국 의사》라는 소설입니다. 소설은 일인칭이고, 일인칭 소설은 아무래도 다른 소설보다 작가로 하여금 주인공이 처한 상황에 보다 몰입하게 만들어줍니다.

　정말 아무것도 없었습니다, 옛날에는. 환자가 무슨 병에 걸렸는지 알기 위해 할 수 있는 검사도 없고요, 설령 진단이 되었다고 한들 쓸 만한 약도 없었습니다. 그렇다고 누군가 제대로 된 지식을 전수해주는 것도 아닙니다. 다만 눈앞의 환자를 살리고 싶다는 열망과 환자의 살고 싶다는 의지밖에 없었지요. 그 가운데 뭐

라도 해줘야겠다는 생각으로 저지른 것이 결국, 지금 우리가 보기
엔 다소 황당하고 끔찍하고, 기괴한 치료들이었습니다. 다행인 것
은 그렇게 해서 겪게 된 시행착오들을 누군가는 기록했다는 점입
니다. 그 기록을 기반으로 차츰 발전한 것이 현대 의학이죠.

　결국, 우리는 위대한 선배들의 살신성인 또는 도전으로 인
해 열매 맺은 현대 의학이라는 과실을 별다른 노력 없이 받은 셈
입니다. 이러한 의학의 역사를 돌이켜보는 것만으로도 어쩌면 삶
을 바라보는 태도가 많이 달라질는지도 모르겠습니다. 아무것도
없었음에도 사람을 고치려고 노력했던 사람들이 있었다는 걸 기
억해주시길 바라면서, 이만 줄입니다.

2025년 봄에
이낙준

목차

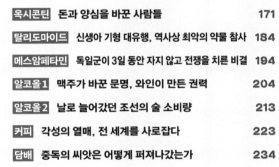

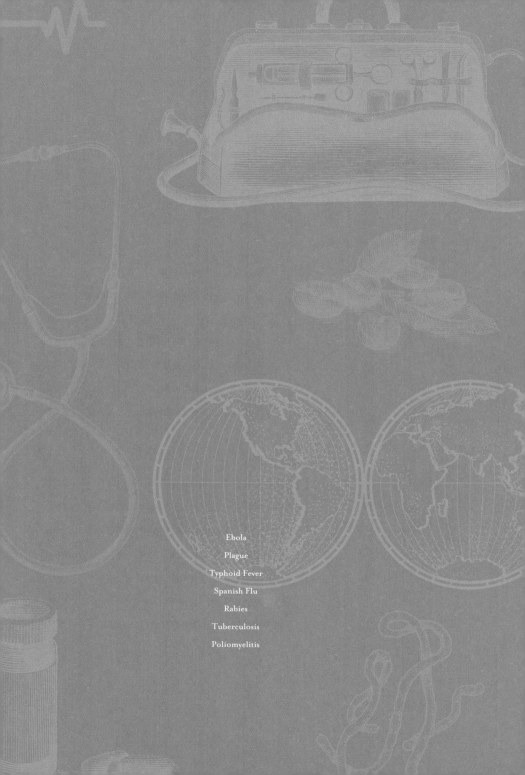

Ebola

Plague

Typhoid Fever

Spanish Flu

Rabies

Tuberculosis

Poliomyelitis

1장

전염병의 희생자들, 인류는 무엇을 배웠는가

자연의 경고인가,
인류의 재앙인가?

에볼라에 관해 들어본 분들 계신가요? 1976년에 아프리카에서 처음 대량 발생한 것으로 알려져 있는데, 당시 어마어마한 치사율로 인해 보건 당국의 주목을 받았습니다. 지금까지 확인된 전염병 중에서도 치사율이 매우 높은 질병 중 하나로 꼽히죠. '제일 높은 거 아니야?' 하실 수도 있지만, 일단 1위는 광견병입니다. 광견병은 치료받지 않으면 거의 100% 사망에 이르고 아메바성 수막뇌염도 한번 걸리면 치사율이 97%에 달합니다. 다만 광견병은 증상이 나타나기 전에 치료가 가능하고 아메바성 수막뇌염은 감염 확률 자체가 극히 낮은 데 견주어, 에볼라는 그런 장점이 없습니다.

에볼라는 여전히 아프리카 지역에서 유행을 이어가고 있습니다. 2022년에는 우간다에서 77명의 사망자를 낳기도 했습니다.

증상도 상당히 무섭습니다. 갑작스러운 발열, 구토, 몸살, 근육통, 두통, 설사 등으로 시작해 심해지면 기침, 호흡곤란, 신장과 간 기능 손상, 충혈, 출혈로 이어집니다. 객혈, 토혈, 혈변은 물론 눈이나 코의 발진에서도 출혈이 발생할 수 있습니다.

운 좋게 생존한다고 해도 바이러스에 침범당한 조직들로 인해 시력 또는 청력을 잃거나 뇌에 장애가 남는 등 심각한 후유증을 겪는 경우가 많습니다. 또 합병증 역시 아주 심각합니다. 더욱 무서운 점은, 뾰족한 치료 방법이 없어 감염자와 발병 지역을 격리한 채 유행이 잦아들기를 기다릴 수밖에 없다는 사실입니다.

에볼라 바이러스와 그 역사

에볼라 바이러스는 인체에 감염을 일으키는 네 가지 주요 아형으로 나뉩니다. 에볼라 자이르, 에볼라 아이보리코스트, 에볼라 레스턴, 에볼라 수단이 그것인데요. 이 가운데 자이르형은 치사율이 80% 이상으로 가장 치명적인 아형이고, 수단형은 치사율이 50% 정도로 가장 '순한' 아형입니다. 순하다지만 치사율 50%는 공포스러운 수치죠. 이들 아형은 주기적으로 감염을 일으키며 사람들에게 위협을 가해왔습니다.

에볼라 바이러스의 기원을 파악하려면 첫 번째 대규모 발병(아웃브레이크)을 살펴봐야 하는데, 이는 쉬운 일이 아닙니다. 아웃

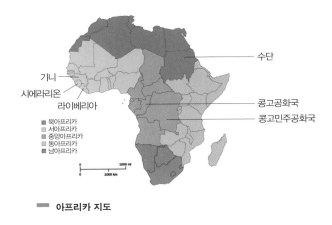

수단

기니
시에라리온
라이베리아

■ 북아프리카
▨ 서아프리카
▨ 중앙아프리카
▨ 동아프리카
■ 남아프리카

콩고공화국
콩고민주공화국

아프리카 지도

브레이크 지역인 중앙아프리카는 밀림이 많고 개발이 거의 이루
어지지 않아 역학조사를 포함한 연구가 몹시 어려운 환경이기 때
문이죠.

1976년, 콩고민주공화국에서 처음으로 에볼라가 대규모로
발생합니다. 당시 자이르형 에볼라가 퍼져 318명이 감염, 그중
280명이 사망했습니다. 에볼라강이 근처에 있었는데, 바이러스의
이름은 이 강에서 유래한 것이죠. 같은 해에 수단에서도 수단형
에볼라가 유행해 284명이 감염, 그중 151명이 사망한 기록이 있
습니다. 영국 월트셔의 어느 연구원은 수단형 바이러스를 실험하
던 중 감염되기도 했지만 다행히 회복했습니다.

이후 1977년과 1979년에도 소규모 감염 사례가 있었는데,
약 15년 동안 감염이 보고되지 않아 일부 전문가들은 바이러스가
자연적으로 사멸한 것이 아니냐는 추측을 내놓기도 했습니다. 심

지어 '제약회사나 군수업체에서 만든 바이러스'라는 음모론까지 떠돌았습니다.

그러나 1994년 가봉에서 다시 에볼라가 발생한 뒤로는 아프리카 지역에서 산발적으로 꾸준히 유행하고 있습니다. 이 가운데 가장 끔찍했던 사례는 2014년부터 2016년까지 서아프리카 지역에서 발생한 대유행입니다.

2013년 12월 6일로 거슬러 올라갑니다. 기니 남부의 게케두라는 도시에서 두 살짜리 아이가 사망하면서 대유행이 시작됐어요. 정확한 감염 경로는 밝혀지지 않았지만, 이 지역에서 박쥐 고기를 자주 먹었기 때문에 이를 통해 감염되었을 가능성이 높다고 추정됩니다. 그 뒤 아이의 가족(할머니, 어머니, 누나)이 잇달아 사망했고, 이들의 장례식이 새로운 감염의 매개체가 되었습니다. 문제는 이 도시가 기니, 라이베리아, 시에라리온의 국경지대에 위치해 있다는 점이었습니다. 이 지역은 가난하고 국경 관리가 부실해 사람들의 왕래가 잦은 곳으로, 이 탓에 감염이 세 나라로 빠르게 확산됐습니다.

결국 세계보건기구WHO가 개입합니다. 2014년 3월, 기니에서만 86명이 감염, 59명이 사망했다는 보고를 받았고, 이후 미국 질병통제예방센터CDC의 협조를 받아 전문가를 파견했습니다. 그러나 4월에 감염이 기니의 수도 코나크리까지 퍼지면서 총 감염자 242명, 사망자 142명으로 급증했습니다. 더욱 심각한 문제는, 에볼라가 진작에 시에라리온과 라이베리아로도 확산하고 있었는데 초기에는 이를 인지하지 못했다는 점입니다.

이미 3월부터 현장에 나가 있던 국경없는의사회는 공식 집계된 몇백 명 단위의 수치보다 실제 감염자가 훨씬 많으리라 판단하고, 이에 대해 신속히 격리 조치를 취해야 한다고 주장했습니다. 그러나 WHO가 국제사회에 협조를 요청하며 나선 것은 8월이었습니다. 그마저도 에볼라를 5단계, 즉 에피데믹 단계로 발표했죠. 에피데믹이란 전염병이 2개국 이상에서 유행하는 단계를 뜻합니다. 그렇지만 이 시점에는 에볼라는 이미 팬데믹 상황이었습니다.

그럴 만한 이유가 있었어요. 그때 유행한 에볼라 바이러스의 아형은 '자이르형'으로, 가장 독한 종류였습니다. 그런데 바이러스가 변이를 일으킨 겁니다. 잠복기가 기존 7일에서 최대 3주까지 늘어났고, 사망률은 90%에서 60%로 낮아졌습니다. 게다가 에볼라는 본래 체액을 통해 직접 전파되는 질환인데, 몇몇 사례에서 공기 전파 가능성을 의심케 하는 경우도 있었죠.

팬데믹이란? WHO 전염병 경보 단계란?

팬데믹은 사람들이 면역을 갖고 있지 않은 전염병이 전 세계적으로 확산되는 현상을 말하며, 코로나19와 2009년 신종 인플루엔자가 대표적 사례다. WHO는 전염병 경보를 1단계(동물 간 감염), 2단계(동물에서 사람으로의 산발적 전염), 3단계(사람 간 제한적 전파), 4단계(지역사회 내 전파), 5단계(두 개 이상의 국가에서 전파), 6단계(세계적 대유행)로 구분하며, 팬데믹은 가장 높은 위험 수준인 6단계로 감염의 전염성, 지역 확산 범위, 인명 피해 등을 기준으로 판단한다.

이런 상황을 WHO가 제대로 파악하지 못했던 겁니다. 그래서 늑장 대응을 한 데다 상황을 과소평가했어요. 결과는 참담했습니다. 당시 기니, 라이베리아, 시에라리온을 중심으로 서아프리카에서만 2만 8,646명이 감염되고, 이 중 1만 1,323명이 사망한 것으로 알려졌습니다. 의료진도 예외는 아니어서, 850명이 감염되고 그중 510명이 목숨을 잃었습니다. 이마저도 WHO는 인력 부족과 지역 상황 탓에 축소 보고되었을 가능성이 높다고 봤습니다.

미국과 스페인 일부 지역에서도 발병 환자가 발견되었는데, 대부분 서아프리카에서 의료봉사에 참여했던 의료진이었습니다. 하지만 라이베리아인 감염 사례도 있었습니다. 다행히 각국이 방역을 지나치리만큼 철저히 한 덕분에 대륙 간 감염으로 이어지는 최악의 사태는 막을 수 있었죠.

이번 대유행은 에볼라에 대한 주요 선진국들의 경각심을 크게 높였습니다. 그래서 연구 여건이 열악한 형편에서도 에볼라 관련 연구가 꽤 활발히 이루어졌습니다. 다만 안타깝게도 대부분의 유행에서 페이션트 제로Patient Zero, 즉 최초 감염자는 확인되지 않았습니다.

유인원, 박쥐, 인간… 에볼라는 어떻게 퍼졌을까?

그렇지만 과거 사례 중에는 명확히 밝혀진 것도 있습니다.

1976년 영국 실험실에서 발생한 감염이나, 1994년 스위스에서 침팬지 부검 중 발생한 감염이 그것입니다.

이를 토대로 동물 사체나 고기와 관련된 감염 사례를 추적하다 보니, 1996년 가봉에서 유행한 에볼라는 침팬지 사체를 발견해 도살한 아이들에게서 시작된 것으로 확인되었습니다. 2001년과 2003년, 가봉과 콩고공화국의 사례 또한 숲에서 발견된 고릴라, 침팬지, 다이커영양 사체를 처리하다가 발생한 것으로 보였습니다. 그리고 이 사체들은 모두 에볼라 바이러스에 감염된 것으로 확인되었습니다.

그렇다 보니 '유인원이 감염의 핵심인가?'라는 의문을 중심으로 연구가 진행되었는데, 실제로 아프리카에서는 유인원 또한 에볼라 때문에 개체 수가 급격히 감소하고 있었습니다. 예를 들어 로시 보호구역이라는 지역(약 350km²)에서는 2002년부터 2003년 사이, 단 1년 만에 고릴라 개체 수가 절반으로 줄었고, 침팬지는 무려 88%나 감소했습니다. 같은 시기에 해당 지역 인근에서는 사람들 사이에서도 에볼라 바이러스가 유행했죠. 역학조사를 통해 확인된 바에 따르면, 에볼라가 인간 사이에서 유행할 때마다 대형 유인원 또한 대량으로 폐사한 사례가 반복적으로 관찰되었습니다.

이렇게 되면 한 가지 의문이 생기죠? 본래 바이러스가 전파를 효율적·주기적으로 이어가려면 숙주(기생생물에게 영양을 공급하는 생물)가 바이러스로 인해 급격히 사망해서는 안 됩니다. 그런데 고릴라든 침팬지든, 유인원은 감염되면 사람만큼 빠르게 죽어요.

이 때문에 연구가 다른 방향으로 전환되었습니다. 1976년 수단에서 발생한 유행, 즉 에볼라의 첫 유행으로 추정되는 사례를 보면, 그 근원이 박쥐 고기를 섭취한 것이었을 가능성이 제기되었습니다. 당시 첫 발병자는 감염 열흘 만에 온몸에서 피를 쏟으며 사망했고, 이후 그의 인근 마을에서 284명에게 바이러스가 전파되어 그중 151명이 사망했습니다. 이를 계기로 박쥐에 관한 연구가 본격화됐습니다.

그 결과, 드문 경우이긴 하지만 박쥐가 많이 서식하는 지역에서 자거나 박쥐 고기를 섭취한 사람들이 감염된다는 사실이 확인되었습니다. 반면에 박쥐 자체는 에볼라 때문에 폐사하는 사례가 아직까지는 발견되지 않았습니다. 이는 곧 박쥐가 바이러스를 보유하고 전파하는 보균자라는 뜻이 되겠죠? 그렇다면 왜 갑자기 아프리카, 특히 오지에서 이처럼 무서운 에볼라가 등장하기 시작했을까요?

박쥐를 없애면 에볼라가 사라질까?

박쥐는 곤충 개체 수를 조절하고 씨앗을 퍼뜨리는 중요한 역할을 한다. 박쥐가 사라지면 말라리아 같은 모기 매개 질병이 증가할 가능성이 있으며, 생태계의 균형이 무너질 수도 있다. 바이러스 자체도 자연의 일부로 존재하기 때문에 단순히 박쥐를 없앤다고 전염병 문제가 해결되지는 않는다. 전염병 퇴치에는 바이러스 박멸이 아니라 환경과의 균형을 고려하는 접근법이 필요하다.

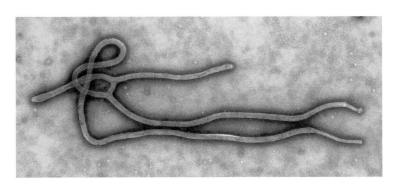

에볼라 바이러스의 전자현미경 착색 사진.

야생동물 서식지 축소, 신종 바이러스와 중국

　　1976년 발병 지역과 2014년 대유행을 일으킨 지역 모두 본래는 사람들이 들어가 살지 않던 곳이거나, 최소한 지금처럼 많은 사람이 거주하던 곳이 아니었습니다. 그런데 인간이 산림을 점점 더 많이 벌채하면서 오지로 영역을 넓혀갔고, 이로 인해 야생동물의 서식지가 줄어들었습니다. 무엇보다 이전에는 인류가 자주 접촉하지 않았던 야생동물과 빈번히 접촉하면서, 이러한 바이러스가 발생하게 되었다는 가설이 성립합니다.

　　더 무서운 사실은, 2009년 이후 중국의 아프리카 투자가 가속화하면서 특히 에볼라가 유행하는 서아프리카 지역에서 무분별한 난개발이 이어지고 있다는 점입니다. 지금도 에볼라가 산발적으로 유행하는 지역에 들어가 있는 중국인의 수는 2만 명이 넘습니다.

이를 두고 에볼라 바이러스를 처음 발견한 런던대학교의 피터 피오트Peter Karel Piot 박사는 이렇게 말했습니다.

"만약 이 바이러스가 중국으로 들어가게 된다면, 전 세계적으로 어떤 재앙이 벌어질지 상상조차 되지 않는다."

개발도 좋고 성장도 좋지만, 신종 바이러스가 점점 더 많이 등장하고 있다는 점을 간과해서는 안 됩니다. 무엇보다 신종 바이러스의 75% 이상이 야생동물에게서 기인한다는 사실을 고려하면, 이제는 개발에 속도 조절이 필요해 보입니다.

중세를 무너뜨린 보이지 않는 적

세계사나 의학에 큰 관심이 없는 사람도 '페스트'는 한 번쯤은 들어봤을 법한 명칭이죠? 또 '페스트 마스크'라는 이름은 조금 생소할 수 있어도, 독특한 새 부리 모양의 마스크를 보면 누구나 '아, 이거!' 할 겁니다.

페스트는 흔히 '흑사병'이라고 하는 급성 열성 전염병으로, 14세기경 전 유럽을 휩쓸며 약 3,000만 명 이상의 목숨을 앗아갔습니다. 당시 유럽 인구의 30~50%에 해당하는 사람들이 사망했으니, 역사상 최악의 팬데믹으로 꼽히기에 충분하죠. 페스트 때문에 중세가 사실상 끝났다고 보는 학자도 많습니다.

그렇다면 이 페스트, 대체 언제부터 존재했을까요? 페스트의 원인이 되는 병원균은 'Yersinia pestis(페스트균)'인데, 페스트균이 확인된 가장 오래된 사례는 기원전 1800년경 청동기시대에

전염병 확산을 막고자 보호복과 새 부리 마스크
를 착용한 17세기의 독일 의사.

사망한 사람의 유골에서 발견된 것입니다. 하지만 흥미롭게도 당
시에는 대규모 전염병으로 확산된 흔적은 없었습니다. 근처에서
무덤군 같은 집단 사망의 증거가 발견되지 않았기 때문이죠. 이
시기의 감염은 풍토병 수준에 그쳤던 것으로 보입니다.

　　이 밖에도 페스트의 가능성을 암시하는 고대 기록이 있습니
다.《구약성경》〈사무엘상〉에서는 블레셋 군대가 이스라엘의 하
나님의 궤를 빼앗은 뒤, 이상한 병에 걸려 큰 고통을 겪는 장면이
등장하죠.

"야훼께서는 아스돗 백성을 호되게 치시어 공포에 몰아넣으셨다. 아스돗에 종기가 돌고 온 지경에 쥐가 들끓었던 것이다"(〈사무엘상〉 5:6).

이 병을 진정시키기 위해 블레셋 사람들이 쥐 모양의 황금상을 만들어 하나님께 바쳤다는 이야기도 나옵니다.

"그들이 '면죄제물로 무엇을 얹어서 보내야 합니까?' 하고 묻자, 이렇게 일러주었다. '금으로 종기 모양을 다섯 개, 쥐 다섯 마리를 만들어 보내십시오. 그런 재앙이 당신들과 당신들의 추장에게 미쳤으니, 그것을 블레셋 추장들의 수대로 바치는 것입니다. 전국을 휩쓸고 있는 이 종기와 쥐들의 모양을 만들어 그것으로 이스라엘의 신께 예를 갖추어야 합니다. 그러면 그가 당신들과 당신들의 신과 땅을 치던 손을 거둘 것입니다'"(〈사무엘상〉 6:4~5).

내용을 정리해보면, 당시 아스돗 지역에 쥐가 들끓으며 전염병이 퍼졌는데, 이 때문에 림프샘이 커지고 많은 사람이 사망한 것으로 보입니다. 이러한 묘사로 미루어 이 병이 페스트였을 가능성이 제기됩니다. 《구약성경》에 기록된 이 사건은 기원전 1000년대쯤에 발생한 것으로 추정돼요.

'페스트 마스크'의 정확한 기원과 목적

'새 부리 마스크'는 17세기 유럽에서 등장했다. 따라서 페스트가 유행한 14세기에는 존재하지 않았다. 프랑스 의사 샤를 드 로름Charles de Lorme이 설계했으며, 부리 안에 허브나 향을 넣어 '독기miasma'를 막으려 했다. 바이러스나 박테리아를 차단하는 기능은 없었기 때문에 현대의 방역 마스크와는 전혀 다르다.

그 이후로도 페스트는 오랫동안 고대 중근동(서아시아와 북아프리카) 지방의 풍토병으로만 남아 있었습니다. 그러다 유럽과 인도를 잇는 무역로를 거쳐 전파되기 시작했죠. 먼저 인도로 번진 뒤, 6세기경에 로마제국의 수도 콘스탄티노플로 퍼졌습니다. 이후 지중해를 거쳐 점차 유럽 전역으로 확산했는데, 8세기쯤에는 아일랜드에서도 페스트가 국소적으로 돌았다는 기록이 남아 있습니다.

몽골군이 유럽에 가져온 전염병?

그런데 중세를 황폐화한 페스트는 좀 달랐습니다. 중세를 끝장낸 이 페스트는 지금의 코로나19처럼 변종이 있었다는 게 정설입니다. 변종 때문에 더 치명적이었죠.

영국 스털링대학교에서 진행한 연구에 따르면, 현재 키르기스스탄에 있는 이식쿨호 근처 톈산산맥의 계곡 마을에서 페스트의 흔적이 발견되었습니다. 1338년부터 1339년 사이에 생긴 무덤이 다른 시기에 견주어 비정상적으로 많았다는 점을 확인했죠. 연구팀은 보존 상태가 양호한 묘비 118개를 발견했는데, 그중 10개의 묘비에 '역병'이라는 단어가 명확히 언급되어 있었습니다.

발굴된 유골의 DNA를 분석한 결과, 페스트균이 검출되었습니다. 흥미롭게도 고대에 발견된 페스트균과는 약간 다른 변종이었으며, 현재 유럽에서 간헐적으로 발견되는 페스트균과 아주 비슷한 것으로 나타났습니다. 결국 이 변종이 페스트의 주범이라는 결론에 이르렀죠.

그렇다면 중앙아시아의 이 균을 누가 유럽으로 옮겼을까요? 그 무렵 유럽은 13세기부터 14세기에 이르는 소빙기의 영향으로 곡물 생산량이 줄면서 전반적으로 쇠퇴기에 접어들고 있었습니다. 농업에 의존하던 중국 송나라나 고려 같은 국가들도 비슷한 어려움을 겪고 있었죠.

그러나 모든 문명이 소빙기로 손해를 본 건 아니었습니다. 몽골의 경우에는 건조했던 땅이 기온이 내려가면서 풀이 잘 자라게 됐는데, 이는 말의 수를 급격히 증가시키는 결과를 낳았습니다. 그리고 12세기 말, 칭기즈칸이 태어나 몽골 유목민들을 통합하며 강력한 세력을 형성했죠. 그는 남하하며 정주 문명을 파괴하고 몽골제국을 건설했습니다.

몽골은 동쪽으로는 고려까지 굴복시킨 뒤 서쪽으로 눈을 돌려 중앙아시아를 넘어 유럽으로 진출했습니다. 그런데 1343년에 크림반도 타나 마을에서 이탈리아의 기독교인 상인이 몽골인을 살해하는 사건이 일어납니다. 이에 자니베크칸이 이끄는 몽골군이 보복 공격을 감행하여 타나를 초토화했습니다. 그러나 범인을 포함한 일부 상인들은 항구도시 카파(지금의 페오도시야)로 도망쳤죠.

그러자 몽골군은 카파를 포위공격했습니다. 당시 카파는 이탈리아가 지배하고 있었는데, 주민들은 성 밖에 몽골군 전사들의

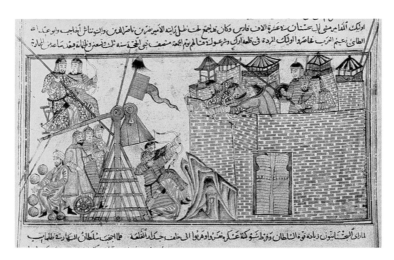

━━ 13세기, 몽골군이 공성전에서 투석기로 전염병에 감염된 시체를 성안으로 던지는 장면을
그린 삽화.

시신이 쌓이는 것을 보며 하나님을 찬양했다고 합니다. 그런데 자
니베크칸은 전사들의 시신을 투석기로 도시 안으로 던지는 전략
을 펼쳤습니다. 이미 포위공격으로 힘들어하던 카파는 시신에서
발생한 정체불명의 전염병 때문에 점점 붕괴되었고, 결국 주민들
은 도시를 탈출했습니다.

　　카파를 떠난 네 척의 배가 시칠리아, 마르세유, 발렌시아 등
으로 향하면서 페스트는 유럽 전역으로 확산됩니다. 그때는 이 병
을 페스트라고 하지 않았어요. '페스트'라는 이름은 19세기에 붙
여진 것입니다. 당시 사람들에게는 그냥 정체불명의 전염병이었
죠. 게다가 걸리면 사흘 안에 사망할 수 있는 아주 무서운 병이었

습니다. 사람들은 치료를 시도했지만 성과는 미미했습니다.

중세를 '암흑기'라 일컫는 이유 중 하나는 천 년이 넘는 기간 동안 지식을 답습하기만 했기 때문입니다. 의학 지식 또한 고대 로마의 명의 갈레노스의 수준에 머물러 있었을뿐더러 오히려 퇴보한 경우도 많았습니다. 그렇지만 페스트가 너무도 빠르게 번지고 너무도 치명적이었기 때문에 어떡하든 대응하려고 애썼죠.

미신과 혼돈의 치료법들, 일단 원인부터 찾자

일단 원인을 밝히기 위해 노력했지만 헛수고였습니다. 균은 고사하고 쥐에 기생하는 물벼룩이 이 질환의 원인이라는 사실은 프랑스의 미생물학자 알렉상드르 예르생Alexandre Yersin, 1863~1943에 의해 1894년에야 밝혀졌습니다. 당연히, 당시 사람들은 전혀 몰랐죠.

우선 중세의 믿음에 따라 '이건 신의 심판이다'라는 해석부터 나왔습니다. 걸린 사람은 죄를 지었으니 피하지 말고 그냥 죽으라는 것이죠. 그런데 문제는 이런 말을 전하던 신의 사도, 즉 성직자들마저 픽픽 쓰러지기 시작했다는 겁니다. 결국 교회에서 강력히 주장하던 이 해석은 제일 먼저 교회 자체에서 철회하게 됩니다. 성직자들까지 자꾸 죽어나가는데, '다 죄인이어서 그렇다'라고 하기 좀 이상하잖아요. 그래서 교회는 새로운 원인을 찾기 시작했습니다.

그중 하나가 1345년 3월 20일 오후 1시에 발생했다는 천문 현상이었죠. 파리대학교의 어떤 의사가 토성, 화성, 목성이 일렬로 정렬하면서 공기가 오염됐다고 주장했습니다. 이 주장은 그래도 양반이에요. 이건 그냥 '현상'이니까 사람들이 '아이고, 저 나쁜 토성 화성 목성!' 하며 때려죽일 수는 없잖아요.

그래서 심심했는지, 그때 이미 대립하고 있던 기독교인과 무슬림이 서로 '네 탓이다!'를 시전합니다. 그런데 서로 사는 곳도 다르고 세력도 만만치 않으니, 탓하기만 할 뿐 실제로 죽이기는 어려웠죠. 그래서 더 만만한 이교도가 없나 둘러보니 유대인이 눈에 들어옵니다.

마침내 '유대인이 우물에 독을 풀었다'며 엄청난 학살이 벌어졌습니다. 게다가 여전히 '병에 걸린 자는 죄인이고 뭔가 잘못한 게 있다'는 믿음이 팽배했기 때문에, 페스트 환자를 채찍질하며 마을을 돌게 했습니다. 격리해야 할 사람들을 오히려 마을 곳곳을 돌게 했으니 그 결과는 참혹했죠. 환자를 채찍으로 때린 놈부터 병이 옮았겠죠? 그렇게 마을 전체가 초토화되기도 했습니다.

그러다 '야, 이건 아닌 것 같다'는 결론에 이르러 다른 치료법들이 시도됩니다. 먼저 동물을 활용한 치료법이 나왔습니다. 영국 의사 토머스 바이카리Tomas Vicary, 1490~1561가 고안한 방법으로, 그의 이름을 따서 '바이카리법'이라고 했습니다. 건강한 닭의 등에 난 깃털을 다 뽑아낸 다음, 병든 사람의 부은 부위에 닭의 맨살을 붙이는 방식이었죠. 닭이 좀 아파 보이면 '와! 병이 닭에게 옮아갔다!'고 생각했습니다.

그런데 닭이 비싸니까 이번에는 뱀으로 눈을 돌립니다. 뱀은 《구약성경》에 나오는 사탄의 상징이니, 이걸로 병을 치료하겠다고 한 거죠. 뱀을 죽여 조각낸 다음 아픈 부위에 문질렀습니다. 비둘기도 희생됐는데, 그 이유는 불분명합니다. 닭 대신 쓴 건지, 다른 이유가 있었는지는 확실하지 않아요.

이 시대에 사람들이 가장 간절히 찾아다닌 동물은 유니콘이었습니다. 많은 의사가 자기가 유니콘의 뿔 가루를 갖고 있다고 주장했죠. '이걸 먹여야 산다'며 엄청난 돈을 받았지만, 아시다시피 뿔 달린 말 따위는 존재하지 않았습니다.

그보다 더 비싸고 귀한 치료법도 있었습니다. 바로 에메랄드 가루를 약으로 쓰는 거였죠. 효과는 없었겠지만요. 에메랄드를 살 돈조차 없는 사람들은 비소나 수은을 사서 마셨습니다. 그러다 보니 페스트 때문에 죽었는지 약 때문에 죽었는지조차 알 수 없게 되었죠.

이 시기에는 물약도 유행했는데, 그중 가장 유명한 것이 'Four Thieves Vinegar'입니다. '네 도둑 식초'라니 이름이 좀 이상하죠? 뜻은 이렇습니다. 전염병에 면역이 되어, 전염병으로 죽어가거나 죽은 사람들의 집을 아무렇지도 않게 털어대던 '네 명의 도둑이 만든 물약'이라는 뜻입니다. 재료가 대단한 건 아니었어요. 식초나 와인에 세이지, 정향, 로즈메리, 쑥 같은 허브를 넣었습니다. 효과가 있었을 리가 없죠.

물약뿐 아니라 연고도 유행했습니다. 그런데 연고는 반죽을 해야 하잖아요? 그 반죽을 뭘로 했냐 하면, 놀랍게도 가장 구하기 쉬운 재료인 인간의 대변으로 반죽했습니다. 당연히, 감염으로 더 많은 사람이 죽었겠죠. 또 한 가지, 그때 사람들은 깨끗한 소변에 약효가 있다고 믿었기 때문에 소변으로 목욕하거나 소변을 마시기도 했습니다. 지금 기준으로는 상상하기 힘든 일이지만요.

독기론이라는 개념도 여전히 믿었습니다. 이는 갈레노스 시대부터 내려온 이론으로, '병은 독기(나쁜 공기) 때문에 발생한다'는 믿음이었죠. 그래서 공기를 정화한다며 향을 태우곤 했습니다. 페스트를 치료하는 의사들이 쓰던 새 부리 모양의 마스크도 이런 배경에서 만들어졌습니다. 이 마스크 안에 향이나 허브처럼 향기가 나는 것을 채워서 독기를 맡지 않으려 했던 거죠. 다만, 지금 우리가 사용하는 마스크처럼 바이러스나 비말(기침하거나 말할 때 입에서 튀는 침방울)을 막는 용도는 아니었습니다.

그리고 역사와 전통이 깊은 치료법인 사혈이 빠질 수 없죠. 돈이 좀 있는 사람들은 거머리를 사다가 붙였고, 가난한 사람들은 직접 칼로 몸을 베어 나쁜 피를 빼내려고 했습니다. 종교적인 치료법도 빼놓을 수 없습니다. 공개 채찍질, 부적, 기도, 단식, 미사 참석 등이 유행했는데, 이런 방법들이 도움이 되었을 리는 없죠. 오히려 병이 더 퍼지는 결과를 낳았을 겁니다.

격리와 거리두기의 시작 그리고 무기화

그렇지만 내내 삽질만 했던 건 아닙니다. 드디어 사람들은 '아, 걸린 사람들과 접촉하면 안 되는구나' 깨달았죠. 즉 격리와 사회적 거리두기를 시행하게 된 겁니다. 문제는 이런 조치를 시행한 시기가 너무 늦었다는 겁니다. 당시 대도시였던 이탈리아의 베네치아나 제노바는 인구 절반 이상이 이미 사망한 뒤에야 격리를 시작했으니까요.

결과적으로 유럽 전체에서 3,000만 명이 넘는 사람들이 목숨을 잃었습니다. 이처럼 끔찍했던 페스트가 현대에는 어떻게 되었을까요? 놀랍게도, 페스트를 무기화하려는 시도가 있었습니다.

대표적인 예가 일본의 731부대입니다. 이 부대는 이시이 시로 중장이 이끌었는데, 만주에 주둔하면서 다양한 생물학적 실험을 자행했습니다. 중일전쟁(1937~1945)이 길어지자 전쟁을 끝내기 위해 페스트균 연구에 착수했죠. 이들은 연구 결과를 바탕으로 1940년 중국 닝보시에 페스트균을 투하해 165명이 감염됐고, 그중 112명이 사망했습니다.

치사율은 대단했지만 전쟁 전체를 뒤흔들 정도의 전과는 아니었습니다. 1945년에 일본이 제2차 세계대전에서 패하자 이 연구 결과는 승전국들에 의해 확보되어 적어도 1990년대까지 연구가 이어졌다고 합니다. 즉 한때 대륙을 거의 끝장냈던 이 질환을 무기화하려는 시도가 최근까지도, 어쩌면 지금도 이루어지고 있다는 뜻이죠.

　물론 지금은 페스트가 돌아도 그때처럼 강력한 파괴력을 보이기는 어렵습니다. 하지만 그렇다 해도 사람들은 죽어나갈 겁니다. 그러니 제발, 아무 일 없이 조용히 연구만 하거나 완전히 폐기되기를 바랄 뿐입니다.

인류의 생존을 시험한 감염병

장티푸스는 대표적인 수인성전염병이죠? 적절한 치료를 받지 못하면 사망률이 무려 10~20%에 이를 정도로 치명적입니다. 심지어 적절히 치료하더라도 치사율이 1%나 되는 무서운 병이에요. 주요 증상으로는 발열이 있습니다. 아주 심한 고열이 동반될 수 있죠. 감염질환이기 때문에 오한, 두통, 권태감 같은 증상과 함께 식욕 감퇴가 나타납니다. 구토, 설사 또는 변비 같은 소화기 증상도 흔합니다.

발열이 심하다 보니, 역사적으로 말라리아와 구분하는 것이 매우 중요했습니다. 놀랍게도 생각보다 훨씬 오래전부터 이 두 질환을 구분했어요. 왜일까요? 말라리아는 주기적으로 열이 나는 '주기열' 증상이 있죠. 3일 또는 4일 간격으로 열이 나고 방치하면 치명적입니다. 반면 장티푸스는 고열이 계속해서 나타나며 치명적인 결과로 이어지기 때문에 비교적 쉽게 구분할 수 있었어요.

　　그럼 치료는 달랐을까요? 옛날에는 치료법이 크게 다르지 않았습니다. 열이 나는 사람에게 효과가 있을 만한 치료를 모두 시도했죠. 어떤 치료를 했을까요? 이집트 역사를 보면, 그때 사람들이 우리 생각보다 훨씬 지혜로웠다는 점을 알 수 있습니다. 이들은 버드나무 껍질을 우린 물을 마시면 열이 내린다는 사실을 알고 있었어요. 실제로 통증과 열을 완화시켜주는 아스피린Aspirin의 원료가 되는 성분이 바로 이 버드나무 껍질에 들어 있습니다. 다만 효과가 강력하진 않았습니다. 아무래도 희석되어 있으니까요. 효과가 미미하다 보니 기괴한 치료법들이 등장했습니다. 예를 들어 비소를 먹여 열을 낮추거나, 피를 뽑아 열을 내린다거나, 심지어 이상한 약을 먹여 열을 낮추는 방식이 있었죠. 이런 과정에서 사람들은 오히려 죽음을 맞이하기도 했습니다.

　　한편 말라리아는 무서운 병이지만 모기를 통해 전파되는 질환이라 사람 사이에 직접 전염되지는 않습니다. 그래서 전쟁이나 문명에 미친 영향에 대한 기록이 상대적으로 적습니다. 물론 말라리아로 인해 제국주의 국가들이 식민지 정복에 어려움을 겪기도 했지만, 수인성전염병인 장티푸스에 비하면 단기적인 영향력이 약할 수밖에 없었습니다.

고대 그리스의 재앙, 아테네 역병

장티푸스와 관련된 가장 오래된 역사적 기록을 찾으려면 고대 그리스, 특히 아테네로 거슬러 올라가야 합니다. 아테네는 고대 그리스의 사실상 맹주라고 할 수 있는 도시국가였죠. 그런데 아테네가 한순간에 큰 위기를 맞게 됩니다.

때는 기원전 430년경, 즉 기원전 5세기입니다. 그 무렵 그리스 패권을 둘러싸고 델로스동맹(아테네 주도)과 펠로폰네소스동맹(스파르타 주도) 사이에 전쟁이 벌어지고 있었습니다. 그리스 바깥에는 이미 페르시아라는 대제국이 존재했지만, 그리스 내부에서는 이 두 동맹이 최강의 세력이었죠. 전쟁은 굉장히 치열했을 겁니다. 이런 상황에서 장티푸스가 등장하고 그리스 역사의 흐름을 바꿔놓습니다.

아테네에 역병이 돌기 시작해요. 사람들이 고열에 시달리며 시름시름 앓다가 설사하고 하나둘 죽어갔죠. 옆방에 있던 사람도 죽고, 같은 방을 쓰던 사람도 죽고, 공포의 역병이 아테네를 휩쓸었습니다. 이 역병은 에티오피아에서 시작된 '열이 나다가 설사하고 죽는 병'이 이집트와 리비아를 거쳐 아테네에 도달한 것으로 추정됩니다.

당시 사람들은 이런 병이 있다는 건 알았지만, 오늘날처럼 수인성전염병에 관한 지식이 없었기 때문에 물이나 음식 관리에 신경 쓰지는 않았습니다. 대신 병에 대비한다고 준비한 것이 열을 낮추기 위한 비소, 설사를 멎게 하기 위한 아편 그리고 사혈을 위한 날카로운 칼이었습니다.

그러나 정작 가장 중요한 대처법, 즉 병의 전파를 막기 위한 조치는 없었습니다. 병자들이 몰려오는 것도 막지 않았죠. 당시 아테네의 수장 페리클레스는 민주주의의 시초를 만든 인물로, 모든 시민에게 평등한 권리가 주어져야 한다고 주장했습니다. 그래서 아테네로 주변에 사는 사람들이 몰려들었고, 그들 중에는 장티푸스 보균자나 환자도 있었던 겁니다.

병자들이 속속 들어오는데, 준비된 치료법은 효과적이지 못했으니, 상황이 통제될 리 없었겠죠. 아테네 군인과 민간인의 무려 4분의 1이 역병으로 목숨을 잃었습니다. 그러니 스파르타와의 전쟁에서 버틸 수 있었겠습니까? 결국 아테네가 참패를 당하며 그리스의 패권은 스파르타로 넘어갑니다.

아테네는 인구의 25%를 잃는 초유의 사태를 겪으며 큰 변화를 맞이합니다. 바로 새로운 신앙이 탄생해요. 사람들이 치유의 신 아스클레피오스를 믿기 시작합니다. 아스클레피오스는 지팡이에 뱀이 감긴 상징으로 잘 알려져 있는데, 이 상징은 오늘날에도 의학과 군의관의 상징으로 사용되고 있습니다.

당시 집단 매장지에서 발굴된 유해의 DNA를 현대에 들어 분석한 결과, 장티푸스 병원균 또는 그와 비슷한 유기물이 검출됐다는 사실이 밝혀졌습니다. 아테네의 역사가 투키디데스의 기록에서도 이를 뒷받침하는 증언이 나옵니다. 그는 두통, 눈 충혈, 기

아스클레피오스의 지팡이에 감긴 뱀은 의학과 치유의 상징으로, 세계보건기구WHO 마크에도 사용되고 있다.

침, 콧물, 가슴 통증 등의 초기 증상과 함께 심한 구토, 설사, 반점 등이 나타났다고 기록했습니다. 이러한 증상은 환자들의 죽음으로 이어졌죠. 모든 정황은 아테네를 휩쓴 역병이 장티푸스였을 가능성을 강하게 시사합니다.

그 뒤 장티푸스는 그리스 전역에서 풍토병으로 자리 잡았습니다. 로마제국이 들어서면서 이 병은 지중해를 넘어 유럽 전역으로 퍼졌고, 활발한 교역을 통해 실크로드를 따라 동아시아에까지 전파되었습니다. 당나라를 거쳐 동아시아에 도달한 장티푸스는 조선에서도 큰 문제를 일으킵니다. 이처럼 장티푸스는 단순한 전염병을 넘어 인류 역사와 문명에 깊은 영향을 준 질병이었습니다.

조선은 장티푸스를 잘 치료했을까?

혹시 '염병하네'라는 말을 들어보셨나요? 이 말은 욕으로 쓰이지만, 그 기원은 실제 병명에서 시작되었습니다. 염병染病은 특정 질환을 뜻했는데요. 보통 고열, 복통, 두통, 몸살, 설사나 변비 그리고 코피와 기침까지 동반하며 많은 사람을 사망에 이르게 하는 무서운 병을 가리켰습니다. 너무 치명적인 병이었기에, '염병을 앓을 만큼 재수가 없어서 매우 못마땅하다'는 뜻으로 발전해 욕설이 된 거죠.

그러나 염병이 반드시 장티푸스만을 뜻하지는 않았습니다. 당시에는 진단 기술이 발달하지 않았기 때문에, 열이 나고 설사와 기침이 동반되면 그냥 '염병'이라고 통칭한 것으로 보입니다. 물론 이런 병이 전염되기 시작하면 급속히 퍼져 많은 사람이 사망했기에, 오늘날 우리가 일반적인 염병과 장티푸스를 어느 정도 구분할 수 있는 것과는 차이가 있었죠.

이 병이 돌면 가족 간에도 피해를 우려해 장례식을 포기하고 도망가는 경우가 많았습니다. 특히 사람들이 밀집한 곳이 더 취약했기 때문에 죄수들이 가장 위험했습니다. 실제로 1520년(중종 15) 실록에는 죄수들이 염병으로 죽어나가자 형 집행을 자제하라는 명령이 내려진 기록이 있습니다. 물론 일부 죄수들이 이를 악용할 가능성을 염두에 두고 주의 명령도 함께 내렸죠.

그렇다면 치료는 어떻게 했을까요? 동양과 서양 모두 크게 다르지 않았습니다. 장티푸스 같은 병은 설사 때문에 환자들에게서 냄새가 났는데, 당시 사람들은 이 냄새를 맡으면 병에 걸린다고 생각했습니다. 그래서 냄새를 차단하려고 코끝에 참기름을 바르는 방법을 사용하기도 했지만, 당연히 효과는 없었죠. 가장 효과적인 방법은 집을 버리고 산속으로 도망가는 것이었습니다. 문제는 그 시절 조선에는 호랑이가 많았다는 점입니다. 도망을 가도 위험이 따랐던 진퇴양난의 상황이었죠.

공중보건의 교훈: 장티푸스 메리가 남긴 것

이제 유럽으로 돌아가보겠습니다. 시대는 19세기. 그전까지 장티푸스는 걸리면 죽는 병이었습니다. 치료를 시도해도 오히려 병을 악화시키는 경우가 많았죠. 대영제국처럼 군사 활동이 잦은 국가일수록 장티푸스에 더 취약했습니다.

그런데 이 시기에 혜성처럼 등장한 영국의 군의관이 있었으니, 바로 암로스 라이트Almroth Wright, 1861~1947였습니다. 이때는 벌써 세균의 존재가 밝혀졌고, 크림전쟁(1853~1856)을 겪으며 유럽에서는 소독의 중요성도 인지된 상황이었습니다. 에드워드 제너의 종두법(소의 천연두 바이러스를 사람에게 접종해 천연두를 예방하는 법)과 파스퇴르의 광견병 백신도 개발된 후였죠. 이런 배경을 바탕으로 암로스 라이트는 장티푸스 백신을 개발합니다.

백신이 완성되자마자 암로스 라이트는 자신에게 직접 주사했고, 이어 병사 15명에게 접종한 뒤 장티푸스 환자와 접촉하게 했습니다. 결과는 성공적이었어요. 병에 걸리지 않았죠. 그래서 그는 장군들에게 백신 접종을 권유했지만, 보수적인 군 수뇌부는 이를 받아들이지 않았습니다. 그 결과, 이미 백신이 있는데도 남아프리카에서 벌어진 제2차 보어전쟁(1899~1902)에서 장티푸스로만 1만 5,000명이 사망했습니다.

암로스 라이트는 격분하며 강력히 질타했습니다. "왜 내 말을 듣지 않느냐!" 이후 인도에서 반란이 일어나자 군 수뇌부는 어쩔 수 없이 백신을 접종했습니다. 결과는 대성공이었습니다. 백신을 접종한 2,835명 중 장티푸스에 걸린 사람은 단 5명뿐이었죠. 이는 장티푸스가 영국보다 훨씬 흔했던 인도에서 거둔 엄청난 성과였습니다.

군사 활동이 잦은 지역이 장티푸스에 더 취약한 이유는?

집단생활은 공중위생 관리가 어렵고 위생 환경이 열악했다. 그 때문에 대규모 급식 시스템으로 인해 식수와 음식이 오염될 가능성이 높아 감염이 쉽게 확산되며, 군인들의 높은 이동성과 장기간 밀집 생활은 감염병 전파를 더욱 가속화한다. 특히 의료 시스템이 붕괴된 상황에서는 적절한 치료와 예방 접종이 어렵고, 장티푸스는 감염자의 대변을 통해 전파되기에 집단생활 환경에서는 더욱 위협적이다.

이로써 장티푸스는 웬만큼 정복되었지만, 백신에 대한 거부감은 여전히 컸습니다. 그러다가 민간에서 백신을 잘 접종하지 않는 상황에서, 메리 맬런Mary Mallon이라는 사람이 1869년 아일랜드에서 태어났습니다. 1884년에 미국으로 이주한 메리는 1906년 여름, 뉴욕의 부유한 은행가 찰스 엘리엇 워런의 집에서 요리사로 일했습니다. 그런데 집에 있던 11명 중 6명이 장티푸스를 앓게 되죠. 당시 장티푸스는 백신이 개발되어 있었음에도 치료가 몹시 어려운 질환이었기 때문에 큰 문제가 되었습니다.

다행히 존 스노John Snow, 1813~1858 박사(콜레라의 전염 경로를 밝힌 공중보건의 선구자)의 연구로 역학조사의 기본 원칙이 이미 자리 잡고 있던 때였습니다. 처음에는 오염된 조개가 원인일 가능성을 두고 조사를 시작했습니다. 이 조사를 주도한 사람이 바로 미국의 위생공학자 조지 소퍼George Soper, 1870~1948 박사였습니다. 그런데 아무리 조사해도 조개는 범인이 아니었죠. 그러자 소퍼 박사는 새로운 가설을 세웠습니다.

"맨 처음 장티푸스가 발생한 집에 범인이 있다. 그리고 그 범인은 아마도 '건강한 보균자'일 것이다."

소퍼 박사는 이 범인이 메리 맬런일 가능성이 높다고 판단했습니다. 그때만 해도 건강한 보균자라는 개념은 생소하고 논란의 여지가 많은 개념이어서, 그의 주장은 쉽게 받아들여지지 않았습니다. 메리는 다른 가구에서도 요리사로 일하며 계속 장티푸스를 퍼뜨리고 있었고요. 이로 인해 여덟 가구에서 추가로 장티푸스

"TYPHOID MARY"

장티푸스균을 보균한 최초의 무증상 감염자
로 기록된 메리 맬런이 당시 사회적 낙인의
대상이 되었음을 시각적으로 표현한 삽화.

환자가 발생했습니다.

마침내 경찰이 메리를 체포했는데, 그의 대변을 채취해 검사한 결과 살모넬라 티피Salmonella typhi균이 검출되었습니다. 그때는 항생제가 없었기 때문에 장티푸스를 막을 유일한 방법은 격리뿐이었습니다. 메리는 곧바로 격리 조치되어 약 2년간 외딴섬에서 생활해야 했습니다. 그러나 메리는 줄곧 억울함을 주장하며 항의했습니다. 사실 그는 고의로 병을 퍼뜨린 것이 아니었고, 사람을 죽게 한 직접적인 범죄를 저지른 것도 아니었기에 동정론이 일기도 했습니다. 그리하여 요리사가 아닌 다른 일을 하겠다는 조건으로 메리는 풀려나게 됩니다.

하지만 메리는 약속을 지키지 않았습니다. 이름을 메리 브라운Mary Brown으로 바꾸고, 맨해튼에 있는 슬론매터니티병원에서 다시 요리사로 일해요. 그 결과, 3개월 동안 최소 25명의 의사, 간호사, 직원들이 감염되고 그중 2명이 사망했습니다. 이 사건으로 메리는 '장티푸스 메리'라는 별명으로 불리게 됐고, 결국 노스 브러더 아일랜드로 다시 격리되어 그곳에서 생을 마감했습니다.

메리가 감염에 책임이 있는 사람은 약 122명으로 여기서 5명이 사망한 것으로 추정됩니다. 그러나 모든 건강한 보균자가 메리처럼 행동한 것은 아니었습니다. 대부분의 보균자는 규범을 지키며 사회생활을 이어갔습니다. 오늘날에는 항생제가 개발되어 장티푸스 보균자에 대한 관리가 크게 필요하지 않게 되었지만, 메리 맬런의 사례는 공중보건 역사에서 중요한 교훈으로 남아 있습니다.

코로나19보다 강력한 역대급 전염병

아마 우리 세대에게 팬데믹이라고 하면 단연 코로나19가 떠오를 겁니다. 정말 징글징글하지 않나요? 코로나19가 우리의 일상을 크게 바꿔놓았었죠. 그렇다면 코로나19가 역사상 최악의 팬데믹일까요?

그렇게 말하기에는 조금 무리가 있어요. 일단 중세로 거슬러 올라가면 페스트라는 어마어마한 사례가 있고요. 100년 전에도 굉장한 팬데믹 사태가 있었습니다. 바로 '스페인독감' 또는 공식적으로는 '1918년 대유행 독감Great Flu of 1918'이라 불리는 사건입니다.

1918년이면 언제냐? 1914년 7월 28일에 제1차 세계대전이 일어났죠. 이 전쟁이 1918년 11월 11일에 끝났으니까, 스페인독감은 제1차 세계대전 중에 발생한 질환이라고 하겠습니다. 여기서 중요한 점은 바로 전쟁 중이라는 특수한 상황이 이 질병으로 인한 피해를 훨씬 더 악화시켰다는 거예요.

　먼저 전쟁의 피해부터 살펴볼까요? 당시 제1차 세계대전은 그냥 '대전쟁Great War'이라고 불렸습니다. 왜냐고요? 그때는 사람들이 설마 이런 전쟁이 또 일어나리라고는 상상도 못 했거든요.

　제1차 세계대전은 정말 미친 전쟁이었어요. 협상국(영국·프랑스·러시아·미국 등)이 동원한 병력이 대략 4,000만 명 이상이고, 동맹국(독일·오스트리아-헝가리제국·오스만제국 등)이 동원한 병력이 약 2,500만 명에 달합니다. 전쟁으로 인한 피해는 전사자 900만 명, 민간인 사망자 600만 명 그리고 부상자가 무려 2,000만 명을 넘었죠. 말 그대로 대재앙이었습니다.

　그런데 스페인독감으로 인한 사망자는 훨씬 많습니다. 최소한으로 잡아도 2,500만 명이고, 아프리카나 아시아처럼 행정력이 부족해서 제대로 집계되지 않은 지역까지 포함하면 약 5,000만 명에 이를 것으로 보는 견해가 일반적이에요. 일부 학자들은 이 팬데믹이 제1차 세계대전의 종결을 앞당긴 요인 중 하나라고 볼 정도죠. 수치로만 봐도 엄청나지만, 당시 세계 총인구가 20억이 채 되지 않았다는 점을 감안하면 그 피해는 정말 어마어마한 수준입니다.

미국에서 시작된 팬데믹, 왜 스페인독감일까?

자, 그럼 이제 스페인독감에 관해 좀 더 자세히 알아볼까요? 먼저 독감이라는 질환부터 짚어보는 게 좋겠네요. 지금은 사실 독감이 그렇게 무섭게 느껴지진 않잖아요? 특히 우리나라 같은 경우에는 독감 백신 접종률이 매우 높은 편입니다. 영유아와 노인 인구는 무료로 접종받을 수 있고, 백신에 대한 인식도 좋아서 접종률이 70%를 넘습니다. 덕분에 독감 사망자가 매년 100~200명 수준으로 아주 적은 편이에요. 반면 미국은 사정이 좀 다릅니다. 해마다 독감으로 4,000~5,000명이 사망하고, 심할 때는 1만 명을 넘기기도 하죠.

그런데 19세기에는 독감이 지금보다 훨씬 무서웠습니다. 그때는 바이러스를 검출할 수 없었기 때문에 '이건 독감이 원인이다!'라고 단정 짓기 어려운 사례도 많지만, 의심되는 팬데믹이 무려 6번이나 있었습니다. 그중 1889년 팬데믹은 현대에 와서 독감으로 입증되었는데, 당시 사망자가 약 100만 명에 달했어요.

다시 1918년으로 돌아가보겠습니다. 이 시점은 이미 미국이 제1차 세계대전에 참전한 뒤입니다. 사실 미국은 전쟁 초반에는 고립주의를 고수했어요. 전쟁 특수로 돈도 많이 벌고 있었기 때문에 딱히 참전할 이유가 없었죠. 그런데 독일 처지에서 보면, '미국은 참전하지 않는다더니 보급은 계속하네?' 싶었던 겁니다. 마치 힐러(아군을 지원하는 역할)가 붙은 것처럼 느껴졌겠죠. 그래서 독일은 미국을 치겠다는 생각으로 선을 넘습니다. 루시타니아호라는 여객선을 침몰시켜 미국인 128명을 사망하게 만든 거예요.

21세기의 미국이라면 당장 '이 새끼들 뭐야?' 하고 참전했을 듯하지만, 당시 미국은 전쟁에 참가하기를 꺼렸습니다. 무기만 팔아도 돈이 들어오는데, 굳이 참전해서 인명 피해를 늘릴 필요가 없었던 거죠. 그런데 독일이 멈추지 않고 여객선 침몰 사건을 반복합니다. 미국은 그래도 봐주는데, 마침내 독일이 아주 큰 실수를 저지릅니다. 멕시코에 '미국을 공격하자'며 전보를 보낸 거예요. 그런데 이 전보가 영국에 걸리고, 영국이 이를 미국에 고자질합니다. 그리하여 미국은 '아, 이건 좀 너무하네' 하며 참전하게 됩니다.

자, 전쟁이 터지면 우리가 알고 있는 사회형태가 많이 바뀝니다. 자유도 좋고 민주주의도 좋지만, 전쟁에서 지면 나라가 없어지는데 자유가 무슨 의미가 있겠어요? 이기기 위해서는 어느 정도 제한을 두는 게 당연했죠. 그래서 언론을 통제합니다. 불리한 전황은 숨기고 유리한 전황만 공개하는 거예요.

이건 미국만의 이야기가 아닙니다. 전쟁 중이었던 대부분의 유럽 국가들도 비슷했어요. 그렇게 다들 언론을 철저히 통제하는 가운데, 1918년 3월에 미국 캔자스주 펀스턴 병영에서 독감 환자가 발생합니다. 고열, 목 통증, 기침 등의 증상이 처음엔 흔한 계절성 독감처럼 보였어요. 대부분의 환자가 2~3일 안에 나아서 '삼일열'이라는 별명이 붙을 정도였죠. 병영이라 젊고 건강한 성인들이 대부분이다 보니 별다른 치료 없이 낫는 게 정상이라고 여겨졌습니다. 그런데 일부 환자들의 병세가 폐렴으로 진행되더니, 갑작스레 사망하는 사례가 나옵니다. 어느 정도였냐면, 폐렴으로 진행된 환자 중 20% 이상이 사망할 정도였어요.

물론 이곳이 '페이션트 제로다!'라고 단언할 수는 없습니다. 영국이 발원지라는 주장, 중국이 근원이라는 의견, 미국 내 다른 지역에서 민간인을 통해 시작되었다는 설도 있어요. 그러나 자료가 부족한 탓에 정확한 근원지를 추정하기에는 어려움이 있습니다. 지금 말씀드린 것도 아마 최초 발병 사례는 아닙니다. 이런 한계를 감안하고 이야기를 들어주세요.

그럼에도 당시에 대처한 상황을 보면 어처구니가 없습니다. 격리요? 안 했습니다. '뭐, 독감 정도야 젊은 군인들이 이겨낼 수 있지 않겠어?'라는 생각이 팽배했어요. 지금의 강대국 이미지와 달리 그 무렵 미국은 좋게 봐도 2류 열강 수준이었습니다. 물론 미국이 제1차 세계대전에 참전하면서 협상국이 승기를 잡는 데 결정적인 역할을 하긴 했지만, 그때의 미국은 지금처럼 정예군 이미지는 아니었어요.

어느 정도였냐고요? 군대에서 기본인 오와 열 맞추기도 어려워할 정도였다고 합니다. 훈련받은 병사들이 유럽으로 파병되었는데, 문제는 훈련이 제대로 안 된 상태에서 떠났다는 거예요. 어떤 병영에서는 총이 부족해 나무총으로 훈련하기도 했고, 심지어 아픈 병사들이 완쾌되지 않은 상태로 유럽에 파병되는 일도 흔했습니다.

결국 1918년 4월, 이 신종 독감이 유럽으로 퍼지기 시작합니다. 당연히 협상국인 영국과 프랑스부터 번졌죠. 독감은 군인들만 감염시키는 게 아닙니다. 군인들이 외출할 경우 후방에서 민간인들과 접촉도 하기 때문에 일반인들 사이에까지 빠르게 퍼졌어요.

그런데 이런 상황이 전쟁 참여국들에서는 보도되지 않았습니다. 왜냐고요? 전쟁 중에 내부 문제를 드러내면 상대에게 약점을 잡히니까요. 미국이 참전했다고는 하지만 정예군이라고 보기엔 애매한 상황이었고요. 게다가 1917년에 독일이 블라디미르 레닌(소련 초대 최고 지도자)을 러시아로 보낸 뒤 러시아제국이 망하면서 협상국은 더욱 위태로워졌습니다. 이런 상태에서 '후방에서 병이 돌고 있습니다!'라고 발표하면 군인들의 사기가 완전히 무너질 우려가 있었던 거죠.

그 와중에 이 질환이 점점 퍼져서 스페인에까지 번집니다. 그런데 당시 스페인은 전쟁에 참여하지 않은 중립국이었어요. 당연히 전쟁 참여국들처럼 언론을 통제하지는 않았죠. 그래서 이 독감을 가장 먼저 보도한 곳이 스페인이었고 와전되어 '스페인독감'이라는 이름이 붙은 거예요. 지금 생각하면 정말 억울하죠. 무슨 좋은 일도 아닌데 나라 이름이 딱 붙어버렸으니. 그래서 요즘에는 '1918년 대유행 독감'이라고 해야 한다는 의견이 대세입니다. 하지만 이미 한번 입에 익어버린 '스페인독감'이라는 이름은 쉽게 바뀌지 않고 있죠.

죽음의 배, 리바이어던호

아무튼 스페인독감이 처음 퍼질 때는 치사율이 높은 무서운 독감이었지만, 여름이 되자 한동안 잠잠해졌습니다. 그러자 각국에서는 '아, 역시 그냥 좀 독한 감기구나!' 하고 대수롭지 않게 넘겨버렸죠. 하지만 가을로 접어들면서 상황이 완전히 달라졌습니다. 이때부터 미국에서 큰 문제가 발생했어요.

그 무렵 미국은 숫자밖에 내세울 게 없는 나라였습니다. 참전 후 대규모로 신병을 모집했는데, 동원된 병력만 무려 400만 명에 달했습니다. 엄청난 규모죠. 이 말은 곧 신병을 훈련하려고 마련한 병영이 미어터졌다는 뜻으로 그 병영에서 독감이 미친 듯이 퍼지기 시작합니다.

이때 미국 정부도 상황의 심각성을 인지하긴 했지만 모병과 훈련을 중단할 수는 없었습니다. 왜냐고요? 협상국, 특히 영국과 프랑스가 '너희가 없으면 우린 다 끝장난다!'고 아우성치고 있었기 때문입니다.

물론 '자국민이 죽어나가는데 미국이 너무 무리한 거 아니냐'고 생각할 수도 있겠죠. 그런데 여기에는 이유가 있습니다. 미국이 무슨 정의로운 나라여서 그런 게 아니에요. 아까 말했듯이 미국은 전쟁 특수로 무기며 식량, 각종 물품을 팔아 돈을 많이 벌었지만, 문제는 대부분 외상이었다는 거죠. 만약 협상국이 전쟁에서 지면 이 외상값을 못 받을 가능성이 생기는 겁니다.

더구나 상대는 영국과 프랑스입니다. 이 두 나라가 세계사에서 저질러놓은 짓거리들을 보면, 돈 못 갚겠다며 배 째라 하고 나올 게 뻔하잖아요? 그러니 미국 처지에서는 이들을 반드시 승리하게 만들어야만 했습니다. 그래서 이 와중에도 미국은 모병, 훈련, 파병을 꾸준히 반복했어요. 그 결과를 보여주는 대표적인 사례가 바로 메사추세츠주의 데븐스 병영입니다.

1918년 9월 2일, 데븐스 병영에서 스페인독감이 다시 퍼집니다. 공식적으로는 31명의 환자가 발생했다고 보고됐지만, 실제로는 이전부터 퍼졌을 가능성이 높아요. 2주 뒤, 병영 내 병원에 온 환자 수는 1,200명에 달했습니다. 상황이 심각해지자 당국은 의사들을 추가로 파견했는데, 이미 환자 수가 1만 2,000명으로 늘어나고 사망자 수는 90명을 초과한 상태였습니다.

이쯤 되자 '이거 진짜 심각하다. 병영 통제를 강화하고, 신병 모집을 중단하거나 줄이자!'라는 목소리가 나왔습니다. 그러나 이 제안은 묵살당했죠. 이유요? 전쟁에서 이겨야 외상값을 받을 수 있는데, 병사를 보내지 않아서 지면 더 큰 문제가 생기니까요. 이미 보낸 병사들도 있어서, 지금 멈출 수 없다는 게 당시의 판단이었습니다.

그렇게 파병이 이루어집니다. 그때 파병에 쓰였던 수송선 중 가장 유명한 것이 바로 리바이어던호입니다. 리바이어던은 《구약성경》에 나오는 괴수 레비아탄에서 따온 이름으로, 거대한 괴수를 뜻하죠. 이름만큼이나 덩치도 컸던 이 배에는 9,000명의 병사가 탔는데, 문제는 그중에 스페인독감 환자도 포함되어 있었다는 겁니다. 리바이어던호가 항해하는 동안(약 10일간) 2,000명의 환자가 새로 발생했고, 그중 91명 이상이 사망했습니다.

게다가 증상이 어마어마하게 끔찍했어요. 환자들은 묽은 피와 거품이 섞인 기침을 했는데, 이는 폐가 심각하게 손상됐기 때문입니다. 이로 인해 산소 포화도가 극단적으로 떨어지면서 청색증(피부나 점막이 파래지는 증상)이 나타났죠. 이 증상 때문에 병사들은 헬리오트로프Heliotrope라는 보라색 꽃의 이름으로 불리기도 했습니다. 병사들의 피부색이 보랏빛을 띠는 모습이 그 꽃과 닮았다고 해서 붙은 별명이었죠.

미군들의 사기는 당연히 바닥으로 떨어졌습니다. 또한 그렇게 어렵사리 도착한 병사들을 보고 협상군의 사기도 뚝 떨어졌습니다. '구원군이 왔다!'며 기대했는데, 병사들이 그 지경이었으니 실망할 수밖에 없었겠죠. 물론 조치를 취하려고 했습니다만, 문제는 백신과 치료제가 없었다는 거예요. 그런 상황에서 할 수 있는 일은 고작 격리와 보존적 치료뿐이었습니다.

더욱이 제1차 세계대전 중이었잖아요? 전쟁 양상은 참호전(땅을 파고 숨은 채 대치하는 전쟁)으로 이어지고 있었습니다. 참호전은 본래도 균과 바이러스가 번식하기 좋은 환경인데, 여기에 스페인독감이 더해지면서 상황은 더욱 악화되었습니다. 병사들은 오랜 참호 생활로 진작에 지쳐 있었고, 그 와중에 독감까지 번지며 사람들이 대거 죽어나갔죠. 그러나 전쟁은 멈추지 않았고, 전투도 계속되었습니다.

스페인독감은 당연히 동맹국으로도 퍼져나갔습니다. 엄청난 수의 사람들이 독감으로 목숨을 잃었지만, 전쟁을 위해 보급과 병력 이동은 멈출 수 없었습니다. 양측은 사람들을 전 세계로 보내고 불러들이기를 거듭했어요. 물론 열을 재거나 증상이 있는 사람을 탑승에서 제외하는 조치는 취했지만, 그때만 해도 바이러스를 검출하는 기술이 없었기 때문에 증상이 약하거나 잠복기에 있는 사람은 걸러낼 수 없었죠. 게다가 대부분 배를 타고 이동했습니다. 밀폐된 공간에서 오랜 시간을 보내다 보면 독감이 퍼지지 않을 수 없었겠죠.

조선총독부는 왜 초기에 방역을 하지 않았을까?

스페인독감이 어디까지 퍼졌느냐고요? 우리나라까지 번졌습니다. 그때 조선의 인구는 약 1,759만 명이었는데, 그중 44.3%인 740만 명이 감염되고 14만 명이 사망했다고 합니다. 치명률 1.9%로 전체 인구의 0.8%가 사망한 셈이죠. 전 세계 평균 치명률 2.5%와 비교하면 약간 나은 편이긴 합니다. '스페인독감이 동아시아인에게는 약했던 게 아닌가?'라는 추측도 가능합니다. 물론 그럼에도 불구하고 14만 명이라는 수는 엄청나게 큰 희생이었습니다.

당시 조선은 일제의 식민지였기 때문에 방역의 주체는 조선 총독부였습니다. 그런데 총독부는 초기에 스페인독감을 대수롭지 않게 여겼습니다. 이전에 파라티푸스나 장티푸스처럼 세균성 감염병이 유행했던 경험 때문에 사망률이 낮은 독감은 '별것 아니다'라고 판단한 겁니다.

스페인독감이 처음 퍼졌던 봄에는 치사율이 높지 않았던 것도 이렇게 속단한 이유였어요. 그런데 2차 유행기, 즉 그해 가을이 되자 상황이 급변했습니다. 이때 총독부는 민심 이반을 우려해 '괜찮다, 상황을 통제 중이다'라는 식으로 보도를 통제했습니다. 그러나 너무 많은 사람이 죽어나가자 11월부터는 '조심해야 한다'는 방향으로 정책 기조를 바꾸었습니다. 하지만 이미 너무 늦어버린 상황이었죠.

그렇다면 일본은 어땠을까요? 일본에서는 약 25만 명이 사망했는데, 사망률로 보면 인구의 0.4%에 불과했습니다. 당시 일본 내에서는 마스크 착용을 장려하고 여행을 제한하는 등 적극적인 방역 조치를 취한 덕분에 피해를 비교적 줄일 수 있었던 것으로 평가됩니다.

이처럼 동아시아에서는 피해가 비교적 경미했던 것과 달리 유럽과 미국에서는 스페인독감이 1918년 8월 말부터 1919년 봄까지 약 8개월 동안 수천만 명의 목숨을 앗아갔습니다. 당시 스페인독감의 공포는 상상을 초월했습니다. 우리가 코로나19 팬데믹 때 '자유를 제한하지 말라'며 마스크 착용을 거부하는 사람들을 많이 봤죠? 그러나 1918년 대유행 독감 때는 전혀 달랐습니다. 마스크를 쓰지 않으면 전차도 탈 수 없었고, 공공장소에도 갈 수 없었습니다. 예컨대 샌프란시스코에서는 시민의 99%가 마스크를 착용했다는 통계도 있습니다.

이러한 노력 덕분인지 아니면 시간이 지나며 자연면역이 이루어진 덕분인지, 독감은 1919년 말부터 크게 쇠퇴하여 1920년을 끝으로 대유행이 종료되었습니다. 비록 끔찍한 상처를 남겼지만 이 유행은 백신의 필요성을 절실히 깨닫게 하는 계기가 되었으며, 이후 몇 차례의 팬데믹 사태 때 더 나은 대처를 가능하게 했다는 평가를 받습니다. 무엇보다 스페인독감이 제1차 세계대전의 종결에까지 영향을 주었다는 의견도 있습니다.

인간과 동물을 위협하는 치명적인 질병

광견병狂犬病을 아시나요? 광견병은 광견병에 걸린 개를 비롯한 동물에게 물린 사람이 이해할 수 없는 증상을 보이다가 끝내 사망하는 치명적인 질병이에요. 물을 무서워하거나 극도의 흥분 상태에 빠지며 광기를 보이는 것이 대표적인 증상입니다. 위대한 의사 히포크라테스는 광견병을 이렇게 묘사했습니다.

"환자는 물을 거의 마시지 못하고, 작은 소리에도 놀라 떨거나 경련을 일으키며, 결국 100% 사망에 이른다."

물론 지금은 백신이 있어서 치료가 가능하고, 우리나라에서는 2004년 이후로 인간 광견병 사례가 보고되지 않아 잊힌 병처럼 느껴질 수도 있습니다. 하지만 전혀 그렇지 않아요.

혹시 광견병으로 해마다 얼마나 많은 사람이 사망하는지 아세요? 무려 5만 명 이상입니다. 주로 아프리카와 아시아에서 발생하는데요. 여기서 아시아는 동북아(한국·일본·중국)보다는 동남아시아와 인도 같은 서남아시아를 뜻합니다. 이런 지역에 국한되었다고 해도 결코 적은 수가 아니죠. 요즘 인도나 아프리카로 여행을 많이 가는데, 그 지역에서는 특히 들개 무리를 정말 조심해야 합니다.

그렇다면 광견병은 얼마나 오래된 병일까요? 병명에 '개 견' 자가 들어 있는 만큼, 개가 인간과 함께 살아온 역사를 우선 살펴볼 필요가 있습니다. 물론 개 말고도 광견병을 옮길 수 있는 동물은 많지만, 인간과의 접촉을 고려하면 개가 가장 중요한 매개체였을 가능성이 크죠. 광견병은 인수공통감염병으로, 본래는 동물에게만 전염되다가 잦은 접촉을 통해 사람에게까지 전염된 사례일 테니까요.

예전에는 개가 기원전 1만~1만 5000년에 가축으로 길들여졌다는 이론이 주를 이루었습니다. 그러나 최근 연구에서는 약 4만 년 전, 우연한 기회에 한 늑대가 인간에게 길들여졌다는 이론이 점점 힘을 얻고 있어요. 이 말은 곧 개가 인간이 길들인 최초의 가축이라는 뜻입니다.

실제로 수렵·채집 시기에도 인간이 개를 데리고 다닌 흔적이 발견되고 있어, 이제는 개가 최초의 가축이라는 것이 정설로 자리 잡았죠. 물론 기록이 명확히 남아 있지 않기 때문에 광견병이 언제부터 시작됐는지 정확히 알 수는 없습니다. 하지만 여러 정황과 증거를 종합해보면, 인수공통감염병 중에서도 광견병이 가장 오래된 병 중 하나일 가능성이 높다고 추정됩니다.

얼마나 오래된 병일까?

광견병에 관한 최초의 기록은 언제 나왔을까요? 늘 그렇듯 이집트일 것 같지만, 이번만큼은 아닙니다. 고대 이집트에도 관련 기록이 있지만, 광견병의 경우에는 수메르가 더 이릅니다. 메소포타미아문명에 속한 에쉬눈나라는 도시에서 발견된 문서가 있습니다. 티그리스강 지류인 디얄라강 근처에서 발전한 에쉬눈나는 기원전 3000년쯤 형성된 것으로 보이는 초고대 문명이에요. 그러나 광견병에 관한 기술은 그보다는 늦어서, 기원전 1800년경에 만들어진 것으로 보이는 점토판에서 발견되었습니다.

그 점토판은 법전인데 거기에 보면 "개가 광견병에 걸리면 소유자는 당국에 그 사실을 알려야 한다. 만약 그러지 않았을 때 개가 사람을 물어 그 사람이 사망하면, 개 주인은 은 40세켈을 지불해야 한다. 만약 노예를 물어 죽이면 은 15세켈을 지불해야 한

메소포타미아문명과 고대 이집트에 관하여

기원전 3500년경 시작된 두 문명은 서로 다른 지리적·문화적 환경에서 독립적으로 발전했다. 메소포타미아문명은 티그리스강과 유프라테스강 사이에서 수메르를 시작으로 바빌로니아, 아시리아 등 여러 문명이 이어진 고대 문명의 집합체다. 잦은 범람과 외침이 많은 불안정한 환경 속에서 비관적 세계관과 신에 대한 두려움이 형성됐고, 도시국가 중심의 분권 체제를 이뤘다. 반면 고대 이집트는 나일강의 예측 가능한 범람과 안정된 지리적 조건 덕분에 풍요롭고 낙관적인 세계관을 가졌으며, 강력한 중앙집권적 왕권과 피라미드 같은 웅장한 건축 문화를 남겼다.

다"라고 쓰여 있습니다. 은 1세켈이 대략 8~9그램 정도니까, 당시 기준으로 꽤 큰돈을 물어야 했다는 겁니다. 뭐, 사람이 죽었으니 당연하죠. 이렇게 법으로 명시할 정도였으니, 이보다 훨씬 전부터 이미 이 지역 문명에서는 광견병이 널리 알려져 있었을 겁니다.

그리스신화에서도 광견병이 언급됩니다. 호메로스의 대표적인 서사시 〈일리아드Iliad〉에 나오는데요. 이는 그리스와 트로이의 전쟁을 다룬 이야기입니다. 2004년, 이제는 꽤 옛날 영화가 되어버린 〈트로이〉를 기억하시나요? 영화 속에서 브래드 피트가 그리스 영웅 아킬레우스를, 에릭 바나가 트로이 영웅 헥토르를 연기했죠. 그런데 이 헥토르를 묘사한 표현 중에 '광견병에 걸린 것 같은 미친개'라는 말이 있습니다.

또 고대 중국에서는 4세기경에 쓰인 의학서《주후비급방肘後備急方》에서 광견병을 다룹니다. 여기에는 '미친개에게 물려 죽는 병'이 나오는데, 미친개를 죽여서 그 뼈를 빼내어 환자의 상처에 발라준다는 처방이 적혀 있습니다. 사실 개를 기르지 않는 문화권이 거의 없었을 테니, 이 시기쯤 되면 이미 전 세계 어디에서나 광견병이 발병하고 있었다고 봐야 할 겁니다.

광견병은 정말 무서운 병이에요. 지금도 증상이 나타난 이후, 즉 바이러스가 중추신경계를 침범하면 그다음에는 치료할 방법이 거의 없는 병입니다. 그러기 전에 백신을 맞든 어떤 조치를 취하든 해야 살 수 있죠. 그런데 고대에는 백신도 없고 질병에 대한 이해도 부족했으니, 그야말로 공포 그 자체였을 겁니다.

그래서 이름부터 남다릅니다. 우리는 '광견병'이라고 하지만 의학용어로는 'rabies'라고 해요. 이 단어는 산스크리트어 'rabhas(폭력을 행사하다)' 또는 라틴어 'rabere(격노하다)'에서 유래했어요. 이름 자체만으로도 얼마나 무서운 병인지, 또 병에 걸리면 어떤 상태가 되는지를 암시하죠.

늑대인간의 전설과 도시화가 부른 재앙

그렇다면 광견병에 걸리면 어떻게 될까요? 증상이 정말 독특합니다. 크게 두 가지 형태로 나타나는데, 성내어 날뛰는 '격노형'과 움직임이 점점 멈추는 '마비형'이 있어요. 이 중 전체의 약 80%를 차지하는 격노형에 걸리면 과잉 활동 상태가 됩니다. 시간과 공간의 개념을 잃고, 앞에 누가 있는지 모르며, 환청이 들리고, 괴이한 행동을 하죠. 대부분은 난폭한 행동이에요.

이런 증상을 보이는 병은 사실 거의 없어요. 일반적으로 병에 걸리면 고통스러워하거나 기운이 없어서 누워 있다가 서서히 죽는데, 광견병은 완전히 다릅니다. 마치 딴사람처럼 되어버리고, 심지어 자기를 문 동물처럼 행동하기도 해요. 그러니 옆에서 보면 얼마나 무섭겠어요? 동시에 그 두려움 속에서도 뭔가 상상력을 자극하는 면이 있는 병이죠. 그래서인지 광견병은 문화적으로도 매우 뚜렷한 흔적을 남겼습니다.

가장 먼저, 인류 최초의 서사시라는 〈길가메시 서사시〉에도 관련 이야기가 나옵니다. 길가메시는 인간에서 신이 된 영웅인데, 서사시에서 여신의 유혹을 거절하는 장면이 있습니다. 그 이유가 여신이 언젠가 한 목동을 늑대로 만들었기 때문이에요. 즉 최초의 늑대인간 이야기가 길게 보면 기원전 28세기부터, 짧게 봐도 기원전 21세기부터 벌써 존재했다는 겁니다.

　　또 고대 그리스의 역사학자 헤로도토스가 쓴《역사》에도 이와 관련된 이야기가 나옵니다. 지금의 우크라이나 남부, 당시에는 스키티아 북동쪽에 살던 네우로이족이 1년에 며칠 동안 늑대로 변신할 수 있다는 기록이 있어요.

　　이런 이야기들이 쌓이다가, 11세기 동슬라브의 서사시 〈이고르 원정기〉에서는 브세슬라프 공이라는 인물이 늑대로 변신하는 능력을 지닌 것으로 등장합니다. 이런 설화들은 15세기 이후 유럽을 중심으로 더욱 구체화됐죠. 이 시기는 마녀사냥이 극에 달했던 때인데, 화형당한 사람들 중에는 놀랍게도 늑대인간으로 몰린 이들이 있었습니다. 그들이 늑대인간으로 몰린 이유는 다양했습니다. 악마와 계약을 맺어서, 늑대한테 물려서, 또는 저주를 받아 늑대인간으로 변했다고 여겨졌죠. 그러나 지금 와서 보면, 이들 중 많은 사람이 광견병에 걸린 게 아니었을까 싶습니다.

　　다행인지 불행인지, 이 무렵까지 광견병, 적어도 인간 광견병은 매우 드문 병이었습니다. 그 이유는 일단 도시에 거주하는 인구 자체가 많지 않았기 때문이죠.

그러나 인프라가 거의 발달되지 않은 채 도시화가 진행되면서 도시는 빠르게 슬럼화됩니다. 사람들이 개를 키우기도 하지만 동시에 유기하기도 하잖아요. 그 때문에 런던에서는 빈민이 늘어나는 속도만큼이나 빠르게 유기견도 늘어났습니다. 이런 유기견들이 도심의 불결한 환경과 도시 외곽에서 유입되는 광견병에 걸린 야생동물과 접촉하면서, 아주 빠르게 광견병에 감염되었습니다. 이를 막기 위해 런던 정부는 18세기 중반부터 유기견 한 마리를 죽이는 대가로 2실링을 지급했습니다. 당시 노동자의 하루 임금이 1실링 정도였으니, 2실링은 결코 적은 돈이 아니었죠. 제법 큰 유인책이었습니다.

그래도 광견병은 쉽게 줄지 않았습니다. 그러다가 1867년에 메트로폴리탄 거리법이 제정되면서 경찰이 방랑견을 모두 잡아들이는 강력한 조치가 시행됐는데, 이때부터 광견병 발병률이 눈에 띄게 감소했습니다. 기원전 2000년경에 기록된 사례만 봐도 광견병 예방의 중요성은 이미 알고 있었으니, 19세기 영국에서 유기견 문제를 해결하려 한 것은 당연해 보입니다.

불로 지지면 낫는다고 믿은 사람들

그렇다면 치료는 어떻게 했을까요? 당시 사람들이 시도한 방법은 지금 시각에서 보면 기이하게 느껴질 수 있습니다. 가장 널리 쓰인 전통적인 치료법 중 하나는 하이에나의 가죽을 상처에 대는 것이었습니다. 이 방법은 고대 그리스 시대부터 사용됐지만 효과는 거의 없었죠. 또 다른 방법으로, 교수형을 당한 사람들의 두개골을 갈아서 먹는 치료법도 있었습니다. 하지만 이 역시 효과는 없었죠. 결국 광견병에 걸리면 죽음을 피할 수 없었습니다.

중세 기독교 시대에 이르러서는 생 위베르Saint Hubert라는 성인이 주목받았습니다. 이분은 7~8세기경의 사람으로, 주로 프랑스와 독일 국경 사이에 있는 아르덴 숲과 톡산드리아 지역에서 활동하며 이교도에게 복음을 전파한 성인이에요. 생 위베르는 단순히 종교적인 인물에 머물지 않았습니다. 그는 사냥 생활에서 얻은 지식으로 사람들을 도왔으며, 수학자이자 안경 같은 정교한 물건을 만들어낸 발명가이기도 했어요. 그래서 사후에는 사냥꾼, 수학자, 안경사, 금속 세공인의 수호성인이 되었죠. 당시에 숲에서 문제가 생기면 사람들이 제일 먼저 생 위베르를 찾았을 정도로 유명한 인물이었습니다.

그런데 이 성인과 관련된 독특한 치료법이 하나 있었어요. 바로 그의 열쇠를 불로 가열해 미친개에게 물린 상처를 지지면 병이 낫는다는 믿음이었습니다. 이 치료법은 아르덴 숲 근처, 즉 프랑스와 벨기에 지역에서 무려 20세기 초까지 이어졌습니다. '열쇠'라고 하지만 실제로는 못에 가까운 물건이었죠. 지금 기준으로 보면 효과가 전혀 없었을 것 같지만, 당시에는 가톨릭 교회에서 정식으로 승인받은 치료법이었기 때문에 사람들에게는 꽤 신빙성 있어 보이던 방법이었습니다.

　　그런데 영국에서는 프랑스 성인을 별로 좋아하지 않은 탓인지 생 위베르의 열쇠를 사용하지 않았습니다. 대신에 그들이 선택한 방법은 다소 극단적이었습니다. 프라이팬을 달궈서 상처를 지지는 것이었죠. 《폭풍의 언덕Wuthering Heights》을 쓴 영국의 소설가 에밀리 브론테가 어린 시절 떠돌이 개에게 물린 적이 있는데, 그때 광견병 감염을 우려해 프라이팬으로 상처를 지졌다는 기록이 있습니다. 물론 개가 정말 광견병에 걸려 있었다면 아무리 지져도 결과는 달라지지 않았겠죠. 그랬다면 《폭풍의 언덕》도 세상에 나오지 않았을 겁니다.

세균학의 아버지, 광견병 백신을 개발하다

　　이렇게 미개하고 효과도 없던 광견병 치료법이 개선된 것은 19세기 후반의 일입니다. 바로 우유 이름으로도 유명한 프랑스의 루이 파스퇴르Louis Pasteur, 1822~1895 덕분이죠. 이분이 정말 대단한 게, 19세기 중엽까지도 여전히 미생물이 저절로 생겨난다는 자연발생설이 지배적이었습니다. 그런데 파스퇴르는 가열한 고깃국물을 공기에 접촉하지 않게 하면 아무것도 자라지 않는다는 사실을 '백조목 플라스크 실험'을 통해 증명해냈습니다. 파스퇴르 이전에도 세균설을 주장한 학자들이 있었지만, 이를 실험으로 입증한 사람은 그가 처음이었어요.

　이렇게 세균학자로 이름을 떨치던 파스퇴르는 1879년, 프랑스에서 닭 콜레라가 유행하자 연구를 시작합니다. 당시 닭의 약 10%가 죽어나갈 정도로 상황이 심각했어요. 연구 목적으로 닭 콜레라균을 배양하고 있었는데, 어느 날 조수가 실수로 배양균을 일주일 동안 방치해버렸습니다. 균이 신선하게 유지되기는커녕 약화하고 죽어가고 있었죠. 우리가 파스퇴르였다면 조수를 호되게 꾸짖고 다시 배양을 시작했을지도 모릅니다. 그러나 파스퇴르는 다른 생각을 합니다.

　'약화한 균을 닭에게 주사하면 어떻게 될까?'

　물론 이 생각이 단순한 직감만은 아니었어요. 이미 100년 전쯤 제너의 종두법이 있었으니, 비슷한 원리를 염두에 두었을 겁니다. 아무튼 궁금하면 일단 해보는 파스퇴르는 약화한 균을 닭에게 주사했고, 놀랍게도 이 백신을 맞은 닭은 콜레라에 걸리지 않았습니다.

　이 실험을 토대로, 당시 각지에서 유행하던 광견병 백신 개발에 착수하게 됩니다. 파스퇴르는 토끼에게 광견병을 감염시킨 후, 그 척수를 수산화칼륨으로 장기간 건조시켜 약독弱毒화하는 방식을 고안합니다. 그리고 이렇게 만든 백신을 개에게 투여하면 광견병이 예방된다는 것을 확인했죠.

　한 반세기만 더 일렀다면 파스퇴르는 주저 없이 사람에게 백신을 주사했을지도 모릅니다. 하지만 그때는 세월이 좀 더 흘러

신중해진 때였죠. 그래서 파스퇴르는 "광견병 걸린 사람 중 용기 있는 지원자를 찾습니다!"라고 외치며 기다렸습니다.

그러다가 1885년 7월 6일, 조제프 메스테르라는 소년이 어머니와 함께 파스퇴르를 찾아왔습니다. 조제프는 광견병에 걸린 개에게 물린 상태였습니다. 당시 유일한 치료법은 물린 상처를 불로 지지는 것뿐이었죠. 그러나 어머니는 그 치료법보다는 파스퇴르의 백신이 더 믿을 만하다고 생각했습니다. 그리하여 백신이 투여되었고, 조제프는 살아남았습니다.

처음에는 '광견병 아니었던 거 아니야?' 하는 의심도 있었습니다. 그렇지만 시간이 지나면서 파스퇴르의 업적은 점점 인정받았고, 1885년 말에는 미국과 러시아에서도 광견병에 걸린 아이들이 파스퇴르를 찾아와 백신을 맞았습니다. 그 아이들이 전부 목숨을 구한 건 아니었지만, 지금도 치료 시기를 놓치면 사망에 이르는 병이니 그를 비난할 수는 없었죠.

오늘날에는 이보다 훨씬 안전하고 효과적인 백신이 개발되어 사용되고 있습니다. 하지만 말씀드린 것처럼 아직도 해마다 약 5만 명이 광견병으로 목숨을 잃고 있습니다. 숫자만 보면 끔찍한 수치이지만, 치료를 받은 사람의 수에 견주면 아주 적은 겁니다. 매년 약 3,000만 명이 광견병에 걸린 동물에게 물린 뒤 백신을 맞아 생명을 구하고 있으니까요. 이는 파스퇴르의 업적이 이룬 대단한 성과라고 볼 수 있습니다.

문제는 가난한 아시아와 아프리카 지역에서 여전히 환자가 많이 발생한다는 점입니다. 그렇지만 이들 지역에도 인도적 치료가 꾸준히 지원되고 있으며, 무엇보다 병원이나 의료 서비스에 대한 접근성을 높이는 인프라가 개선되고 있습니다. 이러한 변화를 볼 때, 앞으로는 상황이 더 나아지리라는 기대를 품게 됩니다.

한때 '낭만적 질병'이라 불렸던 죽음의 그림자

3월 24일은 세계 결핵의 날입니다. 날을 지정해 상기할 만큼 여전히 무서운 병인 결핵은 역사 속에서 과연 어떤 모습이었을까요?

정말 수많은 사람이 이 병으로 목숨을 잃었죠. 그중에서도 우리가 잘 아는 예술가들만 꼽아도 상당한데요. 제가 쓰고 있는 웹소설《검은 머리 영국 의사》의 배경과 같은 19세기를 살았던 사람들로 작곡가이자 피아니스트인 쇼팽,《폭풍의 언덕》의 작가 에밀리 브론테 그리고 플로렌스 나이팅게일이 결핵으로 세상을 떠났습니다. 리만 가설을 세운 수학자 베른하르트 리만도 결핵으로 사망했고요. 우리나라로 눈을 돌리면, 작가 이상과 김유정 그리고 영화 〈아리랑〉의 감독 나운규도 결핵으로 생을 마감했죠.

결핵은 언제부터 발견됐을까?

'결핵'이라는 명칭 자체는 1834년에 만들어졌습니다. 그러나 결핵을 일으키는 균 '*Mycobacterium tuberculosis*'는 가설에 따르면 약 1억 5,000만 년 전에 기원했을 거라고 해요. 지금과 같은 형태를 갖춘 시기는 약 300만 년 전쯤으로 추정되고요. 이렇게 오래된 병인 결핵, 그럼 최초의 결핵 환자는 누구였을까요?

약 9,000년 전의 것으로 추정되는 한 시신에서 결핵이 발견되었습니다. 이 시신은 현재로 치면 이스라엘 연안, 즉 지중해에 접한 지역에서 발견됐죠. 이곳은 고대사에서 아주 중요한 '레반트 지역'으로, 메소포타미아문명이 유럽으로 퍼져나가는 길목이기도 합니다. 이 시기 또는 그 이전에 이미 결핵이 이집트와 유럽으로 번져나간 것으로 보입니다.

실제로 기원전 약 2400년, 그러니까 지금부터 약 4,400년 전에 묻힌 이집트 미라에서도 결핵의 흔적이 발견됩니다. 미라의 시신에 결핵의 흔적이 그대로 남아 있는 거죠. 그런데 흥미롭게도 당시 이집트에서는 결핵에 관한 특별한 언급이 없었다고 해요. 반면 인도와 중국에는 비교적 상세한 기록이 남아 있습니다. 기침, 객혈, 창백한 안색에다 주로 젊은 나이에 발병하는 만성질환을 구체적으로 묘사했죠.

또 재미있는 사실은, 비슷한 시기의 안데스 지역, 그러니까 페루에서 발견된 미라에서도 결핵 흔적이 나왔다는 점이에요. 이는 남미와 유럽의 고대 문명 사이에 어떤 식으로든 교류가 있었을 가능성을 보여주는 증거로도 해석됩니다.

시간이 조금 더 흘러 그리스 시대에 이르면 유럽에서도 결핵에 대한 묘사가 나타납니다. 그때는 이를 그리스어로 '프티시스phthisis'라고 했는데, 이는 정확히 폐결핵을 지칭하는 말이에요. 단, 만성질환 전체를 아우르는 의미로도 쓰였죠. 히포크라테스의 기록을 보면 이 병이 주로 젊은 성인에게 발병하고 기침, 객혈, 창백한 안색을 특징으로 하며 조기에 생을 마감하게 하는 무서운 병이라고 묘사되어 있습니다. 꽤 정확한 설명이죠.

그런데 히포크라테스는 이 병을 유전병이라고 주장했습니다. 당시 치료법으로는 태양열을 이용한 온찜질과 가슴을 바늘로 찔러 고름을 빼는 시도를 했다고 해요. 반면 소크라테스는 결핵이 사람 사이에 전염될 가능성이 있다는 기록을 남겼고요. 아리스토텔레스는 이 병이 소·돼지와 연관이 있다고 했는데, 질환에 관한 한 아리스토텔레스는 그리 정확하지 않았던 것 같습니다.

그 시대에 전반적으로 유행한 결핵 치료법을 살펴보면 의외로 선진적인 방법도 있었습니다. 바로 '요양'인데요. 소크라테스가 주장한 전염병설이 힘을 얻으면서 특히 공기가 신선한 바닷가에서의 요양이 유행했어요. 여기에 더해 '독소를 제거한다'는 명목으로 강제로 설사를 유발하거나 사혈을 시행하기도 했습니다. 효과는 딱히 없었겠죠?

동양에서는 결핵으로 사망한 것으로 보이는 아주 유명한 인물이 있습니다. 바로 조조인데요. 조조에 관한 기록은 주로 두통과 연관된 내용이 많습니다. 하지만 그의 무덤으로 추정되는 곳에서 발굴된 시신에서 결핵의 흔적이 확인됐다고 해요.

　　결핵은 이처럼 지위 고하를 가리지 않고 사회 각계각층을 감염시켰습니다. 그런데도 페스트, 말라리아, 매독, 천연두처럼 '역사를 뒤흔든 전염병'이라는 이미지는 상대적으로 덜한 것 같죠? 왜 그럴까요?

　　그 이유는 결핵으로 사망에 이를 때까지 시간이 꽤 오래 걸리기 때문입니다. 또한 전염력도 페스트나 천연두처럼 강하지 않았어요. 결핵은 오랜 시간 동안 환자와 밀접하게 접촉한 사람들에게 전염되긴 했지만, 그렇게 쉽게 퍼져나가진 않았습니다. 이 때문에 농경사회 시절에는 다른 전염병들에 견주어 상대적으로 큰 사회문제를 일으키지 않은 것으로 보입니다.

　　물론 페스트나 천연두에 비하면 그렇다는 말이지, 결핵으로 인한 사망자 수 자체가 적지는 않았습니다. 절대적인 사망자 수는 꽤 많았어요. 그렇기 때문에 치료를 시도하긴 해야 했습니다.

　　로마 이후 중세로 넘어가면 어떨까요? 중세는 솔직히 말해서 좀 답답한 시대였어요. 저도 의학의 역사를 공부하면서 느낀 건데, 중세에는 서민의 삶이 그리스나 로마 시대보다 전반적으로 나아지지 않았습니다. 오히려 기후변화와 봉건제 등의 영향을 받아 더 팍팍해졌죠.

　　일단 먹을거리가 부족했어요. 먹을거리가 풍족하지 못하다 보니 만성적인 영양결핍이 뒤따랐고, 결핵은 점점 더 번졌습니다. 환자가 늘어나는 만큼 치료도 열심히 해야 할 텐데, 문제는 약이 없다는 겁니다. 약이 없으니 요양이라도 해야겠지만, 농노들이 요양을 할 수 있었겠어요? 그런 건 귀족들이나 할 수 있었죠. 게다가 중세 유럽의 기후는 지금보다 더 추웠습니다. 지중해 근처의 나라라면 바닷가 요양이 의미가 있었겠지만, 대부분의 유럽 국가에서는 그조차도 어려웠습니다.

그래서 중세 사람들은 정말 '획기적인 치료'를 찾아냅니다. 바로 왕의 손길입니다. 말 그대로 왕의 손이 닿으면 병이 나을 수 있다고 믿었던 거죠. 이 믿음은 꽤 오래 이어졌습니다. 영국에서는 1714년까지, 프랑스에서는 1825년까지 이런 '치료'가 행해졌다고 해요.

물론 중세에도 실험적인 의사들이 있었습니다. 그런데 이들에게 결핵은 바이러스 같은 개념이 아니었죠. 병원균이라는 개념 자체가 없었으니까요. 대신 부어오른 결절을 수술로 제거하려고 시도했습니다. 문제는 그때는 소독도 하지 않았고 마취도 없어서 환자들이 감염되거나 수술 도중에 사망하는 일이 많았다는 점이죠. 사실 결핵은 21세기인 지금도 괜히 건드리면 균이 더 퍼져서 피부로 번질 수 있는 아주 까다로운 병이에요. 그러나 의외로 중세에는 결핵을 그렇게 큰 문제로 여기지 않았습니다. 당시 환경에서 결핵이 엄청나게 확산되진 않았거든요.

결핵에 걸리고 싶어 한 사람들

결핵이 정말 문제가 된 것은 역설적이게도 산업혁명 이후입니다. 사람들이 농촌에서 도시로 몰려들면서 비위생적이고 열악한 노동환경이 결핵을 폭발적으로 퍼뜨렸죠. 그 시기에 노동자들이 일한 환경을 보면 결핵이 아니라 다른 병에 걸리지 않은 게 이상할 정도였습니다. 그런 환경에서 제대로 먹지도 못하면서 하루에 12시간, 16시간씩 일했으니, 결핵이 미친 듯 번질 수밖에 없었죠. 결핵은 '하얀 페스트(백사병)'라는 별명까지 얻습니다. 페스트가 피부를 거뭇하게 만든 채 죽음에 이르게 했다면, 결핵은 환자를 창백하게 만든 뒤 사망에 이르게 했기 때문입니다.

19세기 초 유럽에서는 전체 인구의 4명 중 1명이 결핵으로 사망했다는 통계도 있습니다. 상류층보다는 열악한 환경에서 일하는 노동자들이 주로 희생됐죠. 결핵 환자가 많아지면서 폐결핵 형태가 아닌 전신으로 퍼지는 형태의 감염도 급증했는데, 이 때문에 척수마비가 일어나는 환자도 많아졌어요. 이런 경우를 포트병Pott's disease(결핵성 척추염)으로 정의했습니다.

문제는 결핵을 치료할 약이 없었다는 거죠. 치료가 되지 않으니 계층을 가리지 않고 누구나 걸릴 수 있었습니다. 물론 노동자 계층에서 가장 많이 발생했지만, 눈에 띄는 건 예나 지금이나 예술인들이었어요. 예술인들 중에 특히 인물 좋은 사람이 많았는데, 그런 사람들이 결핵에 걸리면 야위고 창백해지면서 일종의 아름다운 병처럼 인식되기도 했습니다.

　더욱이 유럽에서는 기독교의 영향을 받아 예수님이 십자가에 못 박혀 돌아가신 장면이 창백하고 여윈 모습으로 묘사되곤 했어요. 이런 모습이 신성시되면서, 철없는 사람들 중에 일부러 결핵에 걸리려는 사람들까지 나타났죠. 영국의 시인 바이런은 "나는 폐병에 걸려 죽고 싶다"고 공공연히 말했고, 《몬테크리스토 백작》의 작가 알렉상드르 뒤마는 풍채가 좋고 얼굴이 까만 편이어서 그런지 더더욱 결핵 환자처럼 보이고 싶어 했다는 이야기가 있습니다. 물론 이런 건 철없는 사람들의 이야기일 뿐이고, 대부분의 사람은 결핵 치료를 위해 골몰했습니다. '왕의 손길' 같은 비과학적인 방법 대신 점점 과학적인 접근이 시도됐죠.

결핵균 발견부터 백신 개발까지

　18세기부터 결핵이 전염병일 가능성이 제기되었고, 19세기에 이르러서는 증명되진 않았지만 '맞는 말 같다'는 인식이 퍼졌습니다. 사람들이 경험적으로 알게 된 거예요. 결핵은 예컨대 모여 사는 사람들 사이에서 유독 많이 발생했으니까요. 이런 경험에 근거해 치료법도 점차 바뀌었습니다. 그리스 시대부터 써온 방법이긴 하지만, 1854년에 독일의 식물학자 헤르만 브레머Hermann Brehmer, 1826~1889가 공기 좋은 곳에서 요양하는 치료법을 체계적으로 시행하면서 결핵 치료의 주된 방식으로 자리 잡았습니다. 그때로서는 가장 효과적인 방법이었죠.

결핵의 전염성이 명확히 증명된 것은 1865년, 프랑스 군의관에 의해서였습니다. 그는 결핵이 야전에 있는 군인들보다 막사에 있는 군인들에게 더 많이 발생한다는 사실을 논문으로 발표하며 전염병설을 뒷받침했죠. 그렇지만 결핵 치료에 가장 중요한 사건은 역시 1882년, 로베르트 코흐Heinrich Hermann Robert Koch, 1843~1910가 결핵균을 발견한 것입니다. 드디어 병원균이 특정된 거예요. 이 발견 덕분에 백신 개발의 토대를 마련할 수 있었습니다.

1885년에는 파스퇴르가 광견병 백신을 개발했죠. 광견병에 걸린 개의 연수(척수와 뇌를 연결하는 중추신경계의 핵심 부위)를 약독화해 만든 백신을 광견병에 걸린 소년에게 주사해 효과를 입증했습니다. 이때 병원균을 알면 백신 개발이 가능하다는 점을 증명한 겁니다. 그러나 결핵 백신 개발은 생각보다 오래 걸렸습니다.

1921년이 되어서야 비로소 결핵 예방 백신인 BCG 주사가 만들어졌죠. 문제는 백신이 나오더라도 모든 사람이 맞는 것도 아니고, 맞았다고 해서 100% 면역력을 얻는 것도 아니었다는 점입니다. 게다가 그때는 결핵이 이미 너무 만연해 있어서 백신보다 치료제가 더 절실한 상황이었죠.

그런데 치료제 개발도 쉽지 않았습니다. 1921년은 아직 페니실린(최초의 항생제)조차 나오지 않은 때였어요. 그래서 초기에는 비소나 수은 같은 물질로 연구를 진행했는데, 그게 제대로 효과가 있었겠어요? 물론 비소로 매독 치료제가 나오긴 했습니다. 그렇지만 결핵의 경우, 유의미한 치료제는 페니실린에서 시작됩니다. 페니실린은 썩은 빵의 곰팡이에서 우연히 발견되었고, 결핵 치료의 중요한 전환점을 마련합니다.

그때부터 모든 연구자가 곰팡이에 집중합니다. 페니실린이 우연히 발견된 것처럼, 결핵 치료제도 우연히 발견됩니다.

미국의 어느 농부가 병든 닭을 데리고 수의사에게 갔어요. 수의사가 닭을 살펴보니 목이 곰팡이에 감염되어 있었죠. 그런데 닭이라는 동물이 흙을 먹는 습성이 있잖아요? 흙에 있는 어떤 미생물이 결핵균을 죽일 수 있다는 사실은 이미 그전부터 알려져 있었습니다. 그런데 이번에는 흙과 곰팡이가 결합된 상황이었던 거죠.

수의사는 닭의 모래주머니에서 샘플을 분리해, 이 분야에서 활발히 연구하고 있던 같은 대학의 연구원 셀먼 왁스먼Selman A. Waksman, 1888~1973에게 보냈습니다. 이 샘플에서 분리된 물질이 바로 항생제인 스트렙토마이신(결핵의 1차 치료제)이었습니다. 그런데 스트렙토마이신 하나만 사용했더니 결핵균이 내성을 빠르게

페니실린은 어떻게 발견되었을까?

1928년 영국의 세균학자 알렉산더 플레밍이 우연히 곰팡이에서 발견한 항생제이다. 곰팡이가 세균을 죽이는 것을 관찰한 것이 계기가 되었으며, 이는 항생제 시대를 여는 전환점이 되어 세균 감염병 치료에 큰 혁신을 가져왔다.

획득하는 문제가 발생했죠. 그래서 지금은 결핵 치료 원칙이 여러 약제를 병용하는 방식으로 자리 잡게 되었습니다. 그렇지만 스트렙토마이신의 발견이 결핵 치료의 기원이 됐다는 것은 부정할 수 없습니다. 이 공로로 왁스먼은 1952년 노벨 생리의학상을 받았죠.

안타까운 점은, 인프라가 열악한 개발도상국에서는 결핵이 여전히 무서운 병으로 남아 있다는 사실입니다. 2022년 기준으로 연간 1,060만 명이 새로 결핵에 걸리고, 그중 130만 명이 사망하는 것으로 알려져 있어요. 그래서 결핵은 오늘날에도 에이즈, 말라리아와 함께 3대 전염병으로 자리 잡고 있습니다.

과정은 처절했지만, 인류가 끝내 이긴 병

소아마비는 이제 사실상 박멸된 질환이라고 할 수 있어요. 인류가 극복한 질환 사례에서 빠지지 않는 병이죠. 그런데 불과 몇십 년 전까지만 해도 이 병은 전쟁보다 훨씬 무서운 질환으로 여겨졌습니다. 주로 5세 이하 어린아이들이 걸리는 바이러스성 질환인데요. 감기몸살처럼 시작되어 고열에 시달리며 팔과 다리가 마비되기도 하고, 심하면 사망에 이르렀습니다. 병이 낫더라도 팔다리가 평생 마비되는 끔찍한 후유증을 남기곤 했죠.

이 병으로 고통받은 유명인 중 한 명이 바로 프랭클린 루스벨트입니다. 미국인이 가장 사랑하는 대통령 TOP 3에 항상 꼽히는 인물로, 제2차 세계대전을 승리로 이끌고 전후 질서를 정리하면서 미국을 세계 최강대국으로 만든 사람이죠. 그런데 이분도 30대 후반에 소아마비에 걸려 평생 휠체어를 타야만 했습니다.

그렇다면 이렇게 무서운 소아마비는 대체 언제부터 인류를 괴롭혀왔을까요? 기록이 명확하게 남아 있진 않지만, 이런 경우에는 이집트를 살펴보면 뭐가 나오잖아요? 소아마비도 예외는 아니었어요. 1897년, 영국의 고고학자 플린더스 피트리Flinders Petrie가 카이로에서 남쪽으로 약 100km 떨어진 곳에서 발굴작업을 하다가 기원전 3700년에 묻힌 것으로 추정되는 미라를 발견했거든요. 이 미라는 길이 120cm 정도 되는 지팡이와 함께 발견되었는데, 미라의 왼쪽 대퇴골이 오른쪽보다 약 8cm 짧다는 걸 확인했습니다. 이게 소아마비의 전형적인 특징이에요. 그러니까 최소한 이 시기부터 소아마비가 있었다고 볼 수 있죠.

또한 이집트 18왕조 시기(기원전 1550~1292)에 만들어진 것으로 보이는 비석에도 소아마비 환자가 묘사되어 있습니다. 오른쪽 다리가 시들고 짧아진 데다 발이 마른 형태를 띤 젊은 신부의 모습이 새겨져 있었어요.

고대 의사들은 왜 감기로 착각했을까?

소아마비는 의학용어로 '폴리오미엘리티스poliomyelitis'라고 하는데, 라틴어에서 유래한 단어입니다. 더 정확히 말하면, '폴리오polio'는 '회색'을 뜻하고 '마이엘로스myelos'는 '물질' 또는 '기관'을 뜻해요. 합치면 '회색 물질' 또는 '회색 기관'이라는 뜻이죠. 실

<blockquote>
██ 기원전 약 1400년경 제작된 비석으로, 고대 이집트에도 소
아마비가 존재했음을 보여주는 대표적 유물이다.
</blockquote>

제로 소아마비에 걸리면 그 부위가 마비될 뿐 아니라 잘 자라지
못하고, 혈액 공급이 원활하지 않아 회색으로 변하는 특징을 보입
니다. 이름이 아주 적절하다고 할 수 있죠.

그렇지만 그리스 시대부터 이 병을 명확히 진단하거나 치료
했던 건 아니에요. 관련 저서가 남아 있지 않은 것으로 미루어, 당
시에는 소아마비를 단순 감기나 다른 감염질환과 구분하지 못한

것으로 보입니다. 이유는 간단합니다. 소아마비의 초기 증상이 감기와 너무 비슷하거든요. '감기가 만병의 근원'이라는 말이 의학적으로는 엉뚱해 보이지만, 감별 진단이 어려워서 나온 말 같다는 생각도 들어요.

소아마비에 관해 구체적인 기록이 남겨진 건 정말 한참 후의 일이었는데요. 얼마나 한참 후냐 하면 1789년에 이르러서였어요. 영국의 의사 마이클 언더우드Michael Underwood, 1737~1820가 그의 저서《어린이 질병에 관한 논문Treatise on Diseases of Children》에서 이를 기록합니다. 그는 "어떤 감기 몸살은 팔다리 마비 증상을 동반하는데, 이 경우 사망률이 높으며, 낫더라도 영구적인 마비를 남긴다"고 했죠.

그리고 1810년, 스코틀랜드의 유명 소설가 월터 스콧이 〈호수의 여인〉이라는 서사시를 발표했고, 이 작품에서 영감을 얻은 음악가 슈베르트가 〈아베 마리아〉를 작곡했습니다. 그런데 이 월터 스콧이 생후 18개월 때 소아마비에 걸려 평생 한쪽 다리를 절었어요. 그를 진단한 의사가 기록을 남긴 것이 소아마비 환자 케이스를 다룬 최초의 구체적인 기록으로 여겨집니다. 기록에는 "오른쪽 다리에 힘이 빠지는 심각한 열병"이라고 표현되어 있었죠. 월터 스콧은 또 글을 쓰는 사람답게 자신의 증상에 관해 여러 기록을 남겼습니다. 이 자료들은 훗날 의사들이 소아마비 증상을 연구할 때 중요한 참고 자료가 됐어요. 역시 소설가라는 직업은 참 위대하다는 생각이 들지 않나요?

도시화와 함께 시작된 집단 발병

그런데 소아마비 연구는 좀 더딘 느낌이 있어요. 아무리 감기와 구별하기 어렵다고 해도, 그리스와 로마 시대 그리고 르네상스 이후 의사들의 그 미친 듯한 도전정신과 탐구정신을 생각하면 약간 의아하지 않습니까?

이유가 있습니다. 19세기까지만 해도 소아마비는 그렇게 흔한 질환이 아니었거든요. 다만 한 가지 경향성을 보였는데, 도시화가 진행되면서 유병률이 점점 늘어났다는 점이에요. 하지만 당시에는 의사들의 큰 관심을 끌지 못했습니다. 왜냐하면 소아마비보다 훨씬 더 심각한 보건 문제가 있었으니까요. 결핵이 대유행 중이고 비소나 수은 같은 독성물질이 여전히 쓰이고 있었고 매독은 말 그대로 기승을 부렸으니, 소아마비는 우선순위가 아니었던 거죠.

상황이 이렇다 보니, 도전정신이 미쳤던 19세기의 의사들도 소아마비에 관해 별다른 기록을 남기지 않았습니다. 기록이 거의 없어요. 1835년에 영국 의사 존 배덤John Badham이 네 명의 환자가 월터 스콧과 비슷한 경과를 보였다는 기록을 남겼고, 1840년에 독일의 정형외과 의사 야코프 폰 하이네Jakob von Heine가 이 질환이 척수를 침범하는 것 같다는 기록을 남긴 정도입니다.

그러나 19세기 후반이 되자 상황이 달라집니다. 소아마비가 차츰차츰 유행해요. 이 말은, 집단 발병이 나타나기 시작했다는 뜻입니다. 이유가 뭘까요? 일단, 사람들이 점점 더 많은 수로 모여

살게 되었기 때문입니다.

물론 단순히 과밀화 때문만은 아니었어요. 왜냐하면 런던이나 파리는 이미 18세기부터 과밀화가 진행되었고, 19세기 초에도 인프라에 비해 너무 많은 사람이 밀집해 살아서 콜레라와 결핵 같은 질환이 마구 퍼졌잖아요. 소아마비가 유행한 진짜 이유는 다른 데 있었습니다.

바로 위생 개선사업 때문입니다. 19세기 말에서 20세기 초로 넘어가면서 콜레라 같은 전염병의 유행을 막기 위해 각 나라와 각 도시에서 대대적인 위생 개선사업을 했어요. 또한 이그나츠 제멜바이스Ignaz Semmelweis와 조지프 리스터Joseph Lister 같은 의학적 영웅들이 등장해 개인위생과 위생 관념 자체가 크게 개선되었습니다. 그 결과로 어린아이들이 아주 어릴 때 소아마비에 걸리지 않게 된 겁니다. 그런데 소아마비 바이러스의 특징이 있죠. 이 바이러스는 어린 시절, 특히 생후 6개월에서 4세 사이에 감염되면 대부분 증상이 가볍습니다. 거의 감기처럼 지나가는 경우가 많죠.

그런데 위생 개선으로 인해 어릴 때 병에 걸릴 기회를 놓치

소아마비는 어떻게 전염될까?

소아마비는 폴리오바이러스Poliovirus에 의해 발생하는 전염병이다. 주로 대변-구강 경로 또는 감염된 사람의 분비물과의 접촉을 통해 전파된다. 감염된 사람은 증상이 없어도 바이러스를 전파할 수 있으며, 위생 상태가 좋지 않은 환경에서 더 쉽게 확산한다. 현재 가장 효과적인 예방법은 백신 접종이다. 손씻기와 깨끗한 식수 사용 등 위생 관리도 감염 예방에 중요한 역할을 한다.

면서 더 나이가 많은 아이들이 소아마비에 걸렸습니다. 나이가 많을수록 증상이 심해지는데, 문제는 증상이 심한 환자가 바이러스를 더 잘 퍼뜨린다는 겁니다. 이렇게 뜻밖의 지점에서 악순환의 고리가 시작된 거죠. 이 악순환은 특히 미국에서 두드러졌습니다. 오래된 대도시들은 기존 인프라를 개선하는 데 시간이 걸렸지만, 미국은 대부분 신도시로 출발했기 때문에 처음부터 인프라가 어설프게 잘 만들어져 있었습니다. 이 점이 오히려 문제를 악화시킨 것으로 보여요.

유럽에서도 소아마비는 큰 문제가 되었습니다. 통계를 보면 1887년에 스톡홀름에서 44명이 집단으로 발병했는데, 이를 진단한 칼 오스카 메딘Karl Oskar Medin이 다양한 단계의 운동 실조, 뇌염 그리고 사망에 이르는 증상을 기록했습니다. 그 뒤 1893년 미국 보스턴에서 23건, 1894년 버몬트주에서는 132건이 발병하여 '버몬트 전염병'이라고 불리기도 했습니다. 1905년에는 스칸디나비아에서 1,000건이 넘는 발병 사례가 보고되었습니다.

그러나 이 모든 것은 1916년 뉴욕 브루클린에서 발생한 대규모 발병에 견주면 아무것도 아니었습니다. 이해에는 6월 한 달 동안 뉴욕에서 183건의 소아마비 사례가 보고되었는데, 이게 가라앉기는커녕 폭발적으로 번졌습니다. 그 정도가 상상을 초월했죠. 도대체 몇 명이나 소아마비에 걸렸을까요? 2만 7,000건이 넘는 감염 사례가 발생하고, 그중 6,000명 이상이 사망했습니다. 도시는 패닉에 빠졌고, 사람들이 서로 만나는 것조차 꺼리게 되면서 경제활동이 순간적으로 마비되기도 했습니다.

　당연히 의사들은 부랴부랴 치료법을 찾으려 했지만, 그때까지 소아마비에 관한 지식은 아주 제한적이었습니다. 유럽에서 이미 어느 정도 대규모 발병이 있었기 때문에 연구가 조금은 진행됐지만, 초보적인 수준에 불과했죠.

치료를 향한 길고 험난한 여정

　1908년, 미국의 카를 란트슈타이너Karl Landsteiner, 1868~1943 박사가 "소아마비를 일으키는 건 우리가 아는 세균이 아니라 여과 가능한 물질일 가능성이 있다"고 밝혔고, 1909년에는 미국의 사이먼 플렉스너Simon Flexner, 1863~1946가 "이 물질이 주로 척수에 있다"는 사실을 알아냈습니다. 그러나 이 정도 지식만으로 효과적인 치료법을 마련하기엔 턱없이 부족했어요.

　결국 내놓은 치료법들이 하나같이 부족하고 엉뚱했습니다. 소아마비는 팔다리뿐만 아니라 호흡근까지 마비시키는 경우가 있기 때문에 산소를 공급하는 조치는 적절했습니다. 하지만 카페인 섭취가 도움이 된다는 주장이 나오면서 아이들에게 커피를 먹였는데, 커피가 쓰잖아요. 아이들이 먹지 않으려고 하면 혼을 내는 촌극이 빚어졌습니다. 또 누가 파리가 감염원일 수 있다는 주장을 펴자 갑작스레 파리 박멸 작전을 벌이기도 했고요.

그러던 중 스웨덴의 의사 칼 클링Carl Kling이 소아마비 바이러스의 존재를 확인하면서 연구가 한층 본격화했지만 연구 속도는 여전히 느렸어요. 미국 대통령 프랭클린 루스벨트도 자신이 소아마비 환자였던 만큼, 1937년에 국립영아마비재단을 설립하고 대규모 지원에 나섰는데도 상황은 쉽게 나아지지 않았죠. 1949년, 미국에서만 4만 건이 넘는 감염이 발생하고 2,720명이 사망했습니다. 1952년에는 상황이 더욱 나빠져 5만 7,628건의 발병, 3,145명 사망 그리고 2만 명 이상이 마비 후유증을 겪는 끔찍한 기록을 남기게 됩니다.

　　이때 팔다리 마비는 그나마 나은 축에 속했어요. 진짜 문제는 호흡근 마비였죠. 이 때문에 등장한 것이 바로 철폐, 즉 아이언 렁Iron Lung이라는 인공호흡기입니다. 환자는 이 철제 장치 안에 들어가 호흡을 해야 했습니다. 폴 알렉산더Paul Alexander, 1946~2024라는 분이 바로 철폐의 상징 같은 사례인데요. 1952년에 소아마비에 걸려 전신이 마비된 이분은 철폐에 의존해 무려 72년을 살다가 세상을 떠나셨습니다. 그런데도 대학을 졸업하고 변호사가 됐으며, 입에 펜을 물고 8년에 걸쳐 자서전을 쓰는 등 정말 놀랍고 존경스러운 삶을 살아내셨죠. 그분 말고도 수많은 사람이 철폐에 의존해 삶을 이어갔지만, 이 장치가 너무 번거롭고 작동 비용이 비싼 탓에 대부분의 사람은 사용하지 못하고 목숨을 잃어야 했습니다.

10센트 행진으로 백신을 알리다

한편 당시에는 소아마비의 원인이 여전히 정확하게 밝혀지지 않았어요. 그렇다 보니 사람들이 만만한 집단을 공격합니다. '이민자들이 감염의 원흉이다'라는 소문이 퍼지며 집단 린치가 일어나기도 하고, 자동차 배기가스가 원인이라는 소문 때문에 자동차 불매운동이 벌어지기도 했습니다.

물론 연구는 계속되고 있었어요. 어떤 연구자들은 환자 집의 파리를 잡아 연구하기도 했죠. 그러나 이때 인류는 백신이라는 개념을 이미 알고 있었습니다. 18세기부터 천연두에 대한 우두 접종이 시행되었으니 당연히 소아마비 백신 연구도 진행되고 있었어요. 사실 소아마비 백신은 1935년에 처음 나왔습니다. 그런데 그때 충분한 연구 없이 서둘러 사람에게 접종하면서 오히려 질환이 발생하거나 멀쩡하던 사람이 알레르기 반응으로 인해 사망하는 사고가 일어났습니다. 이 때문에 백신 개발이 잠시 중단되기까지 했죠.

그러나 루스벨트의 강력한 지원 덕분에 백신 개발이 재개되었어요. 1948년에 하버드 의과대학 연구팀이 폴리오 바이러스 배양법을 알아냈고, 1949년에는 바이러스 분류화 작업이 진행되었습니다. 이 과정에서 큰 공을 세운 사람이 바로 조너스 소크Jonas E. Salk, 1914~1995입니다. 그 무렵 다른 연구팀들은 생백신에 집중하고 있었지만, 소크는 사백신이 더 안전하다고 믿고 이를 연구했습니다. 그리하여 1952년 7월 동물실험에 성공했고, 1953년에는 처음으로 사람에게 접종을 했습니다.

그렇지만 백신에 대한 불신이 심각했던 때라 접종을 시행하기가 쉽지 않았어요. 이때 힘을 발휘한 것이 바로 '10센트 행진March of Dimes'이라는 운동입니다. 생전에 프랭클린 루스벨트가 협회와 함께 진행한 이 운동 덕분에 소아마비 백신은 다른 백신들보다 비교적 수월하게 접종이 이루어질 수 있었습니다.

그 결과, 1953년에 3만 5,000건에 달하던 소아마비 발생 건수가 1957년에는 5,600건으로, 1961년에는 160건으로 급격히 줄어듭니다. 그리고 마침내 WHO는 1994년 서유럽에서, 2000년 우리나라를 포함한 서태평양 지역에서 소아마비 박멸을 선언했습니다. 이것은 기나긴 의학의 역사 속에서 인류가 질병과의 전쟁에 승리한 대표적인 사례로 기억될 거예요.

2장

하루라도 더 살기 위해
최선을 다한 역사

신이 내린 저주인가,
인간이 해결할 숙제인가?

혈우병이 뭘까요? 쉽게 말하면 X염색체에 있는 유전자의 선천적·유전적 돌연변이 때문에 혈액 내 응고인자(피를 굳게 만드는 물질)가 부족해져 발생하는 출혈성 질환입니다. 한마디로 '피가 잘 멈추지 않는 병'이라고 할 수 있는데요. 그래서 '그냥 조심하며 살면 되지 않나?'라고 생각할 수도 있지만, 사실 우리 몸은 늘 작고 보이지 않는 부상을 입고 있습니다. 우리가 전혀 눈치채지 못하는 이유는 그 부상을 몸이 스스로 고치기 때문인데, 이 과정이 제대로 되지 않으면 생명까지 위협받게 됩니다.

혈우병은 유전질환이에요. 개인적으로 저는 유전병을 생각할 때마다 영화 〈가타카〉에 나오는 《구약성경》 구절, "하나님께서 굽게 하신 것을 누가 능히 곧게 하겠느냐"가 떠오르곤 합니다. 유전질환은 지금도 치료법이 없거나 증상만 완화하는 경우가 대부분이거든요. 그만큼 아주 무서운 병입니다. 당연히 오래전부터 존재했을 거예요. 유전질환이다 보니 옛날엔 기전(병이 작동하는 방식)을 몰랐어도, 이런 병이 있다는 걸 사람들이 어렴풋이 알고 있었겠죠.

혈우병에 관한 최초의 기록은 어디에서 나왔을까요? 이집트? 아쉽지만 아닙니다. 왜냐하면 '피가 잘 멈추지 않는다'는 것을 맨눈으로 확인하려면 일단 피를 내봐야 알 수 있잖아요. 의학 지식이 더 발달한 시대라면 꼭 피를 흘려보지 않더라도 멍이 잘 든다든지 하는 증상으로 미루어 유추할 수 있겠지만, 고대사회에서는 그런 판단이 쉬운 일이 아니었습니다. 그렇기 때문에 혈우병에 관한 최초의 기록은 모두가 피를 내는 문명에서 남겼습니다. 바로 유대인들이죠.

유대인들은 할례라는 이름의 포경수술을 합니다. 수술이라는 게 그렇잖아요. 많이 해본 사람이 잘하게 되는 법이죠. '이쯤 되면 피가 멈추겠지' 같은 경험적 지식도 쌓이고요. 그런데 수술 도중 피가 멈추지 않는 사람들을 발견했겠죠. 특히 혈우병은 경도와 중등도로 나뉘는데, 중등도에 해당하는 경우에는 피가 잘 멈추지 않는 수준을 넘어서, 비교적 어린 나이에 수술받다가 그대로 사망하기도 했을 겁니다. 그래서 유대교 랍비들이 기록한 《탈무드》에는 이런 사례를 바탕으로 "형제 중 할례 도중 사망한 경우, 그다음 형제는 할례를 면제한다"는 법이 포함되어 있습니다.

이 밖에 10세기경 아랍의 기록을 보면 피가 대충 멎어야 하는 상처를 입은 남자 환자가 사망에 이르게 된 경우도 있어요. 1803년에는 미국의 존 콘래드 오토John Conrad Otto 박사가 남자에게만 영향을 미치는 가족성 출혈장애에 관한 논문을 발표했습니다. 그 뒤로 이 질환에 대한 연구가 더 진척을 보여, 1828년에 독일의 프리드리히 호프Friedrich Hopff와 요한 루카스 쉰라인Johann Lukas Schönlein 박사가 '혈우병'이라는 용어를 고안했습니다. 이 혈우병이 인류사에 어마어마한 영향력을 행사한 적이 있는데, 상당히 최근입니다.

황태자를 살리려다 나라를 잃은 러시아 왕가

영국과 러시아의 그레이트 게임, 기억나시나요? 1813년부터 1907년까지 94년간 대영제국과 러시아제국 사이에 벌어진 전쟁입니다. 쉽게 말해 러시아는 남하해서 부동항을 확보하려 했고, 영국은 그러는 러시아를 저지하려 한 것이죠. 여기에 우리나라도

그레이트 게임이란?

영국과 러시아제국이 중앙아시아의 패권을 두고 벌인 지정학적 경쟁으로, 러시아제국은 남하 정책을 통해 인도양으로 진출하려 했고, 영국은 식민지 인도를 보호하기 위해 이를 저지하려 했다. 이 과정에서 아프가니스탄, 페르시아, 티베트 등 전략적 요충지를 둘러싼 외교전, 첩보전, 간접적 충돌이 벌어졌으며, 1907년 영국-러시아 협정으로 일정한 세력 범위를 인정하며 마무리됐다.

끼어 있습니다. 영국이 우리나라 거문도를 점령했던 사건이 있는데, 이것도 러시아의 동북아시아 부동항 진출을 막기 위한 전략이었습니다. 여기에서 시작해 영일동맹이 이루어졌고, 영국은 자국의 신식 함선을 일본에 팔았습니다. 그 결과 러일전쟁에서 일본이 승리하며 조선은 일본의 손아귀에 떨어지고 말았죠.

중앙아시아로 눈을 돌리면, 나이팅게일 여사가 활약했던 크림전쟁에서 러시아가 패배한 일도 떠오릅니다. 이렇게 크고 작은 패배가 쌓이면서 러시아제국은 쇠약해졌고, 20세기 초에는 아예 몰락의 길로 들어섭니다. 이와 관련해 러시아 국내 정세부터 국제 질서까지 정말 많은 분석이 있죠. 19세기판 냉전이라 불릴 만큼 복잡한 전략 전쟁이었기 때문입니다. 그런데 지금은 의학의 역사 시간이잖아요. 의학의 역사에서 이 이야기를 꺼낸 이유는 혈우병이 이 모든 과정에 지대한 영향을 끼쳤기 때문입니다.

혈우병은 X염색체의 변이 때문에 발생한다고 첫머리에서 말씀드렸죠? 그래서 XX염색체를 가진 여성은 만약 하나의 X염색체에서만 변이가 생긴 경우에 증상이 없는 보인자가 될 수 있습니다. XY염색체를 가진 남성은 X염색체에 돌연변이가 있으면 바로 발병하지만, 여성은 하나의 X염색체가 정상이면 증상이 거의 나타나지 않습니다.

혈우병은 인구 1만 명당 1명이 발생하는 희귀질환이지만 결코 적지 않은 수치입니다. 보인자로 존재하는 사람이 더 많을 테니까요. 보인자 중 가장 유명한 사람을 꼽자면 바로 대영제국의

빅토리아 여왕 부부와 아홉 자녀들. 빅토리아 여왕은 혈우병 유전자의 보인자로 알려져
있으며, 그의 자손들을 통해 유럽 여러 왕실에 혈우병이 퍼졌다.

여왕이자 한때 '유럽의 할머니'라 불렸던 빅토리아 여왕입니다.

빅토리아 여왕은 4남 5녀를 낳았는데, 다섯 공주 중 앨리스
와 비어트리스가 혈우병 보인자였습니다. 이 두 공주는 외국 왕족
과 결혼했죠. 앨리스는 독일 헤센대공국의 후계자와 결혼해서 훗
날 러시아의 황후가 되는 알렉산드라를 낳았습니다.

문제는 이 알렉산드라 황후가 아들을 낳기 전에 빅토리아
여왕의 후손 가운데 세 왕자가 혈우병으로 요절했다는 겁니다. 그
중 한 명은 알렉산드라 황후의 오빠였어요. 이미 혈우병을 다룬
논문도 발표되었고 1828년에는 '혈우병'이라는 용어도 고안되었
기 때문에, 알렉산드라 황후도 아들이 위험할 수 있다는 사실을

알고 있었습니다. 그래서 기도했지만 소용이 없었죠.

황태자가 태어난 뒤 탯줄을 자른 배꼽에서 무려 11일 동안 이나 피가 멎지 않았습니다. 러시아제국의 황태자가 당시로는 불 치병이었던 혈우병에 걸려버렸으니 황실의 걱정은 이루 말할 수 없었겠죠. 더구나 알렉세이 황태자가 태어난 1904년이면 이제 그 레이트 게임이 막바지에 다다른 시기잖아요? 러시아제국의 앞날 이 점점 어두워지는 상황에서 황태자가 아프니 무슨 수를 써서라 도 치료해야 했습니다. 그래서 황제 차르 부부는 백방으로 의사들 을 수소문해 치료법을 찾아나섰어요.

그렇게 모여든 의사들이 혈우병에 대해 이런저런 치료를 시 도했는데, 그때로서는 가장 안전하고 보편적이라고 여겨진 방법 중 하나를 사용합니다. 담배를 가르치는 것이었죠. 그래서 알렉세 이 황태자는 10대가 되기도 전에 골초가 됩니다. 심지어 니콜라 이 황제가 아들에게 다정하게 담배를 물려주는 사진까지 있을 정 도였습니다. 치료는 당연히 효과가 없었겠죠? 그 밖에도 여러 약 을 사용했는데, 그중 하나가 아스피린입니다. 아스피린은 진통제 로 매우 효과적이고 오늘날에도 다양한 질환을 예방하는 약으로 알려져 있지만, 지혈을 방해하는 약이기도 하죠. 따라서 혈우병 환자에게는 오히려 해를 끼쳤던 겁니다.

그때 전설적인 사람 한 명이 등장합니다. 바로 그리고리 라 스푸틴이죠. 라스푸틴은 공부를 한 적도 없고, 단지 말을 잘하는 요승妖僧 같은 인물이었습니다. 그런데 차르 부부는 이 사람에게

러시아제국 알렉세이 황태자와 아버지 니콜라이 2세. 혈우병을 앓던 알렉세이는 심각한 출혈 이후 왼쪽 무릎을 제대로 굽히지 못하게 되었고, 이 사진에서는 계단을 이용해 그 모습을 감추고 있다.

아들의 치료를 맡기죠. 라스푸틴은 희한하게도 맞는 처방을 내렸습니다. 일단 차르 부부를 말로 안심시키고, 황태자가 복용하던 모든 약을 끊게 했어요. 그 시절 약이라는 것들은 비소나 납에서 유래한 것이 많았고 특히 아스피린을 복용 중이었으니, 약을 끊자 증상이 점점 호전됐겠죠.

　　그리하여 차르 부부는 라스푸틴에게 완전히 빠져들었습니

다. 하지만 이런 사람들이 정치를 하게 되면 대개는 좋은 결과를 내지 못하죠. 그러잖아도 쇠퇴하고 있던 러시아제국은 완전히 몰락의 길로 접어듭니다. 제1차 세계대전 때 망명 중이던 블라디미르 레닌이 돌아와 혁명을 일으키고 소련을 세우는 결과로 이어졌어요. 어떻게 보면 혈우병이 러시아제국을 망하게 했다고 해도 과언이 아닐 겁니다.

피의 비밀, 수혈로 풀다

이렇게 무서운 혈우병은 러시아혁명이 일어난 1917년까지도 불치병이었습니다. 그런데 사실 치료에 성공한 기록이 아예 없었던 건 아닙니다. 1840년에 영국에서 '피가 잘 멎지 않는 이유는 이 사람의 핏속에 뭐가 부족하기 때문이 아닐까?'라는 추측을 토대로 건강한 사람의 피를 수혈해본 사례가 이미 있었습니다. 결과는 놀라웠습니다. 수혈받은 환자의 증상이 즉각적으로 좋아졌다

아스피린은 어떤 약일까?

아스피린은 통증을 줄이고 염증을 완화하며 열을 내리는 효과가 있는 해열진통소염제로, 주로 두통, 치통, 관절염 등의 치료에 사용된다. 또한 혈소판의 응집을 억제하는 작용이 있어 심근경색이나 뇌졸중 같은 심혈관 질환의 예방목적으로도 널리 쓰인다. 하지만 이 혈소판 억제 작용 때문에 지혈을 방해할수 있어, 출혈 위험이 있는 사람이나 혈우병 환자에게는 주의가 필요하다.

는 기록이 남아 있거든요.

물론 당시의 수혈은 혈액형조차 모르는 상태에서 이루어졌으니, 환자가 살아난 것은 그야말로 순전한 운이었겠죠. 그러나 힌트는 벌써 있었던 셈입니다. 그렇다고 해서 이후 100여 년 동안 남의 피를 수혈하려는 시도가 이어지지는 않았습니다. 이유는 간단합니다. 일단 환자들이 자꾸 죽었고, 설령 살아나더라도 피를 팔아야 할 만큼 형편이 절박한 사람들이 제공한 혈액에는 감염균이 섞여 있는 경우가 많아 나중에 큰 문제가 되는 일이 빈번했기 때문이죠.

그러나 세계대전을 겪으면서 혈액형에 대한 이해가 발전했고, 점점 더 안전한 수혈 방법이 정착됩니다. 그래서 1950년대 이후로는 전혈 수혈을 통해 혈우병 증상을 완화하는 치료법이 거의 정형화했죠. 그리고 1965년, 미국의 주디스 풀Judith Pool, 1919~1975 박사가 혈장에서 혈액응고인자를 분리하는 방법을 발견하면서 현재까지 이어지는 주요 치료법이 등장합니다. 지금도 제8 응고인자나 제9 응고인자를 포함한 혈장 제제를 수혈하는 것이 혈우

제8 응고인자와 제9 응고인자란?

제8 응고인자와 제9 응고인자는 혈액이 응고되는 복잡한 과정에서 핵심적인 역할을 하는 단백질로, 각각 결핍되면 혈우병 A와 B가 발생한다. 이 두 응고 인자는 함께 작용하여 제10 응고인자를 활성화시키는 데 관여하며, 이 과정 이 막히면 출혈이 쉽게 멈추지 않는 문제가 생긴다. 따라서 혈우병 환자들은 부족한 응고인자를 수혈이나 주사 형태로 보충받아야 정상적인 혈액 응고 기능을 회복할 수 있다.

병 치료의 핵심입니다.

그러다 2020년, 유전자 편집 기술로 획기적인 변화가 찾아옵니다. 제니퍼 다우드나Jennifer Doudna(미국 UC버클리 교수)와 에마뉘엘 샤르팡티에Emmanuelle Charpentier(독일 막스플랑크연구소 소장)가 유전자 가위 기술로 노벨 화학상을 받았죠. 이 기술을 활용한 유전병 치료제들이 쏟아져나오고 있는데, 그중에 혈우병 치료제도 포함되어 있습니다. 바로 '헴제닉스Hemgenix'라는 약입니다. 주사 한 번으로 끝나는 원샷 치료제인데요, 정말 혁신적인 약입니다. 문제는 가격입니다. 350만 달러, 우리 돈으로 45억 원이 넘거든요.

다시 떠오르는 구절이 있습니다. "하나님께서 굽게 하신 것을 누가 능히 곧게 하겠느냐." 그런데 이제는, 돈이 많이 들긴 하지만 굽게 하신 것을 정말로 곧게 할 수 있는 시대가 열린 것이 아닌가 싶습니다. 기술이 더 발달하고 대량생산이 이루어진다면 앞으로는 더 저렴한 가격으로 더 많은 유전질환을 치료할 수 있겠죠.

수천 년의 오해를 풀고
실체를 밝히다

전 세계 거의 모든 문명에서 '천형의 증거', 즉 신이 내린 벌로 여기던 질환이 있습니다. 여러 종교에서도 비슷한 시각이 있었고, 기독교 또한 예외는 아니었죠. 《성경》에는 이 질환에 관한 이야기가 아주 많이 등장합니다. 혹시 무슨 질환인지 떠오르시나요? 네, 바로 '문둥병'이라고 불렸던 그 병입니다. '나병'이라는 이름으로도 알려져 있었고요. 요즘에는 이 질환을 일으키는 병원균을 발견한 노르웨이의 의사 한센G. H. A. Hansen, 1841~1912의 이름을 따서 주로 '한센병'이라고 합니다.

한센이 연구를 진행한 곳은 노르웨이 베르겐에 있는 나병 요양소였는데, 현재 그곳에는 그의 연구 기록이 '베르겐 나병 기록물'이라는 이름으로 보관되어 있습니다. 이 기록은 2001년에 유네스코 세계기록유산으로 등재됐어요. 한센병을 자세하게 설명할 뿐만 아니라 이 질환에 대한 연구가 어떻게 이루어졌는지 다루고 있습니다. 역학, 미생물학, 병리학, 임상연구, 예방의학 등 다양한 의학적 연구뿐 아니라 한센병을 넘어 돌봄과 관련해 사회적 영향을 미친 중요한 발견과 사건도 담겨 있고요. 특히 한센병이 빈곤, 영양상태, 생활 여건 같은 사회적 요인이라든가 보건 정책과 어떻게 연관됐는지 상세히 다루어, 사회 역사적 관점에서도 큰 가치를 인정받았습니다.

또한 이 기록을 토대로 한센병의 병리적 기전이 밝혀지면서 과거에 '나병'이라는 이름으로 자행된 수많은 사회적 폭력과 차별이 없어지기 시작했죠. 이것만으로도 세계기록유산 등재는 당연한 결과라고 할 수 있습니다. 학술적으로는 여전히 '나병'이라는 용어가 사용되지만, 이 용어가 세계 여러 지역에서 편견과 차별을 조장했던 만큼 사회적으로는 '한센병'이라 부르기로 합의했습니다.

한센병의 증상과 신체 변화

한센병이 일으킬 수 있는 증상은 매우 다양한데 그중 하나가 바로 '사자 얼굴'이라는 증상입니다. 감염과 변형으로 인해 얼굴이 마치 사자처럼 보이는 상태를 뜻합니다. 이 증상은 한센병뿐만 아니라 파제트병이나 아밀로이드증 같은 다른 질환에서도 나타날 수 있습니다.

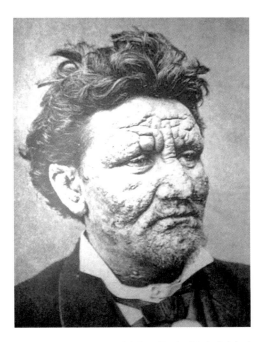

한센병 환자의 얼굴. 한센병은 얼굴과 피부에 결절과 변형을 일으키는 대표적인 만성 감염병으로, 과거에는 사회적 낙인과 격리의 대상이 된 질병이었다.

한센병의 가장 특징적인 증상은 피부의 반점입니다. 다른 부위와 색깔이 다른 반점으로 나타나는 경우가 많습니다. 사실 대부분의 피부질환이 반점 형태를 띠기 때문에 처음에는 별로 특별하게 느껴지지 않을 수도 있지만 한센병에서만 관찰되는 독특한 소견이 하나 더 있습니다. 바로 감각상실입니다. 환자는 누가 반점 부위를 만져도 느끼지 못하고 온도 변화도 감지하지 못합니다. 나균이 말초신경계를 침범하여 이를 파괴하기 때문입니다.

통증이 없는 것은 아닙니다. 감각신경이 손상되면 오히려 심각한 통증을 유발하기도 합니다. 이후 해당 부위의 감각을 완전히 잃으면 의도치 않은 손상이 빈번히 발생할 수밖에 없고, 그 결과 신체에 변형이 일어납니다. 이 질환은 사지에만 국한되지 않고 얼굴에까지 침범하여 변형을 일으키는 경우가 많습니다. 코가 함몰되거나 사라지는 경우도 흔하고, 눈썹이 뭉그러지거나 심지어 안구를 직접 침범해 시력을 잃는 사례도 드물지 않습니다.

네, 한센병은 외형을 변형시키는 질환이에요. 한센병을 일으키는 레프로시균은 결핵균과 같은 항산성균으로, 몹시 느리게 자라는 특징이 있습니다. 결핵균도 배양 검사를 하면 결과가 나올 때까지 엄청 오래 걸리는데, 결핵균의 분열 속도가 일반 세균보다 느리기 때문입니다.

일반적인 세균은 빠르면 20분, 늦어도 1~3시간이면 분열을 마치지만 결핵균은 한 번 분열하는 데 16~24시간이 걸립니다. 그런데 레프로시균은 이보다도 느려서, 분열하는 데 며칠이나 걸립니다. 이는 곧 질환이 진행되는 속도 역시 매우 느리다는 뜻이며, 환자가 제대로 된 치료를 받지 못하더라도 비교적 오래 살아남을 가능성이 높다는 이야기입니다. 즉 한센병 환자는 외형이 변형된 상태로 오래 살아가는 경우가 많다는 뜻이죠.

지금이야 한센병 환자를 보면 '아, 저 사람이 병을 앓고 있구나'라고 이해하는 것이 자연스럽지만, 고대와 중세는 물론이고 산업화 이후 그리고 20세기 초까지도 이 질환은 '신의 벌'로 여겨졌습니다.

　이러한 인식을 그대로 보여주는 영화가 있어요. 바로 고전 명작으로 꼽히는 〈빠삐용〉입니다. 이 영화는 1930년대를 배경으로 1970년대에 제작한 작품인데, 앙리 샤리에르의 동명 소설《빠삐용》을 원작으로 합니다. 주인공이 악명 높은 감옥에서 탈출하는 여정을 그린 이 영화에는 탈출 과정에서 한센병 환자들이 모여 사는 마을 우두머리의 도움을 받는 장면이 나옵니다. 다른 사람들은 그 마을에 가까이 가지도 못하지만, 빠삐용은 우두머리가 피우던 담배를 받아 피우면서 호감을 산 덕분에 탈출에 성공합니다. 이 장면은 20세기 초중반까지도 한센병에 대한 공포심과 편견이 얼마나 심했는지를 잘 보여주죠.

한센병, 언제부터 존재했을까?

　그렇다면 역사 속에서는 한센병을 과연 어떻게 인식했을까요? 우선 이 질환이 대체 언제쯤부터 존재했는지를 알아봐야 합니다. 앞서 한센병을 일으키는 레프로시균이 결핵균과 비슷하다고 말씀드렸죠? 실제로 두 균은 서로 친척 관계라고 할 수 있습니다. 결핵균은 엄청나게 오래된 균이라고 말씀드린 적이 있는데, 마찬가지로 레프로시균도 매우 오래된 균입니다.

　학자들의 추정에 따르면, 레프로시균은 분자생물학적 분석 결과, 약 3,600만 년 전부터 존재해왔으며, 인류가 등장하기 이전부터 함께해온 것으로 밝혀졌습니다. 지금 같은 형태는 아니더라도 비슷한 형태로 등장했을 가능성이 높다고 해요. 다만 아메리카 대륙에는 약 500년 전, 그러니까 구대륙 사람들이 아메리카로 건너간 뒤에 전파된 것으로 추정합니다. 그때 천연두만 가져간 것이 아니었던 셈이죠.

한센병에 관한 최초의 기록은 언제, 어디에서 나왔을까요? 네, 이번에는 인도입니다. 한센병을 다룬 최초의 기록은 기원전 1400년경에 쓰인 것으로 보이는 힌두교 경전 《베다》에서 발견됩니다. 이 문헌에 '쿠슈타'라는 단어가 나오는데, 이 단어는 지금도 인도에서 한센병을 가리키는 용어로 사용됩니다.

물론 고대에는 정확한 진단법이 없었기 때문에 건선이나 심한 여드름 같은 질환마저 한센병으로 오인되는 경우가 많았습니다. 따라서 그 기록이 현대적 의미의 한센병과 완전히 일치하지는 않을 수 있습니다. 그렇지만 전반적으로 한센병을 가리키는 단어였다는 점에서, 이 병의 역사가 꽤 오래되었음을 알 수 있습니다.

더 정확하고 체계적인 기록은 고대 인도의 의학서인 《수슈루타 상히타》에서 찾아볼 수 있습니다. 이 책은 여러 번 언급될 만큼 중요한데요. 이 책의 저자 수슈루타Sushruta는 당대의 의학 수준을 훨씬 뛰어넘은, 거의 '시간 여행자'라 해도 과언이 아닐 정도의 인물입니다. 《수슈루타 상히타》에는 한센병의 경과가 비교적 정확하게 기술되어 있습니다. 특히 손가락이 떨어지거나 코가 꺼지는 등 오랜 기간 진행된 한센병 환자들의 증상을 상세히 설명했습니다. 이를 통해 수슈루타가 한센병을 얼마나 세밀히 관찰했는지 짐작할 수 있죠. 참고로, 《수슈루타 상히타》는 네팔의 유산으로, 2013년에 유네스코 세계기록유산으로 등재되었습니다. 사실 이렇게 중요한 기록물이 세계유산에 등재되지 않는다면 오히려 더 이상하죠.

당연히 고대에도 한센병 치료를 시도했는데, 주로 투바르카 오일이라는 것을 사용했다고 기록되어 있습니다. 학자들에 따르면, 이 투바르카 오일은 아마도 대풍자유大風子油일 것으로 추정됩니다. 그런데 이 오일에는 시안화수소가 포함되어 있는데, 이는 청산가리로 잘 알려진 맹독성 물질로, 인체에 매우 해롭습니다. 치료를 위해 사용했다고 하지만, 실제로는 환자를 치료하기보다는 죽이지 않았을까 싶을 정도로 위험하죠. 놀랍게도, 인도 시골 지역에서는 지금도 한센병 환자나 일반 피부병 환자에게 이 약을 사용하는 경우가 있다고 합니다.

이집트에서도 한센병에 관한 기록을 찾아볼 수 있습니다. 기원전 1200년경에 작성된 것으로 보이는 파피루스에서 'Uchedu'라는 이름으로 한센병을 언급하고 있는데, 이 기록에 따르면 한센병 환자는 수단에서 온 노예들 사이에서 주로 발생했다고 합니다. 이를 토대로 학자들이 수단과 홍해 너머 팔레스타인 지역을 조사한 끝에, 기원전 1300~1400년에 만든 것으로 보이는 항아리에서 한센병 환자의 얼굴로 보이는 조각을 발견하기도 했습니다.

다만 많은 학자가 이 조각이 꼭 한센병 환자를 묘사한 것은
아닐 수 있다고 지적합니다. 당시 사람들이 불길하다고 여겨질 만
한 조각을 물이나 술을 담는 항아리에 사용하지는 않았을 가능성
이 크다는 거죠. 따라서 이 조각은 단순히 사람 얼굴을 조각하는
과정에서 손상됐거나 변형된 것일 수 있다는 의견도 있습니다.

중국에서도 한센병과 관련된 기록이 등장합니다. 전설적인
명의 화타가 쓴 비방 중에는 한센병을 묘사한 내용이 포함되어
있어, 동아시아에서도 오래전부터 이 병을 인식했음을 알 수 있습
니다. 그러나 고대에는 기록이 많지 않아, 청산가리를 사용한 치
료 외에 다른 치료법이나 환자 관리를 다룬 내용은 거의 남아 있
지 않습니다.

고대 환자들이 어떤 대우를 받았는지 더 자세히 알고 싶다
면 《구약성경》을 참고해볼 수 있습니다. 물론 《구약성경》이 정확
히 언제 작성되었는지를 놓고 학자들은 의견이 분분합니다. 기원
전 1500년경으로 보는 학자도 있고, 기원전 400년경으로 보는 학
자도 있습니다. 시기에 따라 차이는 있지만, 최소한 《구약성경》은
매우 오래된 기록이기 때문에 한센병을 대하는 고대의 인식을 이
해하는 데 중요한 자료입니다.

《구약성경》에서는 한센병을 히브리어로 '짜라아트zaraath'라
고 표현합니다. 이 단어는 단순한 병명을 넘어 '낙인'의 의미를 담
고 있죠. 하나님의 진노를 받아 병에 걸렸다는 식의 묘사가 거듭

나옵니다. 예를 들어 모세를 비방한 미리암, 거짓말로 이득을 취한 사환 게하시, 제사장의 역할을 넘보려 한 웃시야 왕 등이 모두 짜라아트에 걸린 사례로 언급됩니다. 이는 곧 이 병이 그저 질병이 아니라 신의 진노를 산 사람이라는 상징적인 의미를 가졌음을 보여줍니다.

《구약성경》의 〈레위기〉에는 짜라아트가 의심되는 경우 먼저 제사장을 찾아가도록 했습니다. 제사장이 바로 확진하기도 했지만, 당시에는 진단 기술이 매우 부족했기 때문에 대부분 7일간 격리한 뒤에 다시 판단했습니다. 만약 확진 판정이 나오면 제사장은 환자를 '부정하다'고 선언했고, 환자는 옷을 찢고 머리를 흩뜨린 뒤 '부정하다!'고 외치며 공동체의 바깥, 즉 마하네단 밖으로 추방당했습니다. 유목민족이었던 유대인들에게 마하네단 밖으로 추방당하는 것은 곧 죽음을 뜻하는 경우가 많았습니다. 치료되지 않는 병이라 밖에서 죽어야만 했던 거죠.

한센병을 유대교에서만 특별히 부정적으로 취급한 것은 아닙니다. 학자들에 따르면, 한센병은 인도에서 이집트로 번진 뒤에 기원전 4세기경 페르시아의 다리우스 군대가 그리스를 침공하면서 유럽으로 전파된 것으로 보입니다.

그 후, 헤로도토스의 《역사》에서도 페르시아 사람들이 한센병을 어떻게 인식했는지 엿볼 수 있습니다. 당시 페르시아인들은 한센병에 걸린 사람들을 태양에 죄를 지어 고통받는 자로 간주하고 즉시 추방했다고 합니다. 한센병 환자들은 마을에 들어갈 수도 없었고, 완전히 배제된 삶을 살았죠.

이러한 인식은 그리스에까지 영향을 미쳤습니다. 그리스에서도 한센병을 천형의 일종으로 여겼는데, 이러한 이유로 의사들조차 한센병 환자들을 제대로 들여다볼 기회가 거의 없었을 것으로 보입니다. 의학의 아버지라 불리는 히포크라테스마저 한센병과 관련해 별다른 언급을 남기지 않았습니다.

그렇다고 해서 그리스 시대에 한센병에 관한 기록이 아예 없었던 것은 아닙니다. 당시 카파도키아에서 활동한 유명한 의사 아레타이우스Aretaeus가 한센병의 증상과 치료법에 관해 기록을 남겼습니다. 그는 한센병의 증상을 비교적 자세히 기술했으며, 치료에는 삼엽초 같은 일반 허브부터 코끼리의 이빨, 독사의 살, 사자·표범·곰의 지방, 암모니아 향수 따위를 사용했다고 합니다. 만약 이 방법을 써서 효과가 없으면 불과 철을 사용해야 한다고 했지만, 구체적으로 어떻게 사용했는지는 명확히 기록되지 않았습니다.

그 뒤 로마의 명의 갈레노스는 납을 녹여 만든 패치를 사용해 한센병을 치료하려고 시도했지만, 효과가 있었다고 보기는 어렵습니다. 다행히 한센병은 감염력이 매우 약한 병이었는데, 그럼에도 결국 유럽 전역으로 퍼지게 됩니다. 특히 10세기 이후 십자군전쟁(1096~1291)을 통해 한센병은 중세 유럽에 폭발적으로 확산했습니다. 중세 유럽은 기독교 사상이 지배하던 문화권이었기 때문에 한센병 환자들은 곧바로 신에게 죄지은 사람으로 낙인이

찍혔습니다. 이들은 감옥과 다름없는 '라자르 하우스'라는 시설에 격리되었습니다. 환자를 격리하면서 미사를 열어 환자가 죽었다고 선언하기도 했습니다. 이는 단순한 격리가 아니라 환자를 사회에서 완전히 지워버리는 강력한 추방 조치였던 셈입니다.

이때는 치료법 개발에는 별 관심을 두지 않고, 환자들을 시야에서 치우는 데만 집중했습니다. 이 과정에서 오진으로 억울하게 추방당한 사례도 많았습니다. 애초에 한센병 환자가 아니었던 사람도 열악한 환경에 갇혀 지내면서 한센병에 감염되는 경우도 많았을 것으로 추정됩니다.

한센병이 줄어든 결정적 이유는?

한센병은 14세기를 지나면서, 특히 대항해시대 이후로 급격히 감소합니다. 왜 이런 변화가 생겼을까요? 설마 신대륙으로 전파시켜서? 물론 그 뒤로 신대륙에서 한센병이 엄청나게 늘어났지만, 여기에는 다른 이유도 있습니다.

첫째로, 페스트로 인해 유럽 인구가 크게 감소하면서 한센병 유병률이 자연스레 줄어듭니다. 페스트가 유행하던 시기에 사람들이 대규모로 사망하면서 전염병이 전파될 환경 자체가 축소된 것이죠. 둘째로, 매독이 확산됩니다. 신대륙에서 전파된 매독은 한센병과 달리 전파 속도가 빠르고 치명적이어서 단기간에 많은 사람을 죽음으로 몰아넣었습니다. 이 때문에 한센병은 상대적으로 주목받지 못하면서 유병률도 감소한 것으로 보입니다.

셋째로, 콜레라처럼 더 치명적이고 빠르게 확산하는 전염병들이 나타나면서 한센병은 명함조차 내밀기 힘든 병이 됩니다. 마지막으로, 결핵이 유행하면서 한센병 감소에 영향을 줍니다. 결핵균과 레프로시균은 서로 친척뻘인 항산성균이어서, 결핵에 감염된 사람들이 한센병에 대해 교차면역력을 얻는 경우가 있었어요. 그래서 한센병 유병률이 더욱 줄어든 것이죠.

그렇지만 한센병은 여전히 치료하기 힘든 병으로 남아 있었고 질환의 증상이 심각했기 때문에 연구는 꾸준히 이어졌습니다. 그러던 중 1874년에 한센이 드디어 레프로시균이라는 병원균을 발견합니다. 이 발견은 한센병을 대하는 기존의 인식을 완전히 바꿔놓습니다. 즉 한센병이 신의 벌로 인해 발생하는 것이 아니라, 다른 전염병들과 마찬가지로 병원균에 의해 발생한다는 사실이 과학적으로 증명된 것이죠.

그리고 1960년대에 댑손Dapsone, 리팜피신Rifampicin, 클로파지민Clofazimine을 이용한 치료법이 개발되면서 한센병은 이제 불치병이 아니라 치료할 수 있는 병이 됩니다. 오늘날에도 일부 환자가 남아 있지만, 새로 발생하는 환자의 수는 극히 적습니다. 이러한 흐름으로 미루어 한센병은 머지않아 완전히 박멸될 것으로 예상되는 몇 안 되는 질병 중 하나입니다.

고대인에게는 축복,
현대인에게는 애물단지?

    사랑니. 누구나 한 번쯤은 뽑게 되는 치아죠. 저는 중학생 때 이런 기억이 있어요. 엄마가 엄마 친구네 집에 놀러 가자고 해서 따라갔는데, 알고 보니 엄마 친구가 운영하는 치과였죠. 그곳에서 갑자기 그물 같은 구속 장치에 잡혀 사랑니를 뽑혔어요. 지금도 소아 치과에 가면 볼 수 있는 '페드랩'이라는 장치인데, 사용하는 모습을 보면 왠지 억압적인 느낌이 들어요. 치과는 대개 날카로운 기구가 많은 만큼 무섭고 아픈 곳이라는 이미지가 강하잖아요. 그래서 치과는 진짜 가기 싫은 곳 중 하나죠.

    사랑니는 아무리 잘 관리해도 뽑아야 하는 경우가 많습니다. 사랑니 자체가 자라면서 통증을 유발하기 때문이에요. 흔히 사랑니를 뽑는 이유가 너무 뒤쪽에 있어서 썩기 쉬운 탓이라고 생각하는데, 사실은 좁은 턱 공간에 치아가 하나 더 나오면서 문제가 생기는 거예요. 누워서 나오거나 비뚤게 자라 잇몸을 압박해 통증을 유발하는 경우가 많죠. 물론 이상한 방향으로 자라면 칫솔질이 어려워지고, 음식물이 끼어 감염을 일으켜서 더 큰 통증을 초래합니다. 결국 사랑니 제거는 현대인에게 어느 정도 숙명 같은 일이 아닐까 싶어요.

지혜의 치아인가, 고통의 유산인가?

사랑니가 우리 인간에게 통증을 유발한 것은 생각보다 훨씬 오래전부터였어요. 흔히 '사랑니'라고 하지만 치의학에서는 '지치智齒'라고 합니다. 영어로는 'wisdom teeth'라고 하는데, '사람이 철이 들고 지혜를 깨달을 즈음에 나는 치아'라는 뜻에서 비롯된 이름이죠.

사전적으로 사랑니의 명확한 어원 정보는 없지만, 일반적으로 10대 후반에서 20대 초반, 사랑을 알 나이에 나는 치아라는 의미로 해석하는 듯해요. 일본에서는 사랑니를 '오야시라즈親知らず'라고 하는데, '자식이 어느 정도 성장해 부모가 자녀의 일거수일투족을 알 수 없게 될 즈음에 난다'라는 뜻이랍니다. 이렇게 각 문화권마다 명칭은 다르지만, 대체로 비슷한 시기를 나타내는 공통점이 있죠.

그렇다면 이 치아에 '지혜'라는 이름이 붙은 건 언제일까요?

놀랍게도 고대 그리스 철학자 아리스토텔레스가 이미 'wisdom teeth'라는 명칭을 사용했습니다. 그는 인간에게 가장 늦게 나는 이가 바로 이 치아이며, 남녀 모두 대체로 20세 전후에 나지만 사람에 따라 이가 나는 시기는 달라질 수 있다고 기록했어요. 이 치아를 별로 중요하지 않은 기관으로 여겼다면 굳이 이런 이름까지 붙일 필요는 없었겠죠?

아리스토텔레스는 이 치아가 나면서 많은 통증을 수반한다고도 기술했습니다. 이를 통해 현대인의 부드러운 식단 때문에 사랑니가 문제를 일으키게 되었다는 단순한 설명은 틀렸다는 걸 알 수 있죠. 사실 사랑니로 인한 문제는 훨씬 오래전부터, 지금부터 약 2,000년 전에도 이미 존재했던 겁니다.

인류의 식습관 변화로 쓸모를 잃다

사랑니가 현대인에게 골칫거리가 된 이유는 인류의 식생활 변화와 밀접한 관련이 있어요. 초기 인류의 식습관이 점점 달라지고 정착 후 문명이 발전하면서 우리의 치아와 턱 구조가 큰 변화를 겪었기 때문입니다.

수렵과 채집을 하던 시절에 인류가 먹은 음식은 주로 식물의 잎사귀, 씨앗, 견과류, 열매 등이었을 겁니다. 그런데 이때의 채소나 열매는 지금 우리가 먹는 것과는 완전히 달랐어요. 오늘날

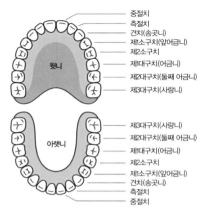

중절치
측절치
견치(송곳니)
제1소구치(앞어금니)
제2소구치
제1대구치(어금니)
제2대구치(둘째 어금니)
제3대구치(사랑니)

윗니

제3대구치(사랑니)
제2대구치(둘째 어금니)
제1대구치(어금니)
제2소구치
제1소구치(앞어금니)
견치(송곳니)
측절치
중절치

아랫니

▬▬▬ 성인의 치아 위치와 명칭

우리가 먹는 농산물은 인간이 맛과 영양을 위해 수천 년 동안 개량한 결과물입니다. 본래 자연 상태에 이런 작물이 있었다면 너무 부드럽고 맛있어서, 모든 초식동물과 잡식동물에게 먹혀 멸종했을 가능성이 높죠. 수렵·채집 시대의 음식은 훨씬 더 질기고 거칠었습니다.

불을 사용하기 전에는 고기도 날것으로 먹어야 했습니다. 불로 음식을 익히기 전의 인간은 치아를 매우 많이 사용해야 했고, 이는 치아 마모로 이어졌습니다. 고대인의 화석을 보면 치아가 마모되어 닳아버린 경우가 많습니다. 예컨대 스무 살 정도로 추정되는 고대인의 유골에서도 어금니는 거의 다 닳았는데, 그중 유일하게 새것처럼 보이는 치아가 바로 사랑니입니다. 이는 닳아 없어진 어금니의 역할을 사랑니가 대신했음을 암시합니다. 그때는 턱도 발달되어 사랑니가 자라기에 충분한 공간이 있었기 때문에 문제가 되지 않았죠. 또 다른 어금니를 얻는 건 오히려 축복이었을 겁니다.

문제가 생긴 건 인류가 불을 사용해 음식을 익혀 먹고부터입니다. 불로 조리한 음식은 부드럽기 때문에 턱을 덜 사용하게 되면서 턱의 크기와 구조가 점점 변했습니다. 동시에 어금니가 쉽게 닳는 일이 줄어들어 사랑니는 이제 더는 필요하지 않게 되었죠. 그렇지만 진화가 즉각적으로 따라오지 않았기에, 턱이 작아진 현대인에게 사랑니는 자리를 찾지 못하고 다른 치아를 밀거나 비정상적으로 자라 통증을 유발하는 골칫덩이가 되어버렸습니다.

이와 대조적으로, 먹이 습성이 변하지 않은 다른 포유류에게서는 사랑니가 제 역할을 하고 있습니다. 대부분의 포유류는 사랑니가 나도 아무런 문제가 없으며, 오히려 유용하게 쓰입니다. 이는 인간의 독특한 식생활 변화가 사랑니 문제를 초래했음을 보여주는 대표적인 예입니다.

사랑니 때문에 고통받은 가장 오래된 사례는 어느 때일까요? 기원전 1만 3000년의 일입니다. 고대인의 화석에서 상대적으로 비좁아진 턱 때문에 옆으로 누워버린 사랑니를 확인할 수 있었습니다. 오래 살지 못한 것으로 보이는 해당 고대인은 아마 죽기 전까지 이 사랑니로 인해 어마어마한 고통을 겪었을 겁니다. 그나마 앞쪽에 위치한 치아는 고대인들이 서툰 기술로라도 발치를 시도해볼 수 있었겠지만, 사랑니는 적절한 광원이 없으면 제대로 보기 어려운 위치에 있어 더 큰 문제였습니다. 어쩌면 사랑니로 인한 염증이 죽음의 원인 중 하나였을지도 모릅니다. 사랑니는 단순히 통증만 일으키는 게 아니라 심각한 염증까지 유발할 수 있으니까요.

그 후로도 사랑니로 고통받는 사람들은 꾸준히 있었을 겁니다. 그렇지만 지금처럼 예방적으로 제거하는 경우는 20세기 전까지는 없었으리라 봅니다. 이유는 간단해요. 마취가 안 되니까요. 국소마취 방법이 없는 상황에서, 아직 아프지도 않은 사랑니를 단지 예방을 목적으로 뽑는다? 말이 안 되죠. 따라서 20세기 이전의 사랑니 발치는 대부분 이미 감염이 생겼거나 통증이 심한 상태에서 진행되었으리라고 보는 게 합리적입니다. 물론 극단적인 상황에서는 미리 발치를 시도하기도 했겠지만, 이런 사례까지 다 포함하면 연구가 어렵겠죠.

아무튼 문명이 시작된 이후의 사랑니 치료를 보면 발치가 최종 해결책인 경우가 많습니다. 충치 치료처럼 망치로 치아를 부수거나 펜치를 동원하곤 했는데, 사랑니 발치는 일반 치아의 발치보다 훨씬 어렵고 고통스럽고 위험했죠. 다만 한 가지 다행인 점은 중세 인류의 턱이 현대인보다 훨씬 발달해 있었다는 사실입니다. 그래서 사랑니로 고통받는 사람의 수는 일정 수준 이상으로 늘어나지 않았을 겁니다. 그들은 소수에 불과했으니까요.

조선시대의 사랑니 치료법

그럼 우리나라는 어땠을까요? 당연히 우리도 충치가 있었겠죠. 기록을 보면 조선시대에 '치종청'이라는 기관이 있었는데, 주로 종기 치료를 담당했지만 충치 같은 치과적 문제도 다뤘던 것으로 보입니다. 그렇다 해도 지금 같은 전문적인 치료는 아니었고, 주로 종기를 찔러 고름을 제거하는 방식에 의존했을 가능성이 높습니다. 안타깝게도 치종청에서 어떤 치료 사례가 있었는지 구체적인 기록이 남아 있지 않아, 당시의 의학 전반을 다룬 문헌들을 참고해야 합니다.

예를 들어 《동의보감》에는 치아 문제와 관련된 독특한 처방이 등장합니다. "검은 닭의 수컷과 암컷 똥을 각각 모아 오래된 짚신 밑창과 함께 태워서 가루로 만든 뒤, 사향을 섞어 뿌리면 없어진 치아가 다시 난다"는 식의 내용인데요. 솔직히 이런 처방이 실제로 효과를 봤을 가능성은 낮아 보입니다. 그 시기에도 치아 문제는 해결하기 어려운 영역이었음을 보여주는 사례죠.

또한 《조선왕조실록》에는 성종이 치통을 앓았다는 기록이 나오는데, 이때 성종이 20대였다는 점을 감안하면 사랑니 때문이 아니었을까 추정해볼 수 있습니다. 그러나 사랑니나 치통의 마땅한 치료법이 없었기 때문에 명나라에서 약을 구하려 했다는 내용도 나옵니다. 이를 보면 조선에는 사랑니 같은 치과적 문제에 대한 직접적인 해결책이 거의 없었던 듯합니다.

그런데 이런 문제는 조선만의 일이 아니었어요. 그 무렵 유럽도 크게 다르지 않았습니다. 어쩌면 더 심했을지도 모릅니다. 유럽에서는 비교적 실험적인 치료를 많이 시도했는데, 충치든 사랑니든 자꾸 뽑으려고 했습니다. 문제는, 사랑니가 지금도 섣불리 뽑기 어려울 만큼 까다로운 치아이기 때문에, 과거에는 의료사고가 자주 발생했다는 점입니다. 그래도 큰 문제가 되지 않았던 이유는 그때는 치료가 대부분 비슷비슷한 수준이었고, 또 사랑니 문제가 지금처럼 광범위하게 발생하지 않았습니다. 말하자면 사랑니 치료의 한계는 어느 문화권에서나 비슷했던 셈이죠.

갈수록 턱이 작아지는 인류

사랑니가 보건의학적으로 큰 문제가 된 것은 19세기 이후부터입니다. 특히 인류가 가공식품과 부드러운 음식을 섭취하면서부터 문제가 본격적으로 불거졌습니다. 이전에는 사랑니가 어금니를 대체하는 역할을 하거나 턱이 충분히 발달해 공간을 확보할 수 있었지만, 음식이 부드러워지고 턱이 작아지면서 사랑니는 점점 애물단지가 되었습니다.

20세기 초에 국소마취제가 등장하면서 사랑니를 예방적으로 제거할 수 있었지만, 그때는 항생제도 없고 적절한 조명이나 기구도 부족해 발치 과정에서 감염이 생기거나 사망하는 경우들이 있었습니다. 그러나 20세기 중반에 들어 치의학 기술이 발달하면서 비교적 안전한 발치가 가능해졌고, 사랑니 발치로 인한 사망률도 크게 줄었습니다.

그러나 음식이 점점 더 부드러워지면서 문제가 더욱 심화됐습니다. 인간의 턱은 더 좁고 뾰족해졌으며, 얼굴은 점점 작아졌습니다. 이는 환경 변화에 따른 자연스러운 변화였지만 사랑니가 자리 잡을 공간은 더욱 부족해졌습니다. 현재 미국에서는 사랑니의 약 85%가 발치되고 있으며, 2012년 〈구강안면외과학 저널Journal of Oral and Maxillofacial Surgery〉의 발표에 따르면 65세 이상 성인 중 2% 미만에게만 사랑니가 있을 정도로 대부분 제거되는 추세입니다.

그렇다면 모든 사람이 사랑니 때문에 고통을 겪어야 하는 걸까요? 그렇지는 않습니다. 사랑니가 나는 비율이 점점 줄고 있기 때문입니다. 토착 멕시코인의 경우, 사랑니가 나지 않는 비율이 100%에 달하는 것으로 알려져 있습니다. 한국인도 약 41%가 사랑니가 나지 않으며, 사랑니의 개수도 다른 민족보다 적습니다. 여기에는 유전적 차이와 식생활의 변화가 영향을 끼쳤을 가능성이 높습니다.

사랑니가 나는 인구의 비율은 다른 민족에서도 천천히 줄고 있습니다. 다만 그 속도는 우리가 기대하는 것만큼 빠르지는 않습니다. 이유는 간단합니다. 사랑니로 인한 문제를 치과 치료로 해결하면서, 사랑니와 관련된 유전자가 도태되지 않고 꾸준히 이어지고 있기 때문입니다. 그럼에도 점진적인 감소가 계속되고 있으니, 앞으로 100년, 200년 후에는 사랑니 때문에 고통받지 않아도 되는 시대가 올 수도 있겠습니다.

왜 '왕의 병'이라고 불렸을까?

치맥을 즐겨 드시는 분들은 통풍에 각별한 주의가 필요합니다. 통풍은 관절에 요산이 쌓이면서 극심한 통증을 유발하는 병인데, 한번 겪어보면 정신이 혼미할 정도로 아프다고 합니다. 흔히 말하는 '3대 통증' 중 하나로 꼽히는데요. 사실 3대 통증의 기준이 자주 바뀝니다. 그만큼 아픈 질환이라는 말이죠.

이러한 통증, 왜 생기는 걸까요? 기름진 음식, 알코올, 탈수 그리고 액상과당 따위가 요산 축적의 원인이 됩니다. 그래서 치맥이나 에너지드링크 같은 것이 통풍을 유발하는 위험한 요인으로 꼽히죠. 지금은 이런 음식이 누구나 즐길 수 있는 흔한 음식이 되었지만, 고대사회에서는 어땠을까요? 그때는 이런 음식을 먹을 수 있는 사람이 많지 않았을 겁니다.

히포크라테스가 남긴 흥미로운 격언들

　궁금해지죠. 최초의 통풍은 언제쯤 발생했을까요? 이집트를 떠올리면 보통 맞을 가능성이 높습니다. 정확한 기록은 없지만, 기원전 2640년경 매장된 것으로 보이는 필레Philae 지역에서 출토된 미라에서 통풍 흔적이 발견됐다고 합니다.

　통풍에 관한 최초의 기록은 기원전 5세기로 거슬러 올라갑니다. 그리스의 위대한 의사 히포크라테스가 남긴 문서에 등장하는데요. 히포크라테스는 통풍을 기름진 음식, 과도한 알코올 섭취와 연관 지었으며 이 병이 생기면 걷기가 어렵다는 특징을 기록했습니다. 또한 증상이 방울처럼 생긴 모양과 관련이 있다고 해서 '구따gutta'라는 이름을 붙였는데, 이것이 현재의 진단명인 '통풍gout'의 어원이 되었습니다. 당시에는 '포다그라podagra'라는 이름으로 더 자주 불렸어요.

　히포크라테스는 통풍과 관련해 흥미로운 격언 다섯 가지를 남기기도 했습니다.

　"'내시'는 통풍에 걸리지도 않고 대머리가 되지도 않는다."
　"여성은 '월경이 멈추지 않는 한' 통풍에 걸리지 않는다."
　"청소년은 '성관계를 경험하기 전엔' 통풍에 걸리지 않는다."
　"통풍 증상은 대개 '40일' 안에 호전된다."
　"통풍은 '봄과 가을'에 더 활발하게 나타난다."

　놀라운 점은 이 격언들 중 일부를 현대 의학으로도 설명할 수 있다는 겁니다. 내시는 고환이 절제되어 남성호르몬 분비가 거의 없습니다. 남성호르몬은 체내 요산 배출을 방해하기 때문에, 남성호르몬이 부족한 내시는 통풍에 잘 걸리지 않습니다. 반면 여성호르몬은 요산 배출을 촉진하는 역할을 하므로 여성은 완경 전까지 통풍 발병률이 낮은 편입니다.

'성관계를 경험하기 전엔'이라는 표현이 어색할 수 있지만, 여기에도 남성호르몬의 영향이 작용한다고 볼 수 있습니다. 사춘기가 지나야 남성호르몬이 본격적으로 분비되고, 남성호르몬이 요산 배출을 방해하면서 통풍의 위험이 높아지죠. 즉 남성호르몬이 분비되지 않는 어린아이에게는 통풍이 생기지 않는다고 해석할 수 있습니다.

또한 히포크라테스가 말한 '40일'과 '봄과 가을'은 현대 기준에서 보면 신빙성이 떨어질 수 있습니다. 그러나 이는 그 시기 그리스의 생활 방식이나 계절적 요인과 연관이 있을 가능성이 큽니다. 어쨌든 이런 관찰은 지금 봐도 매우 정교하고 탁월한 편이었습니다.

다만 당시 의학에서는 통풍의 원인을 지금처럼 이해하지 못했습니다. 예를 들어 히포크라테스는 통풍의 원인을 '가래가 관절에 쌓인 것'으로 추측했습니다. 증상이 방울처럼 보이니 '저기에 가래가 쌓였구나!'라고 생각한 거죠. 그래서 관절 부위를 직접 절개해보기도 했습니다. 하지만 큰 효과는 없었죠. 절개해보면 딱딱한 결절만 있을 뿐, 이를 물리적으로 제거하는 것은 지금도 어려운 일이니까요.

이뿐만 아니라 '가래를 없애는 약'을 사용하기도 했습니다. 여기서 약이란 사실 독성물질이었는데, 비소나 수은 같은 것이 사용되었을 가능성이 큽니다. 그러나 이런 치료는 별다른 효과가 없었던 탓에 통풍은 '치료가 어려운 질환'으로 여겨졌습니다. 심지어 환자에게 책임을 돌리기까지 했습니다. 당시 의학 기록에는 다음과 같은 말이 남아 있습니다.

"통풍에 걸린 사람 중 나이가 많고 관절에 토피(결절)가 있으며 힘든 삶을 살았고 변비에 걸린 사람은 약으로 치료할 수 없다."

사실은 의사들이 치료 방법을 찾지 못했을 뿐이지만, 그때는 '치료 불가능한 질환'으로 치부되었습니다. 그 뒤의 의학자 갈레노스 또한 통풍을 치료하기 어려운 병으로 기록했습니다. 특히 로마 시대에 들어서는 통풍이 폭발적으로 증가했는데, 귀족 사이에서는 통풍이 하도 흔해서 마치 전염병처럼 여겨졌다고 합니다. 일반 시민이나 여성들 사이에서도 통풍이 대량으로 발생했을 정도라고 하니, 몹시 심각한 상황이었던 거죠.

왜 현대보다 고대, 중세에 더 흔했을까?

왜 이런 일이 벌어졌을까요? 의학의 역사를 잘 아는 분이라면 답을 짐작하실 겁니다. 바로 납 때문입니다. 로마제국은 '납의

제국'이라 불릴 만큼 납을 생활에서 흔히 사용했습니다. 포도주에 납을 첨가했고, '사파Sapa'라는 납 그릇에다 와인을 끓여 만든 조미료를 사용했으며, 납으로 만든 수도관도 흔했습니다. 납은 통풍과 깊은 연관이 있습니다. 납중독은 신장의 기능을 손상시켜 요산 배출을 방해합니다. 이를 '납독성 통풍 증후'라고 하는데요. 대사성 통풍처럼 요산이 지나치게 축적되지는 않더라도 요산 배출이 막히면서 전형적인 통풍 발작을 유발할 수 있습니다.

　　중세 시대에 납은 일상적으로 많이 사용되고 있었고, 유럽 사람들은 술을 엄청나게 마셨습니다. 식수를 신뢰하기 어려운 시절이었고, 당시 유럽 귀족들은 고기를 아주 많이 섭취했습니다. 맥주와 납이 들어간 와인, 그리고 고기의 조합은 그야말로 통풍으로 가는 지름길이었죠. 귀족이라면 통풍은 거의 필수 코스라고 봐야 했습니다.

　　이런 귀족 가운데 유명한 환자가 바로 영국의 헨리 8세입니다. 그의 초상화를 보면 '아, 이분, 통풍이 있었겠구나' 싶은 인상을 줍니다. 헨리 8세는 키 180cm에 몸무게가 약 145kg이었으며 하루 평균 5,000칼로리를 섭취했다고 합니다. 그가 일주일에 마신 와인만 33리터에 달했다는 기록도 있죠. 그는 통풍 발작이 올 때마다 "으아악! 발가락을 잘라줘!" 이렇게 외쳤다고 전해지는데요. 이런 상황에서 의사들은 주로 술을 처방했습니다. 술에 취하면 통증을 잊을 수 있었기 때문입니다. 통풍은 헨리 8세 때문에 '왕의 질환'이라는 별명을 얻게 됩니다.

▬ 헨리 8세는 잦은 사냥과 과음, 육류 위주의 식습관
으로 통풍 질환을 앓은 대표적인 군주다.

　문제는 통풍이 정말 엄청나게 아픈 질병이라는 점입니다.
17세기 영국의 저명한 의사 토머스 시든햄Thomas Sydenham(그 자신
도 통풍 환자였습니다)은 통풍 통증을 이렇게 묘사했습니다.
　"옷의 무게조차 견딜 수 없고, 누가 내 방에서 걷는 흔들림조
차 견딜 수 없을 정도이다."

그는 또 통증을 발가락이 부러지거나 빠져버린 듯한 느낌이라고도 표현했습니다. 19세기에는 어느 목사가 통풍의 고통을 두고 이렇게 말했어요.

"누가 내 눈알을 밟는 것 같다."

정말 끔찍한 병이죠. 그런데 앞에서 말했듯 통풍은 '왕의 질환'으로 불렸습니다. 프랑스 왕 루이 14세나 영국 왕 조지 3세를 비롯한 왕족 대부분이 통풍 환자였습니다. 통계를 보면 프랑스의 왕 34명 가운데 20명이 통풍에 걸렸습니다. 왕뿐 아니라 귀족들과 부자들도 이 병에 걸리는 경우가 많았습니다.

이런 상황 덕분에 통풍에 대한 인식이 다소 기묘한 방향으로 발전합니다. 통풍 환자가 대부분 부유층이다 보니, 이 병을 '부의 상징'으로 여기기 시작한 겁니다. 어떤 귀족은 통풍에 걸린 것을 자랑스럽게 여기기도 했습니다. 통풍이 없는 사람은 지위가 낮은 사람이라고 간주했죠. '아, 통풍이라니! 나도 성공했구나!' 이런 인식이 퍼진 것이죠. 더 나아가 통풍이 성기능과 연결된다는 믿음까지 생겼습니다. 통풍이 일종의 최음제(성욕을 불러일으키는 약물)처럼 작용한다고 믿은 사람들이 있었던 겁니다.

1588년, 프랑스의 사상가 몽테뉴는 "남자의 다리가 약해지면 성기가 더 강해지고 혈액순환도 더 원활해진다"고 주장했습니다. 이 의견은 당시 많은 지지를 받았는데, 이는 통풍 환자들이 너무 아파서 움직이지 못하고 다리가 가늘어지면서 다른 사람들보다 매력적으로 보였다는 이야기와 연결됩니다.

17세기 네덜란드에서도 통풍 때문에 걷지 못하고 누워 있는 시간이 많아지면 생식기관 전체가 쉬게 되어 성기능이 좋아진다고 주장한 이들이 있었습니다. 이 주장도 그때 많은 사람에게 지지를 받았습니다. 그러나 이런 주장이 지지받았다고 해서 통풍이 좋은 병은 아니죠. 통풍은 단지 고통을 안겨줄 뿐입니다.

통풍이 바꾼 역사적 순간들

지위 높은 사람들이 통풍에 자주 걸리다 보니, 통풍은 굵직한 역사적 사건들과 연결되기도 했습니다.

영국의 정치가 윌리엄 피트William Pitt, 1759~1806가 대표적인 예입니다. 그는 "미국은 영국의 서자가 아니라 아들"이라고 주장하며, 식민지 미국에 부과된 지나친 세금을 폐지해야 한다고 목소리를 높였습니다. 식민지에 대한 과도한 세금이 독립 열망을 자극할 수 있다고 우려한 거죠. 피트는 영국의 제10대 총리였기 때문에, 그의 주장은 무시할 수 없는 무게를 지녔습니다.

그러나 통풍 발작이 문제였습니다. 그는 정말 중요한 회의에 참석하지 못했는데, 그 회의에서 결정된 것이 바로 보스턴 차 사건(1773)의 발단이 된 인지세법이었습니다. 인지세법이란 미국 내 모든 공문서와 서적에 영국이 발행한 스탬프를 사용해 거기에 세금을 부과하는 법이었죠. 미국인들은 당연히 어이없어하고 영국은 미국의 반발에 어이없어하며 갈등이 극단으로 치달았습니다. 마침내 보스턴 차 사건이 일어나 미국 독립전쟁(1775~1783)의 도화선이 됩니다. 만약 피트가 그 회의에 참석했다면 인지세법이 제정되지 않았을 가능성이 있고, 따라서 보스턴 차 사건과 미국 독립전쟁이 일어나지 않았거나 더 나중에 일어났을 수도 있습니다. 역사에 '만약'은 없지만요.

미국은 결국 영국에 전쟁을 선포하고 〈독립선언문〉을 작성합니다. 〈독립선언문〉 작성 위원회에는 토머스 제퍼슨, 존 애덤스, 로저 셔먼, 로버트 리빙스턴 그리고 벤저민 프랭클린이 참여했습니다. 벤저민 프랭클린은 특히 유명하죠. 미국 100달러 지폐에 그려져 있는 인물입니다. 근면과 성실을 강조하던 그도 나이가 들고 부유해지면서 생활이 느슨해졌는지, 점차 지금의 100달러 지폐에 그려진 모습처럼 변해갔다고 합니다.

그런 탓인지 프랭클린은 나중에 통풍에 걸렸고, 병세가 심각해지면서 〈독립선언문〉 작성에 중간중간 빠지기도 했습니다. 그는 원고를 집에서 받아보며 작업을 이어갔는데, 〈독립선언문〉을 공식적으로 채택하는 자리에도 통풍 발작 때문에 걸어 올라갈 수 없어서 인부들이 작은 의자에 그를 앉힌 채로 들어 옮겨주었다고 합니다.

그렇게 몸이 아프면 쉬어야 하는데, 이 양반이 하도 유능하니까 미국은 그를 프랑스로 보냅니다. 동맹이 필요했거든요. 그래서 아픈 몸을 이끌고 프랑스로 갔는데, 외교라는 게 로비도 하고

사람들을 만나 설득도 해야 하는 일이잖아요? 그런데 몸이 아프면 여기저기 다니기가 힘드니 당연히 외교활동을 하기가 어렵지 않겠어요?

그러나 놀랍게도 일이 잘 풀립니다. 왜냐하면 협상에서 아주 중요한 역할을 한 프랑스 외무장관 샤를 그라비에도 통풍을 앓고 있었거든요. "야, 너도?" "야, 나도!" 이렇게 공감대를 형성한 두 사람이 협상을 빠르게 진행한 결과, 프랑스는 미국 독립전쟁을 지지하며 영국에 선전포고를 했습니다.

그런데 샤를 그라비에가 단순히 협상만 도와준 게 아닙니다. '초원 사프란(가을 크로커스)'이라는 약을 주는데요. 그 시기의 약이라는 게 보통 독이나 다름없었잖아요? 실제로 이 약에 콜히친Colchicine이라는 알칼로이드 계열 독이 들어 있습니다. 너무 많이 복용하면 호흡곤란까지 일으킬 수 있는 무시무시한 독이죠. 그렇지만 적정량을 먹으면 통증과 염증을 조절하는 데 아주 효과적인 물질이었습니다. 특히 통풍 치료에서 말이죠.

이렇게 프랑스에서 일석이조의 성과를 얻어낸 벤저민 프랭클린은 미국 독립에 결정적인 역할을 합니다. 대통령도 아니었던 사람이 100달러 지폐에 얼굴을 올린 걸 보면 얼마나 대단한 인물인지 알 수 있잖아요.

통풍 치료제에서 씨 없는 수박까지

이 고질적인 통풍, 당연히 치료를 시도했겠죠? 조금 전에 콜히친을 언급했는데, 고대 그리스에서도 '가을 크로커스Autumn Crocus'라는 식물을 약으로 썼습니다. 이 식물에도 콜히친이 들어 있어요. 그런데 그 시기에는 용량에 대한 개념이 없었기 때문에 복용하다가 죽는 경우가 너무 많아서 널리 쓰이지는 못했습니다. 더구나 이 식물이 정말 통풍에 효과가 있는지도 명확히 확인되지 않았고요.

6세기 비잔틴 기독교의 한 의사가 가을 크로커스가 통풍에 효과적이라는 의견을 남기긴 했지만, 오랫동안 이 식물은 약보다는 독으로 더 유명했습니다. 비소나 수은은 잘만 썼는데 왜 크로커스는 약으로 각광받지 못했는지 의문이에요.

중국에서는 침술이 유행했지만, 통풍은 너무 아프다 보니 염증 부위에 침을 놓는 치료법은 큰 인기를 끌지 못했어요. 재미있는 건, 중세 유럽에서도 비슷한 치료법을 시도했다는 점입니다. 날카로운 다트 같은 도구로 발을 찔렀다는 기록이 있는데요. 물론

━━ 가을 크로커스는 가을에 꽃을 피우는 다년생 초본 식물이다. 백합과에 속하며 독성이 강하기로 유명하다.

효과는 없고 통증만 더 심해져서 오래가지 못했습니다.

결국 먹는 걸로 해결하려는 시도가 많아졌어요. 그중에서 가장 기이한 치료법 하나는 고양이를 먹는 것이었습니다. 아기 고양이를 먹었던 것으로 보이는데, 그냥 먹어서는 효과가 없을 듯하니까 거위 속에 고양이를 넣고 찌는 등 온갖 해괴한 방법들이 등장합니다. 뭐, 당연히 효과는 없었겠지만요.

그러던 1679년 어느 날, 안톤 판 레이우엔훅Anton van Leeuwenhook, 1632~1723이 등장합니다. 의학 역사에서 몇 번 언급된 이름이죠? 현미경의 선구자인 그가 통풍 환자의 결절을 관찰한 결과를 발표했어요. 결절이 길고 투명한 작은 입자들로 이루어졌으며, 많은 입자가 양쪽 끝이 뾰족했다고 말입니다.

136

이 발견은 후세의 연구자들에게 큰 힌트를 주었어요. 여느 질환과 달리 통풍 연구는 피실험자를 구하기가 어렵지 않았습니다. 당시 연구자들 대부분이 부유층이었고, 이들은 대개 통풍 환자였거든요. 자기 몸을 직접 연구하면 됐던 셈이죠.

시간이 흘러 1776년, 스웨덴 화학자 칼 셸레Carl Scheele, 1742~1786가 드디어 "결절은 요산으로 이루어진 것 같다"고 기술합니다. 이로써 요산 축적 문제를 해결하기 위한 치료제 개발에 박차를 가합니다. 그러면서 오랫동안 외면당한 콜히친(가을 크로커스 같은 식물에서 추출한 약물)을 적절한 용량으로 조절해 사용하기 시작했습니다.

꽤 빠른 진전이었지만, 통풍 치료의 획기적 전환점은 20세기 중엽에 이르러서야 나옵니다. 1957년, 영국의 의사 피터 허드슨Peter Hudson이 통풍 병력이 있는 사람과 없는 사람의 요산 분해 효소를 비교한 끝에 요산 분해 효소의 차이가 통풍의 원인이라는 사실을 밝혀냈죠. 이 연구를 토대로 미국의 약리학자 조지 히칭스George Hitchings와 거트루드 엘리언Gertrude Elion은 알로퓨리놀Allopurinol이라는 약을 개발합니다. 이 업적으로 두 사람은 노벨 생리의학상을 받습니다.

여담으로, 지금 콜히친은 다른 진통제들에 밀려 통풍약으로는 흔히 쓰이지 않지만 우리가 잘 아는 의외의 분야에 쓰였답니다. 뭘까요? 콜히친이 유전자의 분열을 막는 역할을 한다는 점에 착안해 씨 없는 수박을 만드는 데 활용되었답니다. 정말 놀랍지 않나요?

불필요한 수술인가, 필요에 따른 선택인가?

포경수술이 뭘까요? 바로 남성 할례를 말합니다. 일반적으로 남성 성기의 포피 일부를 제거해 귀두 전체를 노출시키는 수술이죠. 재미있게도 일부 태평양제도에서는 포피소대(음경소대)만 자르는 약식 방식으로 포경수술을 한다고 합니다. 그런데 이 방식에 관한 정보는 검색해도 잘 나오지 않고, 제 경우에는 이미 포경수술이 되어 있어서 자세한 방법은 잘 모르겠네요.

아프리카를 중심으로 한 초기 역사

그럼 포경수술은 언제부터 시행됐을까요? 아마도 역사가 기록되기 전부터 시작된 것으로 보입니다. 마취도 없고 적당한 칼도 없던 시절에 조개껍데기나 돌 같은 것으로 잘라야 했을 텐데도 시행되었죠. 특히 인류의 기원이 된 아프리카 대륙에서는 포경수술이 아주 보편적이었습니다. 단 하나 예외가 있었는데, 바로 케냐의 루오족입니다.

문익점 아시죠? 목화씨를 붓 뚜껑에 숨겨 들여왔던 그 사람요. 루오족도 비슷하게 씨앗을 숨겼습니다. 다만 이들은 목화가 아니라 참깨, 수수, 기장 같은 귀중한 작물의 씨앗을 음경 포피에 숨겨 이동했죠. 그래서 이들 사이에는 포경수술이 전래되지 못한 것으로 보입니다.

그러나 대부분의 지역에서는 포경수술이 시행되었습니다. 이는 아프리카만의 이야기는 아닙니다. 호주 원주민, 태평양제도, 수마트라, 잉카, 아즈텍, 마야 등에서도 흔히 이루어졌다고 전해집니다.

기록으로 남은 가장 오래된 사례는 수메르문명 시기에 지금의 이라크 지역에서 나왔다고 여겨집니다. 명확한 증거는 없지만 정황상 포경수술이 시행된 것으로 보입니다. 확실한 기록으로 남은 건 고대 이집트에서 나온 사례입니다. 기원전 4000년, 그러니까 약 6,000년 전 미라에서 포경수술 흔적이 발견되었죠. 일부에서는 이런 포경수술이 이집트에서 흔했다기보다는 포로나 노예들에게 시행된 풍습일 것이라고 주장하기도 합니다.

하지만 기원전 2300년경 이집트 사카라의 앙크마호르 무덤, 즉 6왕조 시기의 벽화에는 할례 의식 장면이 자세히 묘사되

고대 이집트 앙크마호르 무덤 벽화. 고대 이집트에서 종교적·의
학적 의식으로 행해진 할례 장면을 묘사하고 있다.

어 있습니다. 수술 대상이 노예나 포로라기보다는 상류층으로 보
이는 점이 흥미롭습니다. 또 기원전 2400년경 매장된 것으로 추
정되는 관에는 약 120명의 남자가 함께 할례를 받았다는 문자 기
록도 남아 있습니다. 이러한 점을 바탕으로 수메르문명의 사람들
이 지금의 수단·에티오피아 등 이집트 남쪽 지역으로 할례 문화
를 전파했고, 이것이 이집트로 퍼져나간 게 아닌가 하는 추정도
있습니다.

유대교와《구약성경》속 할례

더 자세한 기록은《구약성경》의 〈창세기〉에 나옵니다. 아브라함 시기의 이야기인데, 역사가들은 이 시기를 기원전 1800년경으로 추정하고 있어요. 할례는 보통 성인식의 일환으로 시행되곤 하지만, 〈창세기〉에는 생후 8일쯤에 시행하라고 명시되어 있습니다. 그리고 할례를 받으면 출생일이 할례를 받은 날짜로 다시 설정됩니다. 이는 성인이 되기 위한 통과의례가 아니라 하나님과의 엄숙한 관계를 나타내는 언약의 표시가 된 거죠.

신생아 때 할례를 시행하는 데는 몇 가지 이점이 있었던 것으로 보입니다. 당시에는 마취가 없었기 때문에 성인이 할례를 받을 경우 엄청난 고통을 감수해야 했겠죠. 그러나 갓난아기는 아프다고 크게 몸부림치지 않으니 덜 아픈 것으로 여겨졌을 가능성이 큽니다. 무엇보다 갓난아기는 성인보다 상처 치유 속도가 훨씬 빨라, 불과 일주일 만에 거의 회복된다고 해요.

유대인, 즉 히브리 민족은 기원전 1200년경 이집트에서 포로 생활을 했습니다. 이때 이집트에는 벌써 할례 문화가 있었으니, 유대인들이 이 문화를 이집트에 전했다는 주장은 사실과 다릅니다. 출애굽 이후 유대인들은 가나안 땅, 즉 지금의 이스라엘 근방에 정착했는데, 이 지역은 기후가 몹시 건조했습니다. 이집트 또한 예나 지금이나 건조한 지역이고요. 수메르, 즉 지금의 이라크 지역도 그때는 지금보다 기후가 좋았을 것으로 추정되지만 다른 지역에 견주면 여전히 건조한 환경이었어요.

이러한 기후적 배경 때문에 기원전 7세기경 어느 역사가는 "사막에 사는 모든 사람들이 남성 할례를 시행한다"고 기록하기도 했습니다. 기원전 5세기경에 활동한 유명한 역사가 헤로도토스 역시 이에 동의했죠. 이런 점으로 미루어, 할례는 상당히 대중적인 관습이었던 것으로 보입니다.

이슬람권에서만 할례가 지속된 이유

반면 그리스인들은 할례를 별로 좋아하지 않았다고 합니다. 그들은 할례를 한 남자를 진짜 발가벗은 사람으로 여겨서, 이를 멸시하거나 놀리는 경우도 많았다고 해요. 그런데 '그런 걸 대체 어떻게 보고 놀렸을까?' 하는 생각이 드시죠? 그리스 시대의 올림픽을 떠올리면 답이 나옵니다. 선수들이 모두 나체로 경기를 했거든요. 올림픽에서뿐만 아니라 평소 운동을 할 때도 다 벗고 했기 때문에 자연스레 볼 수 있었던 거죠.

이처럼 그리스를 제외하고는 꽤 대중적이었던 할례가 배척받게 된 이유는 공교롭게도 유대인 때문이었습니다. 유대인들이 할례를 종교적 관습으로 삼으면서부터죠. 로마는 예루살렘을 정복한 뒤 할례가 유대인의 정체성을 상징한다는 걸 알게 되자 이를 금지하는 법을 제정합니다. 이 때문에 유럽에서는 할례가 아주

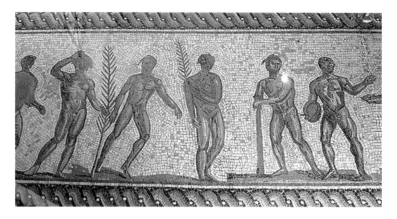

▬ 고대 올림피아 유적에서 발견된 모자이크 벽화. 고대 그리스 올림픽 경기의 모습을 묘사한 장면으로, 선수들이 경기 전후에 몸을 준비하거나 정리하는 장면을 보여준다.

오랫동안 배척되었습니다.

기독교 문화가 지배적이었던 그 시기에, 이 변화는 어떻게 가능했을까요? 예루살렘 공회의가 중요한 역할을 했습니다. 여기서 "기독교 복음은 유대인만을 위한 것인가? 아니면 모든 사람을 위한 것인가? 새로운 믿음으로 개종한 사람들은 할례를 받고 복음뿐 아니라 유대 율법도 받아들여야 하는가?"라는 질문이 논의되었습니다.

당시 유대인들에게 할례는 단순한 관습이 아니라 신앙, 문화 그리고 민족 정체성을 나타내는 중요한 상징이었습니다. 그러나 예루살렘 공의회는 "복음은 모든 사람을 위한 것이며, 할례는 전제 조건이 아니다"라는 결론을 내렸습니다. 그러지 않았다면 아마 모든 기독교인이 할례를 받아야 했을 겁니다.

반면 이슬람교에서는 할례를 매우 필수적인 것으로 여겼습니다. 비록 신생아 시기가 아니라 청소년기에 시행되었지만, 이슬람교의 확산과 함께 더 많은 지역에서 더 많은 사람이 할례를 받게 되었습니다.

한편 아프리카에서는 수메르·이집트 문명의 영향을 받아 할례가 일반화됐습니다. 종교적인 이유도 있었지만, 이 지역에서는 대개 성인식의 일부로 할례를 시행했습니다. 용맹함을 증명하고자 자기 음경의 포피를 자르는 것이죠. 예를 들면 음경을 평평한 돌 위에 두고 면도칼이나 주머니칼로 포피를 자른 다음 피를 이마에 바르고, 상처는 유칼립투스 잎으로 덮었습니다. 그런데 이렇게 끝나는 게 아니라, 잘린 포피를 들고 한밤중에 숲속으로 들어가 남겨두고 나오는 의식을 치러야 했습니다.

더 놀라운 점은, 아프리카와 아주 동떨어져 있는 호주 원주민 사이에서나 잉카·마야 문명에서도 할례가 시행되었다는 사실입니다. 그렇다면 대체 왜 이런 행위를 했을까요?

한번 생각해봅시다. 종교적인 이유가 있었을 겁니다. 성인식이나 통과의례로 시행되었을 가능성도 높죠. 또는 할례가 정력을 강하게 만든다는 믿음이 있었을 수도 있고, 힘이 더 세다거나 귀족임을 보여주는 상징이었을 수도 있습니다. 여성에게 매력을 어필하는 방식이거나 갱단의 문신처럼 공동체를 구별하는 방식이었을지도 모릅니다. 의학적인 이유 때문이었을 가능성도 높습니다. 그런 이유로 시행된 사례가 많았거든요. 다만 실제로 의학적인 효과가 있었는지는 불확실합니다.

성병 예방? 청결? 실제로 유리한 점은?

여기서 19세기 런던으로 가볼까요? 왠지 조금 불안해지죠? 1855년에 조너선 허친슨Jonathan Hutchinson, 1828~1913 박사가 런던 일반 인구와 유대인 인구의 성병 유병률을 비교한 연구를 발표했습니다. 놀랍게도 유대인의 성병 유병률, 특히 매독 유병률이 현저히 낮았습니다. 물론 유대인이 율법을 엄격히 따랐기 때문에 애초에 성병에 노출될 가능성이 적었다는 이유도 있습니다. 그러나 당시에는 통계학이 발전하지 않았기 때문에 단순히 '남성이 할례를 받으면 성병을 예방할 수 있다'는 결론이 나왔습니다.

19세기 유럽은 이성주의가 팽배했던 시기로, 사람들이 지나친 성욕을 경계했습니다. '우리는 이성적인 존재인데 왜 성욕을 제어하지 못할까?'라는 고민이 많았죠. 이 때문에 정관수술이 시행되기도 했습니다. 그런데 정관수술보다 더 간단한 수술이 있었으니, 바로 포경수술입니다. 1893년 발표된 논문에서는 "자위행위를 예방하기 위해 할례를 해야 한다"는 주장까지 나왔습니다.

그뿐이 아닙니다. 동런던병원의 소아과 의사 너새니얼 핵퍼드Nathaniel Heckford는 1865년에 "할례가 간질과 무도병 예방에 효과가 있다"라고 주장했습니다. 할례에 대한 이런 집착은 여성에게까지 번졌습니다. 부인과 의사 아이작 베이커 브라운Isac Baker Brown은 "음핵 절제술이 여성의 간질, 조증, 히스테리를 치료할 수 있다"고 주장하며 치료율이 70%라고 발표하기까지 했습니다. 나중에 그는 런던에서 매장당했지만, 이 주장이 미국에서는 널리 받아들여졌습니다. 1860년대 미국에서는 음핵 절제술이 히스테리, 색정증, 나아가 사춘기 소녀의 반항을 치료하는 데 사용되었죠.

그런데 뉴욕의 정형외과 의사 루이스 세이어Louis A. Sayre는 1870년에 다리가 마비된 5세 소년을 진료하다가 생식기 염증을 발견합니다. 그는 '혹시 포피의 만성 자극이 신경증을 일으켜 무릎을 마비시킨 것은 아닐까?' 생각하고 할례를 시행했는데, 희한하게도 소년이 회복되는 기적을 보였습니다. 이 사건은 포경수술의 유행을 더욱 부추겼습니다. 제 생각에는 이 소년이 길랑-바레증후군(말초신경계에 손상을 주는 자가면역질환) 같은 질환을 앓다가 시간이 지나 자연 치유가 된 것이 아닐까 싶지만요.

이런저런 우연한 사례가 쌓이면서 탈장, 방광염, 신장결석, 불면증, 만성 소화불량, 류머티즘, 간질, 천식, 야뇨증, 브라이트병, 발기부전, 매독, 광기, 심지어 피부암까지도 포경수술로 예방할 수 있다는 믿음이 생겨났습니다. 다행히 시간이 지나면서 이런 말도 안 되는 이유로 포경수술을 하는 경우는 점차 사라졌습니다. 물론 음경암 예방이나 위생적인 측면에서는 포경수술이 유리한 점이 있지만, 그렇다고 해서 이런 과장된 이유 때문에 대대적으로 시행할 필요는 없었겠죠.

유행이 잦아들었지만 포경수술은 다시금 주목을 받습니다. 제2차 세계대전 때 북아프리카 전선에서 일어난 일입니다. 이 지역에 투입된 병사들 중 포경수술을 받지 않은 이들이 모래폭풍으로 인한 귀두염과 음경 염증에 시달리면서 포경수술의 필요성이 제기됩니다. 이 유행은 그 뒤로도 제법 오래 이어졌습니다. 미군의 신탁통치를 받던 1950년대 우리나라에서 포경수술이 엄청나게 유행한 이유이기도 합니다. 그리고 또 한 번의 폭발적인 유행은 걸프전(1991) 때 일어납니다. 포경수술을 받지 않은 병사들이 사막의 모래폭풍 때문에 다시금 큰 고통을 겪으면서 포경수술이 또다시 주목받았습니다.

이 모든 사실을 종합해보면, 할례를 시행한 민족들의 거주지가 대체로 사막이나 건조한 지역이었다는 점이 결코 우연이 아니라는 생각이 듭니다. 처음에는 단순히 기후적인 이유로 시작했을 가능성이 높지만, 시간이 지나면서 종교적이거나 의학적인 이유로 변질되었으리라 생각됩니다.

심장을 되살리는 법을
인류가 배우기까지

심폐소생술, CPRCardio Pulmonary Resuscitation이라고 하죠. 복잡하게 들어가면 의료인이 하는 심폐소생술과 일반인이 하는 심폐소생술로 나뉘는데, 기구 없이 맨손으로 하는 것은 모두 일반인 심폐소생술로 통칭한다고 보시면 됩니다.

방법을 간단히 살펴보면, 먼저 쓰러진 사람의 상태를 확인하는 것이 중요합니다. 어깨를 두드리며 이름을 부르거나 "괜찮으세요?"라는 식으로 묻고 반응을 확인합니다. 만약 반응이 없다면 지나가는 사람들에게 도움을 요청해야 합니다. 이때 "119에 신고해주세요" 또는 "자동심장충격기AED를 가져와주세요"처럼 구체적으로 지목해 부탁하는 것이 좋습니다.

이전에는 맥박을 짚는 과정이 있었지만, 일반인은 맥박을 정확하게 확인하기 힘들 수 있으므로 생략해도 괜찮습니다. 그 대신에 의식과 호흡 여부만 확인합니다. 호흡이 없거나 비정상적인 경우라면 바로 흉부 압박을 시작합니다. 쓰러진 사람의 가슴을 드러낸 뒤 가슴골 중앙, 양쪽 젖꼭지를 잇는 선의 중심에 손꿈치(손바닥과 손목 사이의 볼록한 부분)를 놓습니다. 두 손을 교차시킨 다음 손꿈치에 힘을 실어 강하게 눌러줍니다.

흉부 압박의 목적은 심장의 박동을 대신해 혈액을 순환시키는 것이기 때문에 팔을 곧게 펴고 온 힘을 다해 눌러야 합니다. 갈비뼈가 부러질까 걱정되실 텐데, 사실 올바른 흉부 압박을 하면 갈비뼈가 부러질 가능성이 높습니다. 그러나 걱정하지 마세요. 그렇게 해야 사람을 살릴 수 있습니다.

가능하다면 인공호흡까지 병행하는 것이 좋습니다. 다만 제대로 된 방법으로 시행해야 효과가 있습니다. 한 손은 이마에, 다른 한 손은 턱 끝에 대고 턱 끝을 위로 밀어 올려 기도를 열어줍니다. 그런 다음 코를 막고 입을 완전히 덮은 상태에서 숨을 불어넣어야 합니다. 이렇게 해야 효과적인 인공호흡이 가능합니다. 도와주는 사람이 있다면 흉부 압박을 번갈아가며 하는 것이 좋습니다. 흉부 압박은 생각보다 체력 소모가 크기 때문입니다.

심폐소생술은 사람이 쓰러지고 1분 이내에 시행하면 생존율이 무려 95%에 달합니다. 그러나 단 4분만 지나도 생존율이 25% 이하로 급격히 떨어지며, 시간이 갈수록 더 낮아집니다. 그만큼 바로 시행하는 것이 중요하죠. 그런데도 우리나라의 일반인 심폐소생술 참여율은 20%대에 머물러 있습니다. 이웃 나라 일본이 50%, 미국이 40%, 영국이 70%를 넘나드는 것에 견주면 몹시 낮은 수준입니다.

동서양의 초기 심폐소생술 요법

이렇게 효과적이고 중요한 심폐소생술, 인류는 과연 언제부터 시행했을까요? 사실 누가 눈앞에서 쓰러지면, 특히 가족이나 사랑하는 사람이 쓰러지면 어떡하든 살리려고 애썼겠죠. 그래서 심폐소생술은 인류 역사와 함께해왔으리라고 추정할 수 있습니다. 하지만 기록으로 남은 것은 한참 후의 일입니다.

최초 기록과 관련해서는 의견이 분분하지만, 많은 학자는 이집트 5왕조 시절(기원전 2494~2345), 〈오시리스 신화〉의 기록을 최초 사례로 봅니다. 오시리스가 죽임을 당하자, 그의 아내 이시스가 생명의 키스로 되살렸다는 설화가 있는데, 이 설화가 인공호흡의 원형이 아니겠느냐는 해석이 있죠. 시대는 다르지만 〈백설공주〉나 〈잠자는 숲속의 공주〉 이야기에서도 비슷한 맥락을 찾을 수 있습니다. 둘 다 사망했거나 그에 준하는 상태에서 왕자의 키스로 깨어나잖아요? 이것 또한 인공호흡의 초기 개념을 반영한 이야기로 볼 수도 있습니다. 아무튼 이집트 이외의 지역에도 다양한 기록이 있습니다.

나일강을 끼고 있는 이집트에서는 범람이 잦아 익사 사고가 많았던 모양이에요. 그래서 익사자 소생술이 발달했는데, 가장 많이 시행된 방법은 밧줄로 발목을 묶고 나무에 거꾸로 매달아 물을 빼내는 방식이었다고 추정됩니다. 기록에 따르면 이 방법은 무려 기원전 3500년부터 1800년대까지 사용된 것으로 보입니다. 나름 논리적인 이유가 있었겠죠. 이렇게 거꾸로 매달면 폐 속에 들어간 물이 압력으로 인해 빠져나올 가능성이 있으니까요.

《구약성경》에도 이와 비슷한 이야기가 나옵니다. 기원전 900년경 선지자 엘리야의 일화인데, 숨이 멎은 아이 위에 엎드려 입을 맞추고 따스함을 전달하며 살려냈다는 기록이 있습니다. 일종의 원시적 심폐소생술이라고 볼 수 있겠죠. 고대 바빌로니아 기록에서도 목 안에 속이 빈 갈대를 꽂아 숨을 불어넣었다는 내용이 등장합니다. 그때도 생명을 살리기 위해 여러 방법을 시도했음을 보여주는 사례입니다.

중국으로 가면 더 흥미로운 기록들이 있습니다. 약간 믿기 힘든 측면이 있긴 하지만요. 한왕조, 그러니까 중국의 삼국 시대인 기원전 200년경의 기록에 따르면 교수형당한 사람을 살려냈다는 사례가 있습니다. 방법이 꽤 현대적이에요. 한 사람이 상대의 어깨에 발을 대고 머리카락을 잡아 머리를 들어 올리고, 다른 한 사람은 가슴을 압박하고, 세 번째 사람이 팔과 다리를 쭉 펴주며 마사지를 했다고 합니다. 현대의 심폐소생술과 거의 비슷하지 않나요?

위진남북조시대(220~589)에는 갈대 파이프를 사용해 인공

호흡을 했다는 기록도 있습니다. 이와 더불어 쥐엄나무의 열매처럼 강한 냄새가 나는 물질로 자극을 주었다고 하는데, 이는 지금으로 치면 아로마 치료나 자극 요법에 가까운 방식이죠. 당나라(618~907) 때는 조금 희한한 방식이 등장합니다. 귀를 막고, 팔다리에 침을 놓고, 냄새나는 물질을 코에 대며, 입에는 갈대관을 꽂아 튜브를 통해 숨을 불어넣었다고 합니다. 흉부 압박은 사라졌는데, 이 변화 때문에 생환율이 떨어졌을 가능성도 있습니다.

송나라(960~1279)와 명나라(1368~1644) 시기에도 비슷한 방식이 이어졌습니다. 냄새로 자극을 주거나, 갈대를 사용하거나, 구강 대 구강으로 인공호흡을 하는 방식이 주로 사용되었습니다. 흥미로운 점은 이 모든 심폐소생술이 익사자나 교수형당한 사람들을 대상으로 시행되었다는 것입니다. 기록한 사람들이 삼합회(홍콩과 대만을 거점으로 한 중국의 범죄 조직 중 하나) 같은 단체인지 아니면 일반 의사들인지에 관한 정보는 없지만, 황실 의사들은 확실히 아닌 듯합니다. 이 기록들을 보면 동양에서는 심폐소생술이 초기에는 꽤 발달했다가 나중에 약간 퇴보한 것처럼 보여요.

중세 유럽은 어땠을까요? 유럽에서는 소생술 자체를, 그러니까 죽은 사람을 살리려는 행위를 종교적으로 불경하다고 여기기 시작했습니다. 그래서인지 소생술 방법도 엉뚱합니다. 예를 들어 질긴 풀이나 젖은 천으로 몸을 때리는 방식이 있었고, 뜨거운 물체를 차가워진 배에 올려두는 방법도 기록되어 있습니다.

그러다가 심폐소생술 방식이 조금 개선된 시기는 1530년대입니다. 스위스 의사인 파라셀수스Paracelsus, 1493~1541가 공기주입 장치 풀무bellows를 환자의 입에 꽂고 공기를 불어넣는 방식을 고안해냈습니다. 이는 '벨로즈bellows 방식'으로 불리고 있습니다. 18세기에는 고대 이집트에서 사용했던, 밧줄로 발목을 묶어 거꾸로 매다는 방식이 다시 유행하기도 했습니다. 그런데 효과가 시원찮다 보니, 드럼통 같은 물체에 환자를 엎드리게 하고 그것을 굴려서 자연스럽게 흉부 압박을 유도하는 방법도 나왔습니다.

유럽에서도 흉부를 직접 누르는 것을 꺼렸던 것으로 보아, 흉부 압박이 신체를 손상시킬 수 있다는 우려가 있었던 듯합니다. 동서양이 모두 비슷한 인식을 가졌던 거죠.

흉부 압박을 통한 심폐소생술의 발전

19세기 러시아에서는 환자를 눈더미에 파묻고 얼굴에 물을 뿌리는 방식이 등장합니다. 저온 자극을 통해 생환을 기대한 것인데, 지나치면 오히려 위험했을 가능성이 높습니다.

이 시기부터는 좀 더 획기적인 방법들이 등장해요. 예컨대 말을 뛰게 해서 그 위에 엎드린 환자의 가슴이 자연스레 눌리게끔 만들었습니다. 말이 달릴 때 전달되는 충격을 통해 폐에 공기가 들어가고 나오는 원리를 이용한 것으로, 주로 익사 사고 환자에게 활용되었습니다.

또 '르루아Leroy 방식'이 있었는데, 이는 환자를 눕히고 가슴과 복부를 동시에 압박하는 방법입니다. 흉부 압박의 초기 형태라고 볼 수 있지만, 복부에 가해지는 압력으로 폐 손상이 발생했을 가능성이 큽니다. 그래도 수천 년 동안 잊혔던 흉부 압박이 다시 시도되었다는 점에서 의미가 있죠.

'달림플Dalrymple 방식'도 있었습니다. 이는 환자의 가슴에 천을 두른 뒤, 두 명이 천의 끝을 잡아당겨 가슴을 누르는 방식입니다. 손으로 직접 가슴을 누르는 데서 오는 거부감 때문인지 이런 간접적인 방식이 꾸준히 시도된 것으로 보입니다.

이런 사례들을 보면 흉부 압박의 필요성을 어느 정도 인지했던 것 같아요. 하지만 그때는 지금과 달리 호흡을 훨씬 더 중요하게 여겼습니다.

그러나 동물실험을 통해 흉부 압박의 중요성이 차츰 밝혀졌습니다. 1874년에 독일의 약리학자 루돌프 뵘Rudolph Böhm과 러시아의 생리학자 루이 미크비츠Louis Mickwitz는 흉골과 갈비뼈를 눌러 고양이의 심장 압박 효과를 연구하며 흉부 압박의 효과를 구체적으로 증명했습니다. 이 때문에 '가슴 개방 심장 마사지'라는 용어가 생겼죠.

흉부 압박이 사람에게 성공적으로 사용된 것은 1883년이었습니다. 어느 환자가 마취제로 클로로포름을 사용하다 심정지 상태가 됐는데, 독일의 외과의이자 괴팅겐대학교 교수였던 프란츠 쾨니히Franz König가 흉부 압박으로 환자를 회복시킨 사례가 있었습니다. 이 사건은 흉부 압박이 의학적으로 실질적인 효용을 입증한 중요한 계기였습니다.

1901년, 노르웨이의 외과의 크리스티안 이겔스루드Kristian Igelsrud는 마취로 인한 심정지 환자에게 흉부 개방 심장 마사지를 성공적으로 시행했습니다. 이 사례는 의학계에 흉부 압박의 중요성을 다시 한번 알리는 계기가 되었죠. 그 뒤로 흉부 압박이 심폐소생술에서 필수적인 요소라는 것이 점차 의학계 전반에 받아들여졌습니다.

1950년대에 오스트리아 출신의 외과의 피터 사파르Peter Safar가 현대적인 심폐소생술 기법을 개발했습니다. 이는 비침습적인 흉부 압박과 인공호흡을 결합한 방법입니다. 1958년에는 구강 대 구강 소생술이 정식으로 체계화합니다. 구조자가 피해자의 머리를 뒤로 젖히고 코를 꼭 쥔 상태에서 입에 바람을 불어넣는 방식이었죠.

1960년에는 흉부 압박과 구강 대 구강 소생술을 조합한 현대적인 심폐소생술이 등장합니다. 심폐소생술을 효과적으로 수행하는 데 필요한 교육도 이때부터 본격적으로 체계화합니다.

제세동기의 등장: 심폐소생술을 완성하다

현재 심폐소생술에서 자주 사용하는 제세동기除細動器의 이론적 근거는 1791년 이탈리아의 생리학자 루이지 갈바니Luigi Galvani가 전기를 통해 근육이 수축한다는 것을 발견하면서부터 마련됩니다. 이를 심장에 실제로 적용한 것은 1849년으로, 독일의 생리학자 카를 루트비히Carl Ludwig와 모리츠 호파Moritz Hoffa가 개의 심장에 전기를 흘려 심실세동(심장의 심실이 무질서하게 수축하는 상태)을 유발하는 데 성공합니다. 이를 바탕으로 심실세동이 심정지의 주요 원인이라는 가설이 세워졌죠.

1899년에는 스위스의 생리학자 장루이 프레보Jean-Louis Prévost와 프레데리크 바텔리Frédéric Batelli가 전기충격으로 심실세동을 유발한 뒤에 더 강한 전기를 흘려 세동을 멈추게 할 수 있다는 것을 확인했습니다. 그런데 그때 사용한 전압은 심장에 심각한 손상을 줄 정도로 강했기 때문에, 개체가 얼마 살지 못하는 경우가 많았습니다. 그리하여 안전한 전기 용량을 찾기 위한 연구가 진행되었고, 오랜 시간이 걸렸습니다.

1940년에 이르러서야 비로소 흉부 압박과 심장에 전기 충격을 가하는 제세동기를 이용해 개를 비교적 안전하게 소생시키는 방법이 개발되었습니다. 그리고 7년 뒤인 1947년, 미국의 외과의 클로드 벡Claude Beck, 1894~1971이 선천성 심기형 환자를 수술하다 발생한 심실세동을 제세동기로 소생시키는 데 세계 최초로 성공합니다. 이 사건은 제세동기가 심폐소생술의 핵심 도구로 자리 잡는 중요한 전환점이 되었습니다.

오늘날 우리는 흉부 압박, 인공호흡, 제세동기를 모두 결합한 현대적인 심폐소생술을 시행하고 있습니다. 별것 아닌 듯이 보일지 몰라도 사람의 생명을 살리는 강력한 기술이죠. 그리고 이 방법이 오랜 역사와 시행착오 끝에 발달해온 만큼, 누구나 제대로 배워서 주변 사람들의 생명을 지키는 데 사용할 수 있다면 정말 의미 있겠죠. 이번 기회에 심폐소생술을 한번 제대로 배워보시면 어떨까요?

마지막 단서, 죽음이 말하는 진실을 찾아서

이제는 '부검'이 익숙한 단어이자 개념이죠. 제가 어릴 때 본 미드 중에 〈CSI〉와 〈덱스터〉가 있는데, 일정 부분 부검, 즉 법의학과 맞닿은 이야기를 담고 있었습니다. 우리나라 드라마로는 배우 박신양이 주연했던 〈싸인〉이 대표적이죠.

그럼 부검은 어떤 행위를 뜻할까요? 부검이란 시신을 해부하여 사인, 즉 죽음의 원인을 밝혀내는 법의학의 한 갈래입니다. 그렇지만 부검이 범죄와 관련해서만 시행되지는 않습니다. 부검은 의학의 발전에 어마어마하게 기여한 행위이기도 해요.

아직도 어떤 질환은 오직 부검을 통해서만 확진이 가능한 경우가 있거든요. 예컨대 이비인후과에서 메니에르병(현기증과 이명 및 난청을 동반하는 속귀에 발생하는 질병)이 그런 사례였습니다. 요즘은 부검으로 확진하지 않기 때문에 기준 자체가 삭제됐지만, 얼마 전까지만 해도 그랬죠.

　또 질병이 진행된 과정이나 환자를 죽음에 이르게 한 이유, 우리가 시행한 치료가 과연 효과가 있었는지 등을 확인하려면 부검이 반드시 필요할 때가 많습니다. 지금도 사망 원인을 규명하거나 의학 연구 목적으로 부검이 많이 이루어지고 있습니다.

율리우스 카이사르의 부검: 최초의 공식 기록

　최초의 부검은 언제 이루어졌을까요? 아마 해부학의 역사와 어느 정도 겹치는 면이 있을 겁니다. 다만 목적에는 차이가 있죠. 해부학이 인체가 어떻게 생겼는지 '탐구'하는 학문이라면, 부검은 좀 더 실용적인 목적, 즉 '왜 죽었는가?'를 탐구하는 데 초점을 맞춥니다.

　이 관점에서 보면 선사시대에도 사람이나 동물의 유해를 다루며 의식을 치른 흔적이 있지만, 그것을 부검이라고 지칭하긴 어렵습니다. 또 이집트에서는 미라를 만들기 위해 시신을 다루고 내부 장기를 제거하기도 했지만, 그것 또한 부검은 아니었죠.

　부검에 관한 내용은 이집트 의학 문서인 〈에드윈 스미스 파피루스〉나 〈에베르스 파피루스〉에서도 찾아보기 어렵습니다. 그럴 만한 이유가 있습니다. 그때는 질병을 자연현상이 아니라 귀신이나 신의 저주로 여겼으니, 죽음의 원인을 파악하려는 노력 자체

■ 왼쪽 〈에드윈 스미스 파피루스〉는 외상과 수술 치료법을 기록한 세계 최초의 의학 문헌으로 평가되며, 오른쪽 〈에베르스 파피루스〉는 고대 이집트의 전통 의학과 민간요법, 약초학에 관한 내용을 담은 고대 의학 백과사전과 같은 기록이다.

를 쓸모없게 생각했을 가능성이 큽니다.

　그렇다면 그리스는 어땠을까요? 히포크라테스는 '질환이 귀신의 장난 때문이 아니라 자연현상의 일부로 발생한다'는 개념을 확립했죠. 이 개념은 자연스레 죽음의 원인에 대한 탐구로 이어졌습니다. 그러나 여전히 한계는 있었습니다. 의외로 아리스토텔레스도 해부를 했는데, 동물만 대상으로 했죠. 이러한 경향은 그리스 전역에서 일반적이었지만, 단 한 명 예외가 있었습니다. 바로 알렉산드리아에서 활동한 해부학자 헤로필로스Herophilos입니다.

　헤로필로스는 사형수를 대상으로 해부를 시행한 인물입니다. 그는 제대로 된 해부학을 발전시켰고, 아마도 부검에 대해서도 어느 정도 연구한 것으로 보입니다. 그의 연구는 해부학의 역사에서 중요하게 다뤄지지만, 당대에는 이러한 연구가 '악마의 지식'으로 치부되었습니다. 끝내 헤로필로스는 쫓겨났고, 그의 기록과 연구는 모두 사장되고 말았습니다.

대부분의 논문에서는 로마 시대에도 인체 해부를 금지했고 중세까지 이러한 기조가 이어졌다고 설명하는데, 제가 더 찾아보니 꼭 그렇지만은 않더라고요. 아주 중요한 사람의 죽음에 대해서는 조사한 사례가 있었습니다. 질환이 아닌 암살, 살해 같은 경우에는 더더욱 그랬겠죠.

로마의 역사를 잘 모르는 분들도 살해당한 위대한 군인이자 정치인 한 명을 아실 겁니다. 바로 율리우스 카이사르Julius Caesar, 기원전 100?~44죠. "브루투스, 너마저?"라는 대사로 유명한 그의 죽음은 당시에도 엄청난 충격이었을 거예요.

그래서였을까요? 기원전 44년에 안티스티우스Antistius라는 의사가 율리우스 카이사르의 사체를 부검합니다. 기록에 따르면 카이사르는 23군데나 칼에 찔려 상처를 입었는데, 그중 하나 때문에 대동맥이 파열되면서 사망에 이르렀다고 합니다. 이것이 우리가 알고 있는 최초의 부검 기록입니다. 부검의 정의에 딱 부합하잖아요?

그 뒤에 갈레노스도 사실상 부검과 연관된 내용을 담은 책을 저술했습니다.《신체 부위의 유용성에 관하여》라는 책인데요. 이 책은 해부학적 지식을 포함하고 있긴 합니다만, 갈레노스가 인용한 자료는 모두 동물 해부를 통해 얻은 것이고 이를 해석하는 데 사용한 생리학 이론은 사체액설(체액 균형에 따른 고대 질병 이론)

이었습니다. 따라서 오늘날 관점에서 보면 실질적으로 유용한 내용은 많지 않았습니다. 자료를 보면 책은 엄청 두껍던데, 쓸 만한 내용은 별로 없다는 평가가 많아요.

그런데 이보다 앞서 인도의 명의 수슈루타가 저술한 《수슈루타 상히타》는 해부학적 지식을 바탕으로 부검하는 방법까지 언급하고 있습니다. 다만 이 역시 한계가 있었어요. 구조적 이해는 뛰어났지만 신체의 기능과 활동의 원리에 대한 생리학적 지식이 부족해서 정확한 결론에 도달하지 못했을 가능성이 큽니다. 무엇보다 부검 그 자체를 다룬 구체적인 기록이 없어서 많이 아쉽죠.

부검을 둘러싼 역사적 금기와 발전

그러고는 중세로 넘어옵니다. 중세는 다른 분야는 몰라도 의학 분야에서는 암흑시대가 맞는 것 같아요. 인체 해부는 물론이고 부검도 완전히 금지되었습니다. 그 시기에는 모든 것이 신의 섭리대로 돌아간다고 여겼으니, 죽음의 원인을 탐구하려는 부검이 필요 없다고 생각한 겁니다. 그런 탓에 그리스와 로마에서 이어져 내려오던 해부학적 지식이 유럽에서는 거의 실전失傳되었고, 대신 이슬람 세계에서 꽃을 피우게 됩니다.

이슬람 세계에서는 그리스와 로마의 서적을 아랍어로 번역하고, 인도에서 전해온 서적까지 융합해 체계적으로 발전시켰습

니다. 예컨대 9~10세기에 활동한 페르시아의 의학자 라제스Rhazes
는 해부학을 체계화했습니다. 그 뒤 10세기에서 11세기까지 활동
한 이븐 시나Ibn Sinā는 해부학을 토대로 한 의학서를 저술하고, 이
를 실제 수술에까지 적용했습니다. 이슬람 세계의 이러한 발전은
당시 유럽과는 비교도 할 수 없을 정도였죠. 11세기에서 12세기
에 걸쳐 활동한 이븐 주르Ibn Zuhr는 기관 절개술을 발명하기도 했
습니다. 그는 사후 부검 중 피부병인 옴 환자를 부검하다가 기생
충을 발견했는데, 이를 근거로 '사체액설이 반드시 맞는 건 아닐
수도 있다'는 의견을 제시했습니다. 그때로는 매우 혁신적인 관점
이었죠.

유럽 의학은 이슬람 세계보다 한참 뒤처져 있었는데, 십자
군전쟁(1095~1272) 이후 이슬람 문명의 놀라운 의학 발전에 충격
을 받은 교황이 인체 해부를 허가하면서 조금씩 다시 발전했습니
다. 물론 그 뒤에도 우여곡절이 있었습니다.

1299년, 교황 보니파키우스 8세는 "인체를 해부하거나 뼈를
끓이는 모든 사람을 파문하라"는 칙서를 공포했죠. 다만 이 칙서
가 십자군전쟁에서 희생된 이들의 시신에만 국한된 것이라는 의
견도 있습니다. 어쨌든 해부가 한번 허가된 이상 지식을 향한 갈
망을 막을 수는 없었습니다. 인간은 알고 싶어 하는 욕망이 무척
강하잖아요? 위험을 알면서도 뛰어드는 사람들이 많았습니다.

르네상스 이후에는 해부학 연구를 넘어 죽음의 원인을 규명
하기 위한 부검도 활발해집니다. 교황 알렉산데르 5세조차 사후

부검을 받았을 정도였습니다. 안타깝게도 부검 기록이 남지 않아 어떤 내용이 있었는지는 알 수 없지만요. 레오나르도 다빈치는 해부와 부검을 많이 한 인물로 유명합니다. 그는 노인들의 시신에서 동맥경화(동맥의 벽이 두꺼워지고 굳어져 탄력을 잃는 질환)가 발생했다는 사실을 알아내기도 했습니다. 다만, 갈레노스의 권위를 너무 신뢰한 탓에 이 발견을 의학의 발전으로 연결시키지는 못했습니다.

1533년에는 독특한 부검 사례가 있었습니다. 가톨릭교회가 출생 후 8일 만에 사망한 삼쌍둥이 조아나와 멜키오라에 대해 부검을 명령합니다. 부검 목표는 '아이들이 영혼을 공유했는지 아닌지'를 확인하는 것이었지만, 부검으로 알 수 있는 일은 아니었죠. 결국 사제는 두 아이에게 따로따로 세례를 주었습니다.

1556년에는 예수회 창립자 이냐시오 데 로욜라Ignatius de Loyola의 부검이 이루어졌습니다. 이 부검은 기록으로 남아 있는데, 신장결석증·요로결석증·담석증이 있었다고 합니다. 그렇다면 생전에 엄청난 통증을 겪었을 것 같아요.

부검과 해부학의 역사를 확 끌어올린 인물은 16세기의 안드레아스 베살리우스Andreas Vesalius, 1514~1564입니다. 그는 부검을 통해 갈레노스의 기록이 실제와 너무 다르고, 원숭이 부검을 통해 갈레노스가 인간이 아닌 원숭이를 기반으로 해부학을 연구했다는 사실을 밝혀냈습니다.

베살리우스 이후로 해부학은 엄청나게 발전하기 시작합니다. 특히 그는 1543년, 전 7권에 이르는 인체 해부서《파브리카Fabrica》에 당시 주류를 이룬 사체액설을 정면으로 부정하는 내용을 실었습니다. 사체액설은 19세기까지도 잔재했지만, 베살리우스 이후 해부학과 부검은 현대 의학의 기틀을 마련할 만큼 비약적으로 발전합니다.

여기에는 여러 도전적인 의사의 역할이 절대적인 영향을 끼쳤습니다. 1690년대를 풍미했던 이탈리아의 저명한 의사 안토니오 발살바Antonio Valsalva, 1666~1723는 시신에서 발견되는 액체를 체계적으로 구분하려고 직접 맛을 보기까지 했습니다. 이를테면 그는 "괴저성 고름은 맛이 좋지 않다. 하루 대부분의 시간 동안 혀가 불쾌하게 따끔거릴 정도다"라고 기록했죠. 참… 대단한 정신력입니다.

1724년에는 헤르만 부르하버Herman Boerhaave, 1668~1738가 네덜란드 해군 제독 바세나르 남작을 부검하면서 식도의 자연 파열을 처음으로 기록했습니다. 이것이 바로 오늘날 '부르하버 증후군'으로 알려진 질환입니다. 극심한 구토로 인해 식도가 파열되는 질환이죠.

1751년 영국에서 부검과 해부학의 발전을 끌어올린 계기가 된 법안이 제정됩니다. '살인법Murder Act'이라는 이 법은 살인이라는 끔찍한 범죄를 예방하기 위해 살인범의 시신에 공포와 불명예를 부여하자는 취지로 만들어졌습니다. 살인범의 시신을 공개적으로 해부하거나 쇠사슬에 매달아놓는 것을 의무화했죠. 법적으로 시신이 공개적으로 다뤄지면서 부검과 해부학이 더욱 발전할 수 있었습니다.

　이렇게 발전된 부검이 아주 유명한 인물에게도 적용되었습니다. 바로 나폴레옹 보나파르트입니다. 나폴레옹은 자신이 아버지와 비슷한 증상을 겪다가 사망할 것 같다고 생각했습니다. 그래서 "내 시신을 부검하고 소견을 정확히 파악해 아들에게 이를 알려 치료하거나 예방할 수 있게 하라"고 지시했습니다. 그의 사체를 부검한 프란체스코 안토마르키Francesco Antommarchi는 나폴레옹의 사인이 위암일 가능성이 높다는 소견을 밝혔습니다.

진실을 밝히는 과학, 법의학

　1853년 미국 테네시주에서 부검이 더욱 발전하는 계기가 된 사건이 발생했습니다. 독살당했다는 의혹을 받은 젊은 여성 노예의 사망 사건에서 농장주가 억울함을 호소하자 부검이 시행되었습니다. 결과적으로 그 여성이 자궁암으로 사망한 것이 확인되어 농장주는 혐의를 벗었습니다. 이 사건은 부검이 법의학적으로 얼마나 중요한 역할을 할 수 있는지 보여준 사례로 남아 있습니다.

　법의학은 꾸준히 발전을 거듭해, 1977년에는 로큰롤의 제왕 엘비스 프레슬리의 사망 원인을 재조사할 만큼 정교해졌습니다. 당시 그의 사망 원인은 심장마비로 기록되었지만, 이후 보고서에서는 코데인 같은 약물 중독일 가능성이 더 높다고 결론을 내렸죠. 이제는 현미경을 넘어 전자현미경까지 동원해 부검이 이루어지고 있습니다.

우리나라에서도 부검을 통해 사건의 진실이 밝혀진 사례가 많습니다. 법의학자 유성호 교수님 이야기인데요. 2014년 여름, 군에서 어느 일병이 사망하는 사건이 발생합니다. 군에서는 "일병이 빵을 먹다가 질식사했다"고 보고했지만, 이를 석연치 않게 여긴 유가족이 언론에 도움을 요청한 끝에 사건이 교수님에게까지 연결되었습니다.

교수님이 확인한 시신은 배와 가슴, 등 그리고 양쪽 팔다리에 걸쳐 넓은 부위가 멍들어 있었습니다. 교통사고 같은 경우에는 손상의 정도가 훨씬 큽니다. 반면 이런 형태의 손상은 고문이나 계획된 폭행에서 발생하는 경우가 많아요.

이를 이상하게 여긴 교수님은 부검 보고서를 살폈습니다. 군에서는 "선임병이 빵을 먹던 일병의 팔을 툭 쳐서 빵이 목에 걸렸다"고 보고했으며, 군에서 시행한 부검에는 목에서 빵이 확인되었다고 기록되어 있었습니다. 병원 기록에도 환자의 직접적인 사인이 허혈성 뇌손상, 즉 기도 내 이물로 인해 산소가 공급되지 않았다는 내용이 명시되어 있었습니다. 병원으로 이송될 때까지 함께 있었던 병사와 부사관들의 진술도 모두 일치했죠.

그러나 교수님은 기도 폐색으로 인한 사망이 아닐 가능성을 제기했습니다. 기도 폐색으로 사망한 경우라면, 심폐소생술을 시행했을 때 가슴이 압력을 받아 기도 내 이물이 밀려나왔어야 했기 때문입니다. 더구나 기도 폐색이 발생하면 사람이 아주 빨리 의식을 잃고 온몸의 근육이 이완되어 배변을 하는 경우도 많습니다. 이런 점들이 이 사건과는 들어맞지 않았어요. 이비인후과 의사인 제가 보기에도 이상하게 느껴졌습니다.

그리하여 재검을 시행한 결과는 충격적이었습니다. 외상성 쇼크, 그중에서도 조직이 파괴되면서 발생한 '순환혈액감소성 쇼크'가 사망 원인으로 밝혀졌습니다. 이는 그 일병이 심각한 폭행을 당했음을 암시하는 결과였습니다. 이 사건은 '윤 일병 사건'으로 일컬어지며, 미궁에 빠질 뻔한 진실이 법의학자의 부검 덕분에 세상에 드러나게 되었습니다.

부검은 이처럼 정말 많은 사건의 실체를 밝혀내는 데 기여하고 있습니다. 그런데도 우리가 알고 있는 현대적인 부검의 체계와 법의학의 역사가 그리 오래되지 않았다니 다시금 참 신기하고도 감사한 의학의 한 분야라는 생각이 듭니다.

3장

쾌락과 중독 사이,
인간이 탐닉한 물질들

돈과 양심을
바꾼 사람들

여러분은 통증을 어떻게 생각하시나요? 요즘 의사들은 대부분 통증을 적극적으로 관리하는 것이 옳다고 생각합니다. 하지만 처음부터 그러진 않았죠. 진통제가 없었기 때문은 아닙니다. 사실 아편은 인류 역사와 함께한 가장 오래된 약물 중 하나고, 진통제로서의 효과도 오래전부터 잘 알려져 있었습니다. 문제는 중독성이었습니다. 무엇보다 아편에서 유래한 약물인 오피오이드Opioid 중 대표적인 모르핀Morphine은 진통 효과가 강력한 만큼 중독성도 심각합니다.

통증, 어떻게 다뤄져왔나?

19세기에는 모르핀의 중독성을 제대로 알지 못하고 마구 사용했습니다. 그 결과, 의도치 않게 많은 피해자가 나왔죠. 이들은 지금 우리가 생각하는 마약중독자와는 달랐습니다. 대부분 다치거나 아파서 병원을 찾은 사람들이었고, 특히 미국 남북전쟁(1861~1865)에서 싸운 군인들이 주요 희생자였어요. 이런 이유로 아편은 점차 경계의 대상이 되었고, 오피오이드 계열 약물은 암성 통증과 같은 극심한 통증에만 제한적으로 사용되는 약물이 되었습니다.

의사들이 통증 관리를 소홀히 했던 이유가 꼭 이런 역사적인 문제 때문만은 아니었습니다. 19세기에서 20세기 초반의 의학 수준을 보면 통증은 자연히 뒷전으로 밀릴 수밖에 없었죠. 그때는 감염, 출혈, 마취 실패 등으로 인한 사망률이 높았기 때문에 무엇보다 환자를 살리는 것이 최우선이었습니다. 그것만으로도 의사들에게는 벅찬 과제이던 시대였어요. '해 뜨기 전이 가장 어둡다'고 하잖아요? 정말 많은 희생과 엄청난 시도 덕분에 현대 의학은 빛을 보게 되었습니다.

지금 우리가 병원에 가서 의사를 만나면 나을 수 있다는 신뢰가 자리 잡기 시작한 시점이 1960년대에서 1970년대입니다. 이때부터 암 치료도 웬만큼 가능해졌고, 다양한 질환에 대한 치료도 점점 시도할 수 있게 되었습니다. 그리고 나서야 비로소 의사들이 통증 관리에 집중하기 시작했습니다. 환자의 생명을 구하는 것뿐만 아니라 환자가 삶의 질을 유지하며 치료받을 수 있게 돕는 것이 중요하다는 깨달음이 이때부터 본격적으로 자리 잡은 겁니다.

호스피스의 개념이 등장한 것도 이 시기입니다. 환자의 통증은 의사들이 바이털사인만큼 예민하게 봐야 한다는 인식이 자리 잡았죠. 정말 좋은 변화 아닙니까? 통증은 그 자체로 사람을 망가뜨릴 수 있으니까요.

그렇지만 여전히 아편 유래 약물, 즉 오피오이드 처방이 극히 제한적으로 이루어졌습니다. 왜냐하면 오피오이드는 중독성이 있을 뿐 아니라 시간이 지나면서 내성이 생겨 점점 더 많은 양을 필요로 하게 됩니다. 용량이 증가하다 보면 거의 100%의 확률로 호흡 억제를 일으키는 치명적인 양에 도달할 수밖에 없어 환자가 사망할 위험이 크기 때문입니다. 물론 통증이 극심한 환자들에게는 오피오이드가 처방되긴 하지만, 매우 선택적으로 그리고 엄격한 주의 속에 이루어집니다. 최근 우리나라에서도 문제가 되고 있는 펜타닐Fentanyl 역시 마찬가지입니다. 펜타닐은 대개 패치 형태로 처방되는데, 이것도 중독 가능성을 최대한 낮추려는 노력의 일환입니다.

현재 의료계의 추세는 통증을 관리하되 되도록이면 비마약성 진통제를 우선 사용하고, 불가피한 경우에만 오피오이드를 매우 신중하게 사용하는 쪽으로 가고 있습니다. 아니, 정확히 말하자면 그랬었다고 해야 할지도 모르겠습니다. 왜냐하면 이 방향성을 크게 흔들어놓은 사건이 있었기 때문이죠.

'중독되지 않는 마약'이라는 거짓말

1990년으로 돌아가보겠습니다. 1890년이 아니라 1990년입니다. 그때 퍼듀 파마Purdue Pharma라는 작은 제약회사가 있었습니다. 당시 대표이사 리처드 새클러Richard Sackler는 회사가 생산하던 오피오이드 계열 진통제의 특허가 곧 만료될 것이라는 보고를 받습니다. 퍼듀 파마는 대형 제약사가 아니었기 때문에 이 진통제는 회사 수익에서 큰 비중을 차지하고 있었습니다. 특허가 만료되면 경쟁 회사들이 복제약을 만들어낼 텐데, 이는 회사의 주요 수익원이 사라진다는 뜻이나 다름없었죠.

리처드는 고민에 빠집니다. 가장 이상적인 해결책은 새로운 약을 개발해 특허를 내는 것이었겠지만, 신약 개발이란 쉬운 일이 아니죠. 신약 개발은 대규모 제약회사조차 천문학적인 비용과 오랜 시간을 투자해도 성공을 보장받을 수 없는, 기약 없는 모험과도 같습니다.

그래서 리처드는 신약 개발 대신 마케팅 전략에 집중하기로 결심합니다. 기존의 마약성 진통제를 더 많이 판매할 방법을 찾기로 한 겁니다. 물론 기존 약은 특허가 만료될 예정이니 새로운 약이 필요하긴 했습니다. 그러나 기존 약의 구조를 크게 변경할 필요는 없었습니다. 겉으로는 새로운 약처럼 보이지만 여전히 오피오이드 계열인 약이면 충분했죠. 핵심은 마케팅에서 승부를 보겠다는 생각이었습니다.

개발 자체는 순식간에 이루어졌습니다. 옥시콘틴OxyContin이라는 약인데요. 화학구조만 약간 다를 뿐 똑같은 아편 유래 약물입니다. 진통 효과는 뛰어나지만 중독성 문제는 아직 해결되지 않았고, 부작용 역시 마찬가지였습니다. 그런데 리처드는 여기서 천재적인 마케팅 전략을 동원합니다.

우선, 아주 편향된 방식으로 연구를 진행해 '옥시콘틴은 부작용이 적다'는 결과를 도출해냅니다. 옥시콘틴이 암성 통증에 처방할 수 있는 건 물론이고 통증 점수NRS가 4점 이상만 되어도 처방이 가능하다는 겁니다. 왜냐고요? 연구 결과에 따르면, 의사의 처방대로 약을 복용할 경우 중독률이 1%도 안 된다는 거예요.

그런데 NRS 4점이면 우리 중 누구나 한 번쯤 겪어봤을 만한 통증 수준입니다. 수술까지 가지 않아도, 이를테면 편도염이 심하거나 다쳤을 때 느낄 수 있는 통증이죠. 그런데 여기에 마약성 진통제를 쓴다고요? 말이 안 되죠. 게다가 그렇게 알약 형태로 처방되는 약에서 중독률이 1% 미만이라니, 그것도 말이 안 됩니다. 논문에 그렇게 나왔다고 해도 전문가라면 이상한 점을 느꼈을 겁니다. 결국 1995년, 미국 식품의약국FDA 심사에서 옥시콘틴은 거절당합니다.

사실 FDA 심사에서 거절당할 것을 뻔히 알면서도 신청한 이유를 놓고 의견이 분분한데요. 여기에는 FDA의 구조적인 문제가 있습니다. FDA는 미국 정부기관으로 얼핏 아주 대단해 보이지만, 실제로는 규모가 작은 기관입니다. 제가 사진으로 본 바에 따르면 정말 작더군요. 반면 처리해야 할 약물은 엄청나게 많습니다. 그래서 논문만 첨부되어 있으면 그것이 제약사가 주도하거나 편향된 연구라는 사실을 알면서도 승인해주는 경우가 많다고 해요. 하지만 옥시콘틴은 다행히 제대로 된 심사관에게 걸린 것이죠.

이런저런 로비를 시도했지만 통하지 않았습니다. 무려 11개월 동안이나 승인을 거절당했는데요. 마침내 심사관이 굴복합니다. 제보에 따르면 퍼듀 파마 측에서 심사관에게 호텔 숙박을 제공하며 특정 향응을 제공했다고 하는데, 정확히 어떤 향응이었는지는 알려지지 않았습니다. 다만 그 뒤에 옥시콘틴은 승인되었고, 심지어 FDA에서 공식적으로 인정한 문구까지 포함됩니다.

"옥시콘틴 고유의 흡수 지연 기능은 약물 남용 문제를 줄일 것으로 여겨진다."

이 말은 FDA가 '옥시콘틴은 중독성이 낮다'고 공언한 셈이었습니다. NRS 4점만 넘어도 처방할 수 있는, 그러니까 심한 감기에도 처방할 수 있는 마약성 진통제 출시가 허용된 겁니다.

이후, 옥시콘틴 승인을 주도한 FDA 심사관은 퍼듀 파마에 입사합니다. 그것도 고액 연봉을 받으면서요. 물론 현장에서 이 약을 처방해야 하는 의사들의 반발은 몹시 거셌습니다. '내 환자에게 마약을 처방하라고? 너무 무섭잖아' 이런 생각이었죠. 이에 대해 퍼듀사는 아주 적극적인 마케팅 전략을 펼쳤습니다.

우선, 로비를 통해 얻은 '옥시콘틴 고유의 흡수 지연 기능은 약물 남용 문제를 줄일 것으로 여겨진다'라는 문구를 적극 활용해 의사들의 불안감을 줄이는 데 총력을 다했고, 의사들을 모아놓고 고급 호텔에서 콘퍼런스를 열어 꾸준히 설명회를 진행했습니다. 당시의 설명 내용을 보면 참 놀랍습니다. 1998년의 홍보 영상을 보면 이런 내용이 나와요.

"약효가 떨어지는 게 아니라 지속됩니다. 심각한 부작용도 없습니다. 이 약은 가장 효과가 좋은 진통제로, 통증이 심한 사람만 복용해야 하는 게 아닙니다. 의사의 처방에 따라 복용하면 환자들의 중독률은 1% 미만입니다."

여기서 1%라는 수치는 1980년 1월 〈뉴잉글랜드 의학 저널New England Journal of Medicine〉에 실린 미국의 의사 허셜 직Hershel Jick과 그의 조수 제인 포터Jane Porter가 쓴 글에서 인용한 것입니다. 문제는, 이 글은 논문이 아니라 편집자에게 보낸 편지였다는 점입니다. 그것도 병원에서 아주 단기적으로 오피오이드를 사용한 결과를 다룬 편지였어요. 그런데 퍼듀사는 이 글을 마치 논문처럼 포장한 겁니다.

이게 허위 정보라는 사실을 회사가 몰랐을까요? 아니요, 퍼듀사는 누구보다 잘 알았습니다. 실제로 1999년 퍼듀사에서 진행한 연구에서는 두통 치료를 위해 옥시콘틴을 사용한 환자들의 중독률이 13%로 나타났습니다. 더욱이 이 수치조차 실제보다 낮게 측정되었을 가능성이 높다는 것을 감안하면, 1%라는 수치가 얼마나 터무니없는 주장인지 쉽게 알 수 있습니다.

퍼듀사는 영업 전략에서도 과감했습니다. 대다수 영업사원은 화학이나 약학을 전공한 전문가가 아니고 외모가 우수한 젊은 여성들이었습니다. 이들은 약을 파는 데 필요한 최소한의 지식만 2주간 교육받고 곧바로 현장에 투입되었습니다. 그리고 이들에게는 실적에 따라 어마어마한 보너스가 지급되었죠. 의사들에게도 리베이트가 제공되었는지는 명확하지 않지만, 약을 찾는 환자가 늘어난 것만 보아도 의사들에게 금전적인 이득이 돌아갔을 가능성이 큽니다.

환자들도 불안감을 느끼긴 마찬가지였습니다. '마약이라고?' 이런 반응이 당연히 나왔겠죠. 그러나 퍼듀사는 일반 대중을 대상으로도 광고하면서 '중독률은 1% 미만이다', '처방해주는 의사를 믿으라'는 메시지를 담아 불안을 누그러뜨리려 했습니다. 이 모든 전략은 '옥시콘틴을 최대한 많이 판매하라'는 한 가지 목표에 집중되었습니다.

의사들은 어떻게 마약 딜러가 되었는가

옥시콘틴 처방률은 점점 높아집니다. 처방률이 높아진다는 말은 곧 이 약을 복용하는 환자가 늘어난다는 뜻이죠. 문제는, 옥시콘틴이 마약성 진통제라는 점입니다. 한 번 처방을 받으면 두 번 세 번 다시 처방받을 가능성이 너무나 컸던 겁니다. 한 번 시작하면 꾸준히 수요를 창출할 수 있는 약이었던 거죠.

초기에는 이런 문제가 눈에 띄지 않았습니다. 강력한 진통 효과 덕분에 오히려 긍정적인 반응이 많았습니다. 관절통이나 허리 통증 때문에 일상생활이나 직장 생활을 포기했던 사람들이 옥시콘틴을 복용하고 사회로 복귀하는 사례가 늘어났던 겁니다. 이를 본 의사들과 퍼듀사 영업사원들은 처음에 느꼈던 찜찜함을 잊게 됩니다. 퍼듀사는 이러한 '일상 복귀 사례'들을 적극 활용했습니다. 심지어 〈옥시콘틴: 내 인생을 되찾았다OxyContin: I Got My Life Back〉라는 제목의 다큐멘터리까지 제작해 배포했죠. 유튜브에 검색하면 지금도 볼 수 있습니다.

이와 같은 식으로 악의 고리가 돌아가기 시작합니다. 당연히 중독 사례가 점점 늘어났죠. 가장 흔하게 나타난 중독 증상은 신체적 내성으로, 약효가 떨어져 더 많은 용량을 필요로 하는 현상입니다. 이는 중독의 가장 초기 단계에서 나타나는 증상이죠.

퍼듀사는 이 문제에 대해서도 답변을 미리 준비해둡니다. '중독'이라는 말을 피하려고 '유사 중독 현상Pseudoaddiction'이라는 용어를 만들어냅니다.

"이건 중독처럼 보일 수도 있지만 사실은 중독이 아니에요. 우리가 환자의 통증을 너무 낮게 평가해서 그런 거예요. 심리적인 의존이 있을 수는 있지만, 의사의 처방대로 복용한다면 전혀 우려할 필요가 없습니다."

이런 식의 설명이 의사들에게 받아들여지면서, 처방되는 약의 용량이 점점 늘어납니다. 10mg에서 20mg으로, 그러다 60mg,

80mg으로까지 늘어나죠. 그 결과, 중독된 환자들의 수가 폭발적으로 늘어납니다.

문제는 의사들 중 일부가 이 약의 수익성을 알아차렸다는 겁니다. '이 약은 그냥 처방만 하면 환자들이 스스로 찾아오고, 시간이 지나면 더 많은 약을 요구한다.' 이 점을 악용한 일부 의사들은 통증 클리닉을 마치 마약을 유통하듯 운영하기 시작했습니다. 그렇게 통증 클리닉에 중독자들이 몰려들었고, 결국 통증 클리닉은 중독자들로 넘쳐나게 되었습니다. 마침내 옥시콘틴 남용 문제는 단순한 약물 사용 문제를 넘어 통증 관리와 의료 윤리의 경계를 흐리는 심각한 사회적 문제로 번지게 됩니다.

한번 중독되면 어디까지 추락할까?

그런데 중독된 사람들은 우리가 흔히 생각하는 마약 중독자들과 거리가 아주 멀었습니다. 영화나 드라마에 나오는 마약중독자들은 누가 봐도 나쁜 사람처럼 보이고, 보통 사람들과는 완전히 다른 삶을 살지 않습니까? 마약은 보통 뒷골목 같은 은밀하고 위험한 곳에서 구해야 하기 때문에, 그런 곳까지 직접 마약을 구매하러 가는 사람들이 바로 중독자인 것이죠.

그러나 옥시콘틴은 다릅니다. 구체적인 사례를 보겠습니다. 첫 번째 사례는 자동차 정비소의 사장입니다. 일하다가 사고를 당해 척추 인대가 손상되고 뼈가 일부 골절되는 부상을 입었어요. 다행히 수술은 잘 끝났지만, 미국은 의료비가 비싸다 보니 일찍 퇴원했습니다. 병원에 자주 갈 형편도 아니었죠. 그래서 병원에서 90일치 옥시콘틴을 처방받았습니다. 그렇게 열심히 일하던 성실한 사회 구성원이 중독되기 시작한 겁니다.

두 번째 사례는 자동차 외판원입니다. 어릴 때부터 뚱뚱한 몸이 콤플렉스여서 이를 해결하고자 위절제술을 받았습니다. 그 뒤에 통증을 조절하기 위해 옥시콘틴이 처방되어 결국은 중독되고 말았습니다. 이 밖에도 수많은 사람이 수술 후 진통제, 부상 치료 후 진통제, 심지어 감기약에 섞인 진통제로 옥시콘틴을 처방받아 중독에 빠졌습니다. 그리고 이렇게 중독된 사람들은 내성 때문에 점점 더 많은 양의 약을 찾았고, 끝내는 사망에 이르렀습니다.

지금까지 밝혀진 것만 해도 옥시콘틴과 관련된 사망 사례는 약 20만 건 이상으로 추정됩니다. 1996년에 출시되어 2010년에 판매가 금지될 때까지 무려 720억 정이 팔려나갔으니, 그 정도

퍼듀 파마 옥시콘틴의 최후

옥시콘틴은 퍼듀 파마가 제조한 강력한 진통제로, 그 판매와 관련하여 여러 법적 문제와 논란이 있었다. 퍼듀 파마는 2020년 미국 법무부와의 합의에서 옥시콘틴의 부적절한 마케팅과 판매로 인한 민형사상 책임을 인정하고, 83억 달러의 합의금을 지불하기로 했다. 이후 퍼듀 파마는 파산 절차를 밟았으며, 2021년 법원은 퍼듀 파마를 매각하거나 2024년 말까지 운영을 종료하도록 결정했다. 따라서 퍼듀 파마의 옥시콘틴 판매는 법적 합의와 파산 절차에 따라 단계적으로 중단됐으며, 현재는 더 이상 판매되지 않고 있다.

사망자가 발생할 만도 하죠. 그동안 퍼듀사가 벌어들인 수익은 수십조 원에 달합니다. 또한 그 과정에서 퍼듀사에 기생한 의사들도 막대한 돈을 벌었을 겁니다. 뒤늦게 사법 당국이 나서서 2010년에 이 악마의 약 옥시콘틴이 단종되긴 했지만, 문제는 끝나지 않았습니다. 이미 오피오이드에 중독된 사람들이 너무 많았기 때문입니다.

단종된 옥시콘틴, 하지만 문제는 끝나지 않았다

옥시콘틴 공급이 중단되자, 중독된 사람들은 그보다 더 싸고 쉽게 구할 수 있는 다른 약물로 눈을 돌렸죠. 바로 헤로인Heroin입니다. 미국 발표에 따르면, 현재 헤로인 중독자 5명 중 4명이 옥시콘틴으로 인해 중독되었다고 합니다. 헤로인은 일반적인 마약중독자들 사이에서도 '하지 말아야 할 마약'으로 여겨지지만, 의사의 처방을 받다가 중독된 이들이 헤로인으로 직행하게 된 겁니다.

그다음에는 펜타닐이 기다리고 있었습니다. 펜타닐은 옥시콘틴보다도 훨씬 강력하고 더 치명적인 약물입니다. 2021년, 미국에서 오피오이드 계열 약물 때문에 사망한 환자 수는 7만 5,477명에 달합니다. 2010년부터 계산하면 이미 50만 명 이상의 사람들이 오피오이드 계열 약물로 목숨을 잃었습니다.

이 끔찍한 역사는 19세기의 오피오이드 남용 사태와는 근본

적으로 다릅니다. 단순한 무지에서 비롯된 것이 아니라, 알면서도 돈 때문에 벌어진 일이라는 점에서 충격적입니다. 그리고 이것이 과거의 일이 아니라는 점이 더 큰 문제입니다. 지금도 미국에서는 많은 사람이 오피오이드 계열 약물 중독으로 사망하고 있습니다.

이에 관해 더 자세히 알고 싶다면 넷플릭스 〈중독의 비즈니스〉 6화나 〈페인킬러Painkiller〉를 추천합니다. 약간 각색됐지만 더 자세한 정보가 흥미롭게 담겨 있어 도움을 얻을 수 있을 겁니다.

(탈리도마이드)

신생아 기형 대유행,
역사상 최악의 약물 참사

제 아내가 첫째를 임신했을 때 입덧이 꽤 심했어요. 시간이
지나면서 조금씩 나아지긴 했는데, 입덧 심한 사람들은 정말 고
생이 말도 못 합니다. 이런 경우에 쓸 수 있는 약이 있으면 얼마나
좋을까 싶지만, 그런 약이 없다는 게 현실이죠.

이따금 '새로운 약은 안 나오나요?'라는 말이 들리기도 하는
데, 임신부를 대상으로 하는 약을 개발하기란 정말 어려운 일입니
다. 1960년대 중반 이후로 임신부를 대상으로 한 임상시험이 거
의 사라졌기 때문이에요. 질환이 임신부의 생명에 지장을 줄 정도
로 심각하지 않은 경우라면 더더욱 임상시험을 하지 않는 게 일
반적입니다.

입덧 치료제로 확산하면서 시작된 비극

현재 임신부에게 사용할 수 있는 약이라고 하면 대부분 오래된 약들입니다. 예를 들어 임신 중에 축농증이나 중이염이 생겼을 때 사용할 수 있는 항생제는 주로 오구멘틴Augmentin이고, 진통제도 타이레놀 정도로 제한되죠. 항히스타민제(알레르기 증상 완화제)는 거의 사용하지 않는 게 원칙이고요. 아마 정신과나 내과 쪽도 비슷하리라고 생각합니다.

다시 입덧 얘기로 돌아와서, 입덧을 완화하는 약으로 디클렉틴Diclectin이라는 약이 있지만 효과가 드라마틱하진 않습니다. 그런데 놀랍게도 1950년대에는 거짓말처럼 입덧이 딱 멈추는 약이 있었습니다. 바로 탈리도마이드Thalidomide라는 약인데요. 이 약은 1953년 스위스의 제약회사 시바Ciba에서 개발했고, 그 뒤 독일의 제약회사 케미 그뤼넨탈Chemie Grünenthal에서 1956년부터 상용화하여 판매했습니다.

사실 탈리도마이드가 처음부터 입덧 치료제로 개발된 건 아니었어요. 본래는 진정제로 만들어졌습니다. 그 무렵 바르비투르Barbiturate 계열 약물들이 숙취나 의존성 같은 부작용이 심했거든요. 그런데 탈리도마이드는 비非바르비투르 계열 약물로, 이런 부작용이 없거나 부작용을 최소화하리라는 기대 속에 개발되었습니다.

처음에는 매우 안전한 약으로 여겨졌어요. 그때는 약물을 만들었다고 무턱대고 쓰지 않았습니다. 이미 임상시험이라는 절차가 도입된 시대였으니까요. 동물실험도 진행했는데, 놀랍게도 설치류에서는 치사량을 확립하지 못했어요. 아무리 많이 투여해도 죽지 않았다는 얘기죠. 다만 문제는 사람에게는 정식으로 시험하지 않았다는 거예요. 이건 당시 제약회사가 나빠서가 아니고, 그저 그 시절엔 공식적인 테스트 절차가 부족했기 때문입니다.

그런데 임상에 사용해보니 수면 효과가 있었고, 불면증이 있는 임신부들이 우연히 이 약을 복용한 뒤로 입덧이 확연히 줄어드는 효과를 보였어요. 그래서 이 약은 '콘테르간Contergan'이라는 제품명으로 출시됐으며, 임신 초기 증상 완화제로 대대적으로 광고되면서 말 그대로 엄청난 판매량을 기록했습니다.

한 소아과 의사가 밝혀낸 탈리도마이드의 비밀

탈리도마이드는 맨 먼저 독일에서 출시됐는데, 당시 독일은 서독과 동독으로 나뉘어 있었습니다. 동독에서는 이 약의 사용이 승인되지 않았지만, 서독에서는 자국 제약회사가 만든 약이라는 이유로 바로 출시돼 임신부들에게도 흔히 사용되었습니다.

그런데 1957년부터 '포코멜리아Phocomelia'라고 불리는, 사지가 아주 짧은 선천기형을 지닌 아이들이 태어났습니다. 문제는 이곳이 독일이라는 점이었죠. 독일 하면 떠오르는 인물이 누구인가요? 바로 히틀러입니다. 히틀러는 우생학 이론을 적극 받아들여 이를 빌미로 학살을 자행한 인물이죠. 그리고 그 학살은 유대인뿐 아니라 장애인들에게까지 미쳤습니다. 이런 과거 때문에 당시 독일 사회에서는 선천기형 이야기를 하는 것 자체가 매우 조심스러웠습니다.

게다가 그 시절에는 특정 약물이 선천기형을 일으킬 수 있다는 개념 자체가 낯설었어요. 더욱이 탈리도마이드를 복용한다고 해서 100% 기형이 발생하는 것도 아니었기 때문에 약물과 기형을 연관 짓기가 더 어려웠습니다.

나중에 밝혀진 바로는 이 약물이 영향을 미치는 특정 시기가 있었습니다. 주로 마지막 생리 후 34일에서 49일 사이에 약을 복용했을 때 기형이 발생할 확률이 높았던 것이죠. 즉 수정 후 약 42일이 지나 복용한 경우에는 큰 영향을 주지 않았습니다. 더 나아가 언제, 얼마나 복용했는지에 따라 기형의 정도와 영향받는 부위가 달랐습니다. 초기에 복용하면 중추신경계와 뇌에 영향이 미치고 그 뒤로는 눈, 귀, 얼굴 또는 팔다리에 손상이 발생하는 식이었습니다.

이런 상태에서 탈리도마이드와 선천기형의 연관성을 파악하는 데 혼란이 많았습니다. 심지어 1958년 독일에서는 이 선천기형이 핵무기 실험과 관련이 있다는 보고도 나왔습니다. 방사능과의 연관성을 조사했지만 뚜렷한 결과를 얻지는 못했죠. 시간이 흘러 1961년 말에 이르러서야 탈리도마이드 판매가 중단되었습니다. 하지만 그사이에 이미 서독에서만 약 2,500여 명의 아이들이 탈리도마이드로 인해 선천적 결함을 안고 태어났습니다.

탈리도마이드에 대한 위험 경고가 아예 없었을까요? 그렇지는 않습니다. 비두킨트 렌츠Widukind Lenz, 1919~1995라는 독일의 저명한 소아과 의사가 이 약물이 문제의 원인일 가능성을 처음으로 제기했습니다. 탈리도마이드가 출시되지 않은 동독에서는 이런 선천기형 사례가 나타나지 않았기 때문이죠. 렌츠는 '탈리도마이드가 원인이 아니고서야 기형아 출생이 이렇게 유행병처럼 번질 수 있겠느냐'는 논리를 내세우며 의혹을 제기했습니다.

그러나 반대편에서는 '이건 소련의 비밀 화학전 실험 때문이 아니냐'는 식으로 의혹을 부인했습니다. 이 와중에 밝혀진 충격적인 사실은, 탈리도마이드를 개발한 그뤼넨탈에서는 임신한 동물을 대상으로 시험을 한 적이 없다는 점이었습니다. 이에 경고가 잇따랐지만, 1961년 5월에 그뤼넨탈이 인정한 것은 단지 말초신경염의 부작용뿐이었습니다. 그들은 시장에서 약을 회수하지도 않았고, 처방전 없이 살 수 있는 일반 의약품을 단지 전문 의약품으로 변경하는 데 그쳤습니다.

그러다 렌츠는 본격적인 조사를 통해 임신 초기에 탈리도마이드를 복용한 산모와 기형아 발생 사이의 연관성을 밝혀냅니다. 그는 기형아를 출산한 여성 46명과 기형이 아닌 아이를 낳은 여성 300명을 비교 조사했습니다. 그 결과, 기형아를 출산한 46명의 여성 중 41명이 탈리도마이드를 복용한 반면 비기형아를 낳은 그룹에서는 임신 4~9주 동안 약물을 복용한 사례가 없었습니다. 이러한 데이터를 토대로 연관성이 입증되어, 1961년 11월 27일에 드디어 탈리도마이드가 시장에서 회수됩니다.

이 문제가 독일에만 국한되었을까요? 탈리도마이드는 전 세계적으로도 어마어마하게 수출되었습니다. 예를 들어 영국에서는 1958년에 탈리도마이드 사용이 승인되었죠. 그때 독일에서는 이 약으로 인한 선천성 결함 사례가 이미 보고되고 있었는데도 영국은 사용을 허가했습니다. 1961년까지 영국에서는 선천성 결함을 지닌 아이들이 약 2,000명 태어납니다.

영국에서 탈리도마이드를 판매한 회사는 디스틸러스Distillers 였는데, 이들은 약을 처방한 의사들에게서 보고를 받는데도 추가 조사가 필요하다며 이를 묵살하고 계속 판매했습니다. 그리하여 독일과 영국을 비롯해 유럽 전역에서 약 8,000여 명의 기형아가 태어났습니다. 뿐만 아니라 호주·캐나다·일본에서도 탈리도마이드가 유통되었고, 이 때문에 많은 기형아가 태어납니다.

1958년은 우리나라도 베이비붐 시대였죠. 저희 아버지도 그 시기에 태어나셨는데, 우리나라에서는 탈리도마이드에 관한 이야기를 거의 들어본 적이 없어요. 정부가 특별히 승인을 거부한 것은 아니고, 다만 수입되지 않았을 뿐입니다. 그때는 우리나라가 경제적으로 어려웠던 탓에, 탈리도마이드가 비교적 저렴한 약이었지만 수입해 쓸 여유가 없었던 거죠. 결과적으로 다행스러운 일이죠. 그 시기에 태어난 분들이 지금 우리나라 인구구조에서 큰 축을 차지하고 있으니, 탈리도마이드가 들어와 팔렸다면 그 영향이 정말 컸을 거예요.

1962년 영국에서 태어난 탈리도마이드 피해 아동 테리 와일스
와 그를 도운 기술자 렌 머리. 와일스는 팔다리가 기형으로 태
어났으며, 맞춤형 전동 휠체어와 보조기구 덕분에 자립적 삶을
이어갈 수 있었다.

미국은 어떻게 이 참사를 피했을까?

흥미로운 점은, 피해 국가가 모두 냉전 시대 자유주의 진영
에 속한 나라들이었다는 사실입니다. 동독을 비롯한 공산주의 진
영에서는 서독산 약을 수입하지 않았기 때문에 피해가 없었죠.

그런데 여기에 미국이 빠져 있는 게 이상하지 않나요? 엄밀히 따지면 미국에서도 17명의 피해자가 나오긴 했습니다. 하지만 이는 미국에서 탈리도마이드가 공식적으로 승인되어 판매된 결과가 아니었어요. 리처드슨-메렐Richardson-Merrell이라는 회사가 의사들에게 배포한 조사연구용 약물 샘플 때문에 발생한 일이었죠. 미국에서는 탈리도마이드가 승인된 적이 없었습니다. 이 덕분에 다른 나라처럼 수천 명 단위의 피해자가 발생하지 않았던 겁니다.

미국이 피해를 입지 않은 이유는 단 한 사람, 프랜시스 올덤 켈시Frances Oldham Kelsey, 1914~2015라는 약리학자 덕분입니다. 1914년생으로 캐나다 출신인 켈시는 맥길대학교에서 학사와 석사 학위를 받고, 그 뒤 시카고대학교에서 유진 게일링Eugene Geiling 박사 팀에 합류해 연구를 이어갔습니다. 이 팀은 1937년에 FDA의 요청을 받아 설파닐아마이드Sulfanilamide라는 항생제의 안전성을 검증합니다. 당시에는 이 약에 별다른 문제가 없었는데, 아이들에게 먹일 액체 형태로 만들어지자 아이들이 계속 죽는 사고가 발생했습니다. 켈시와 연구 팀은 조사 끝에 약을 녹이는 디에틸렌 글리콜diethylene glycol이라는 용매가 문제라는 사실을 밝혀냅니다. 이 사건은 FDA가 약물 안전 관리를 강화하는 계기가 되었습니다.

시간이 흘러 1960년 8월, 켈시가 FDA의 신임 의약 검열관으로 임명됩니다. 이 시점에서 탈리도마이드는 이미 유럽에서 일반 의약품으로 널리 팔리고 있었고, 미국에서도 승인이 거의 확정

탈리도마이드의 미국 시판을 막아낸 공로로 케네디 대통령
에게 특별공로상을 받고 있는 프랜시스 올덤 켈시.

적이었습니다. 그러나 켈시는 리처드슨–메렐이 제출한 문서를 검
토한 뒤 승인을 거부했습니다. 동물실험이 제대로 이루어졌는지
에 관한 기록이 부족했고, 약물의 효과를 칭찬하는 의사들 명단을
살펴보니 학술지에서 연구가 거절당한 경력이 있는 의사들이 다
수 포함되어 있었습니다. 이런 점들을 의심한 켈시는 쉽게 승인을
내리지 않았고, 덕분에 미국은 탈리도마이드의 참사를 피할 수 있
었습니다.

그런데 이때 제약회사뿐만 아니라 일반에서도 반발이 많았어요. '유럽에서는 잘만 먹는 이 좋은 약을 왜 못 먹게 하느냐'며 불만을 제기했죠. 그렇지만 어쩌겠어요? 안 된다고 하는데. 그러는 사이 유럽에서 슬슬 문제가 터지기 시작합니다. 일단 1961년에 그뤼넨탈이 모든 걸 부정하던 그동안의 태도를 바꿔, 말초신경염 부작용만큼은 인정하죠. 이 때문에 약이 더는 미국에 들어올 수 없게 됩니다. 사실 더 심각한 부작용은 기형아 문제였지만, 그때만 해도 유럽에서 일어난 일이 미국에 바로바로 알려지지 않았어요. 당시 켈시도 그 사실은 모르는 상태에서 제약회사가 공식적으로 인정한 부작용 때문에 승인을 거부한 겁니다. 이 공로로 켈시는 케네디 대통령에게 '미국 연방 공무원 특별공로상'을 받습니다.

　　여기서 지난번에 이야기한 옥시콘틴 사건과 비교해보면 어떤가요? 같은 기관인 FDA에서 벌어진 일인데, 게다가 이건 훨씬 더 옛날 일인데, 결국 담당자가 어떤 사람이냐에 따라 비극이 예방되기도 하고 양산되기도 하는 거죠. 역시 의료와 관련된 일은 최대한 보수적으로 접근해야 한다는 생각이 듭니다.

독일군이 3일 동안 자지 않고 전쟁을 치른 비결

《닥터프렌즈의 오마이갓 세계사》 3장에서 아편, 대마초, 코카인의 역사를 다뤘습니다. 이 세 가지가 대표적인 '천연 마약'이지만, 천연이라고 해서 좋은 게 절대 아니죠. 그럼에도 천연 마약이라고 불리는 데는 이유가 있겠죠? 세상에는 '합성 마약'도 있기 때문입니다. 합성 마약도 역사가 꽤 깊은데, 그중 가장 오래된 동시에 역사에 엄청난 영향을 끼친 약물이 바로 메스암페타민Methamphetamine입니다.

우리가 흔히 '뽕'이라고 일컫는 '히로뽕'이 바로 이 메스암페타민이에요. 히로뽕은 '필로폰'을 일본식 발음으로 읽은 것이고요. 참고로, 필로폰은 그리스어에서 유래하는데, 그리스어로 '필로Philo'는 '사랑하다', '포노스Phonos'는 '힘든 일'을 뜻합니다. 즉 '힘든 일도 마다하지 않고 열심히 하게 만든다'는 뜻에서 시작된 이름으로, 애초에는 마약이 아니라 노동을 위한 약이었다는 것을 알 수 있죠. 해외에서는 '아이스Ice', '메스Meth', '스피드Speed' 같은 이름으로 불립니다. 미국 드라마 〈브레이킹 배드〉에서 월터 화이트가 만드는 것도 바로 이 메스암페타민이에요. 각종 매체나 뉴스에서 자주 접하다 보니 제법 익숙한 이름일 겁니다. 그렇지만 이 약물에 어떤 역사가 담겼는지는 잘 모를 수도 있죠.

메스암페타민의 기원이 되는 물질은 1887년에 독일 베를린 대학교의 루마니아의 화학자 라자르 에델레아누Lazăr Edeleanu가 최초로 합성했습니다. 그러고 나서 1893년, 일본 도쿄제국대학교 의학부 교수였던 나가이 나가요시長井長義가 지금의 메스암페타민과 더 비슷한 물질을 합성하는 데 성공하죠. 재미있게도 이 두 나라 모두 당시 추축국(제2차 세계대전 당시 독일, 이탈리아, 일본을 중심으로 맺은 군사 동맹)에 속했다는 공통점이 있습니다. 아무튼 이렇게 탄생한 최초의 성분들은 각성제보다는 감기약으로 많이 쓰였어요. 본래 약재로 쓰이는 마황에서 유래한 에페드린Ephedrine을 변형해서 만든 성분이라 자연스럽게 그런 용도로 활용된 거죠. 참고로, 에페드린은 지금도 코감기약에 쓰이는 성분입니다.

독일을 삼킨 마약, 나치와 메스암페타민

1927년, 미국의 화학자 고든 알레스Gordon Alles가 메스암페타민 합성에 성공합니다. 이 약물은 코 막힘을 개선하기보다는 각성 효과가 강력한 약물이었죠. 그 뒤 메스암페타민은 독일, 특히 히틀러 체제 아래의 독일 사회를 강타합니다. 왜 그렇게 되었는지를 이해하려면 그 무렵 독일이 어떤 상황에 놓여 있었는지 돌아볼 필요가 있습니다.

당시 독일은 정치적으로나 군사적으로 큰 혼란을 겪고 있었습니다. 독일 제국의 황제였던 빌헬름 2세는 유럽의 세력 균형을 흔들 정도로 군비를 확장했고, 특히 해군력을 강화하며 영국과 갈등을 빚었습니다. 그 결과, 제1차 세계대전이 발발하게 되었죠. 전쟁은 결국 독일의 패배로 끝났고, 빌헬름 2세는 퇴위한 뒤 네덜란드로 망명합니다. 흥미롭게도 그는 망명 중에도 전함 설계에 몰두했다고 하니, 전함에 대한 그의 집착이 얼마나 깊었는지 짐작할 수 있는 대목입니다. 물론 당시 영국이 과민하게 반응한 것 아닌가 싶지만, 어쨌든 독일은 전쟁을 일으킨 전범국으로 낙인찍히고 막대한 전쟁배상금을 물게 됩니다.

설상가상으로 1929년에 대공황이 터지면서 독일 경제는 나락으로 떨어졌습니다. 이런 상황에서 독일인들이 과연 희망을 품

1929년 대공황이란?

1929년 10월 29일 뉴욕 증권거래소의 주가 대폭락(블랙 튜즈데이)에서 시작된 세계적 경제 위기로, 투자자의 자산 손실과 은행 도산, 기업 파산, 실업률 급증 등 심각한 경제 혼란을 초래하며 미국은 물론 유럽과 전 세계로 확산됐다.

을 수 있었을까요? 건설적인 미래를 꿈꾸기는커녕 열심히 살아도 아무 소용이 없다는 절망감이 팽배했죠. 이런 분위기 속에서 독일 사회는 도피를 선택할 수밖에 없었는데, 이를 뒷받침한 것이 바로 화학 산업이었습니다. 독일은 화학 기술이 매우 발달하여 모르핀과 코카인을 정제하는 기술 또한 뛰어났습니다. 이 기술력을 바탕으로 독일은 말 그대로 마약 제국으로 변모하게 됩니다.

1925년부터 1930년 사이에 독일은 전 세계 모르핀의 40%를 생산하면서 코카인의 핵심 허브로 자리 잡았습니다. 그리하여 날이 갈수록 마약 문제가 심각해져 독일 사회는 더욱 깊은 혼란에 빠져들었죠.

이러한 혼란의 와중에 태동한 정당이 바로 국가사회주의 독일 노동자당Nazi, 즉 나치입니다. 나치는 마약에 중독되어 해롱대는 독일인들을 다른 방식으로 중독시키는 데 성공합니다. 바로 국가사회주의(파시즘)와 반유대주의라는 사상입니다. 독일은 마약과 이념이라는 두 가지 중독에 빠져들며 새로운 형태의 비극을 향해 나아가기 시작합니다.

나치는 "독일은 세계에서 가장 위대한 게르만 민족이며, 지금의 몰락은 저열하고 비열한 유대인 때문"이라는 구호를 내세웠습니다. 그리고 "유대인을 배척하고 나치의 지시를 따르기만 하면 독일은 다시 번영할 것이며, 독일인들이 안전하고 행복하게 살 수 있는 레벤스라움(생존 공간)을 건설할 수 있다!"는 메시지를 퍼뜨리며 독일 전체를 사로잡았습니다.

하지만 나치로서도 국민이 다른 것(특히 마약)에 취해 있으면 곤란했겠죠. 그래서 마약에 대한 처벌을 강화하면서 동시에 '우리는 할 수 있다!', '근면성실하게 일하자!' 같은 구호를 퍼뜨렸습니다. 이 과정에서 메스암페타민이 등장하게 됩니다. 어디서? 바로 독일에서죠.

그때만 해도 이 약물은 마약으로 여겨지지 않았습니다. 수면을 줄이고 식욕을 억제해 오직 일에만 집중할 수 있게 해주는 약물로 평가받았죠. 이런 특성은 히틀러가 강조하던 독일인의 투지라든가 근성과 완벽하게 맞아떨어졌습니다. 실제로는 각성 효과가 강력한 마약이고 반복해서 사용할 경우 몸과 정신을 망가뜨리는 심각한 부작용을 초래했지만, 당시에는 이런 사실이 잘 알려지지 않았습니다.

메스암페타민은 미국에서도 '벤제드린Benzedrine'이라는 이름으로 널리 사용되었고, 일본에서는 '히로뽕'이라는 이름으로 상품화되어 퍼졌습니다. 그러나 독일에서만큼 대대적으로 권장되지는 않았죠. 독일에서는 메스암페타민을 '페르비틴Pervitin'이라고 했는데, 이 약에 대한 찬사는 마치 히틀러를 향한 맹목적 숭배를 연상케 할 정도였습니다.

"우리는 과거 어느 때보다 높은 성과를 요구받는 사회에 살고 있다. 페르비틴은 꾀병 부리는 사람, 게으른 사람, 남을 탓하는 사람, 불평분자마저 노동하게 만들어준다."

"페르비틴 처방은 사회 전체를 위해 궁극적으로 투입해야 할 최고의 계명이다."

심지어 "다른 마약중독을 완화해준다"는 말까지 퍼지면서 페르비틴은 폭발적으로 팔려나갔습니다. 여기에 더해 메스암페타민이 고용량으로 함유된 과자까지 만들어져 유통될 정도로 만연했죠.

이런 상태에서 1939년에 히틀러가 제2차 세계대전을 일으킵니다. 그때 독일군은 전원 페르비틴을 지참했고, 독일 국방 생리학자인 오토 프리드리히 랑케Otto Friedrich Ranke조차 페르비틴에 중독되어 있었습니다. 독일군의 페르비틴 의존도는 상상을 초월했죠. 페르비틴의 효과는 단순히 '잠을 덜 자도 된다'는 데 그치지 않았습니다. 곧 이 약물이 전쟁과 역사에 미친 어마어마한 영향이 증명되기 시작합니다.

독일군의 비밀 병기

사실 독일군은 폴란드를 침공할 때 일부 부대에서 이미 메스암페타민을 사용했는데, 이를 사용한 부대는 사용하지 않은 부대에 견주어 훨씬 많은 임무를 수행하고 더 많은 전투를 치르고 살인을 더 많이 저질렀다는 보고가 있었습니다. 유럽의 약소국이었던 폴란드가 양쪽에서 독일과 소련의 공격을 받고 제대로 싸우기란 어려운 일이었죠. 그러나 서부전선, 특히 프랑스에서는 상황이 달랐습니다. 프랑스는 세계 최강의 육군을 보유하고 마지노선이라는 강력한 방어선을 구축하고 있었기 때문에 정석적인 공격으로는 공략이 불가능했습니다.

그러자 독일군은 장군인 에리히 폰 만슈타인과 하인츠 구데리안의 지휘 아래 아르덴 숲을 거쳐 침공하는 전략을 세웁니다. 당시 아르덴 숲은 전차가 통과할 수 없는 곳으로 여겨졌지만 독일군은 감행했습니다. 참고로, 이 숲의 면적은 무려 5,000km²나 됩니다. 이 거대한 숲을 전차와 병력이 가로지른 거예요. 이른바 '낫질 작전'이 개시된 순간, 구데리안은 병사들에게 충격적인 명령을 내립니다.

"제군에게 최소 3일간 자지 않을 것을 명한다!"

그리고 놀랍게도 독일 병사들은 이 명령을 완수해냅니다. 메스암페타민 덕분이었죠. 이 약물을 투여하면 도파민과 노르에피네프린 호르몬이 폭발적으로 분비되면서 동공이 커지고, 심장 박동과 혈압이 급상승합니다. 감각이 예민해지고 두려움이 사라지며 무엇이든 해낼 수 있다는 자신감이 솟아났죠. 전쟁에서 이

낫질 작전이란?

제2차 세계대전 당시 독일군이 1940년 5월 프랑스를 침공하며 실행한 전략으로, 벨기에와 네덜란드 방면으로 독일군 일부를 유도해 프랑스·영국 연합군을 북쪽에 묶어두고, 주력 기갑부대를 아르덴 숲을 통해 기습적으로 남하시켜 프랑스 방어선을 우회·돌파하는 전술이다. '낫으로 베듯 빠르고 깊게 적진을 가른다'는 의미에서 붙여진 이름이며, 이 작전으로 독일군은 단 6주 만에 파리를 점령하고 프랑스를 항복시켜 세계를 충격에 빠뜨렸다.

약물은 병사들에게 '우리는 저들을 해치울 수 있다'는 근거 없는 확신을 심어준 겁니다.

독일군은 이런 상태로 벨기에 방어군을 압도하며 궤멸적인 피해를 입혔습니다. 그들은 쉬지도 않고 곧장 프랑스 국경을 넘어 아르덴주의 작은 도시인 스당으로 쳐들어가 점령했습니다. 괴상할 정도로 빠른 독일군의 진격은 그 뒤로도 계속되었습니다. 메스암페타민을 복용한 독일군 부대는 하루에 최대 60~80km를 진격했는데, '사막의 여우' 에르빈 로멜이 지휘한 부대는 이를 훨씬 뛰어넘는 기록까지 세웠습니다. 예를 들어 1940년 6월 17일, 로멜 부대는 무려 240km나 질주한 것으로 기록되어 있습니다. 전시였던 만큼 기록의 정확성은 조금 의심스럽지만, 연속적으로 진군한 결과였을 가능성이 높습니다.

독일군이 이처럼 상식을 뛰어넘는 속도로 움직였기 때문에 프랑스군이 철저히 박살 난 것도 어느 정도 이해가 갑니다. 프랑스는 전통적인 군사전략으로 대응하려 했지만, 독일군은 말 그대로 '동에 번쩍, 서에 번쩍' 하는 수준이었으니까요. 독일군의 이러한 초인적인 작전 뒤에서는 메스암페타민이라는 약물이 중요한 역할을 했습니다. 마침내 프랑스는 항복했고, 이제 히틀러가 전 유럽을 손에 넣을 것처럼 보였죠.

독일과 같은 편이던 이탈리아가 삽질을 좀 하긴 했어요. 앞에서 프랑스군이 박살 났다고 했죠? 그런데 이탈리아는 그런 프랑스군한테 졌습니다. 어디 그뿐인가요. 히틀러가 잘 구슬려서 같은 편으로 만들고 싶어 했던 그리스에 쳐들어갔다가 또 깁니다. 나중에 '전쟁 기계' 독일이 들어가면서 그리스가 맥을 못 추고 패배하긴 했지만요. 그런데 여기서 좀 가만히나 있지, 이탈리아는 갑자기 영국의 보호령이던 이집트를 공격했다가 또 깁니다. 그 후로도 계속 지기만 했죠.

그렇다면 이탈리아의 패배로 인해 독일이 제2차 세계대전 후반에 고전했을까요? 아닙니다. 서부전선, 아프리카전선, 발칸반도 그리고 동부전선까지, 독일은 너무 많은 전장에서 동시에 싸우느라 고전했죠. 그리고 독일군이 1930년대 후반부터 상습적으로 사용한 메스암페타민이 몇 년 지나 1940년대 초반에 이르러 슬슬 부작용이 나타나기 시작했습니다.

각성에서 환각으로, 대가를 치르다

전쟁 후반부에 이르러 독일군은 초기에 보여준 전쟁 기계의 면모와 달리 무기력한 모습을 보였어요. 이런 모습의 가장 극명한 사례가 히틀러입니다. 평생 담배는 물론이고 술도 고기도 먹지 않았으며, 마약 철폐에 앞장섰던 나치의 우두머리였죠. 그런데 히틀러는 그가 믿고 따른 주치의 테오도어 모렐Theodor Morell에 의해 메스암페타민을 포함한 여러 마약을 투여받았다는 이야기가 있습니다. 히틀러를 둘러싸고는 이런저런 소문이 많지만, 약을 맞았다는 건 사실로 보입니다.

　그 이유에 관해서는 논란의 여지가 있는데요. 하나는 전쟁 스트레스로 인한 무기력증을 해결하기 위해서였다는 주장이고, 또 하나는 히틀러가 파킨슨병 환자였기 때문에 증상을 완화하기 위해서였다는 주장입니다. 실제로 후자에 대한 근거로는 히틀러가 왼손을 심하게 떠는 영상이 남아 있고, 말년에 베를린의대 정신과 의사 막스 드 크리니스Max de Crinis에게 파킨슨병 진단을 받은 기록도 있어서 꽤 신빙성이 있습니다. 아무튼 히틀러는 본래도 이상했지만, 약을 계속 맞으면서 말년에는 더 이상해졌다고 하죠. 제대로 된 보고조차 못하고 망상이 심해졌다는 이야기가 많습니다.

　메스암페타민은 나치가 패망한 뒤에도 완전히 사라지지 않았습니다. 이유는 간단합니다. 미국에서도 엄청나게 생산되었거든요. 그때는 '벤제드린'이라고 불렸던 이 약이 1945년부터는 해마다 7억 5,000만 정이나 생산되었고, 1962년에는 생산량이 무려 80억 정까지 늘어났습니다. 다행히도 1960년대에 이 약의 해악이 사회 전반에 알려지면서 규제가 시작되어, 지금은 완전히 마약류로 분류되었습니다.

　그럼에도 불구하고 마약은 여전히 현실 속에 깊이 자리 잡고 있습니다. 예를 들어 2020년에 우리나라에서 대대적으로 조사한 결과, 전국 모든 하수처리장의 오수에서 필로폰 성분이 검출되었다고 합니다. 중독성이 너무나 강한 약이니, 절대로 손대지 마세요. 그러지 않으면 히틀러처럼 됩니다.

맥주가 바꾼 문명,
와인이 만든 권력

술, 즉 알코올의 역사는 과연 얼마나 오래되었을까요? 사실 알코올의 역사는 인류만큼이나, 아니 어쩌면 인류보다 더 오래된 것으로 보입니다. 과일이나 벌꿀 같은 것이 자연 상태에서 저절로 발효되기 때문이죠. 중국에는 원주猿酒라는 흥미로운 술이 있는데, 원숭이가 빚은 술이라는 뜻으로 《서유기》에도 등장하며 일본에서도 비슷한 민담이 전해집니다. 자연에서 과일이 저절로 발효하면서 원숭이들이 먹게 된 데서 유래한 것으로 보여요.

이렇게 자연에서 만들어지는 술은 말이 술이지, 부피에 비해 알코올 함량이 낮기 때문에 먹어도 본격적으로 취하지는 않았을 겁니다. 다만 알코올을 잘 분해하지 못하는 사람보다는 잘 분해하는 사람이 이런 '야생 로또'에서 더 많은 영양소를 섭취할 수 있었겠죠. 그래서 생존에 조금 더 유리했을 가능성은 있다고 봅니다. 과실주나 벌꿀주는 만들기 쉬워서 선사시대부터 종종 만들어 먹기도 했지만, 이 술들이 인류사에 큰 영향을 끼치지는 못했습니다. 대량생산이 어려웠기 때문입니다.

맥주가 농경사회 형성의 원동력?

인류사에 큰 영향을 끼친 술이 있습니다. 바로 곡물을 이용한 술, 즉 곡주입니다. 그중에서도 맥주가 특히 중요합니다. 옛날에는 양조 기술이 발달하지 않아 알코올 함량이 낮았으리라는 추측도 있지만, 맥주의 알코올 함량은 그때도 지금과 크게 다르지 않았을 거라는 주장 또한 있습니다. 맥주는 마시면 기분이 좋아지고, 동시에 영양소도 풍부하죠. 그리고 아무 데서나 길어오는 물보다 더 안전했을 가능성이 큽니다.

이 점을 염두에 두고 수렵·채집 사회와 농경사회 초기의 삶을 비교하면, 농경사회 사람들의 삶이 훨씬 고되고 힘들었습니다. 농경사회 초기에 사람들의 수명이 더 짧았을 거라는 추정까지 나와 있죠. 그렇다면 사람들이 농사를 지으려고 한 이유가 단순히 좋아서였을 리는 없다고 생각할 수 있습니다.

지금까지는 사람들이 빵 때문에 농사를 시작했다고 여겼지만, 여러 정황을 보면 맥주 때문에 농경사회가 본격적으로 시작된 것이 아니냐는 주장도 있습니다. 대마 같은 마약류 식물들이 농사의 이유가 되었을 가능성도 있겠지만요.

그렇다면 최초로 맥주를 만든 사람은 누구였고, 또 언제부터 만들기 시작했을까요? 학자들은 아마 1만 5,000년 전 요르단 북동부 지역에서 어느 여성이 만들었을 거라고 추정합니다. 당시 수렵채집 사회에서 남성은 사냥을 맡고 여성은 채집을 주로 맡았는데, 곡물 채집 또한 여성이 담당했을 가능성이 크기 때문입니다.

물론 그 시절의 야생 밀은 지금의 밀과 비교하면 정말 보잘것없었을 겁니다. 낟알이 굵고 단단하지 못해 먹을 것이 거의 없으니, 모은 곡물을 갈아서 물에 담그면 죽 비슷한 것이 되었겠죠. 그런데 이걸 우연히 방치한 겁니다. 대부분의 경우에 썩었겠지만, 우연히 효모와 반응한 경우에는 맥주 비슷한 것이 만들어졌을 겁니다. 그리고 오락거리가 거의 없던 그 시절에 그걸 한번 맛본 사람들은 이를 잊기가 쉽지 않았겠죠.

이처럼 밀은 변변찮고 형편없는 곡물이었지만, 사람들이 온갖 노력을 기울여가며 농사를 짓기 시작한 이유가 되었을 가능성이 큽니다. 옥수수의 사례를 보면, 이들이 단순히 식량을 얻기 위해서가 아니라 정말 술을 빚기 위해 농사를 시작했다고 보는 편이 더 합리적일 수 있습니다. 당시 옥수수는 한 자루 전체의 영양분이 지금 옥수수 한 알에 든 영양분보다도 적었다고 합니다. 그런데도 옥수수 농사를 지은 이유는 딱 하나, 술을 만들 수 있었기 때문이죠. 따라서 이들이 죽자고 농사를 지은 이유는 아무래도 술 때문이라고 보는 것이 타당할 듯합니다.

신분과 문화의 차이: 서민의 술, 귀족의 술

1만 5,000년 전부터 이후 인류는 술을 만들어 먹기 위해 꾸준히 노력해왔습니다. 처음에는 시행착오를 겪었지만 시간이 지나면서 대량 양조가 가능해졌습니다. 특히 곡주는 문명이 발원한 거의 모든 지역에서 독자적으로 발전했습니다. 이를테면 중국에서는 기원전 3500년경부터 곡주를 만들었고, 이집트와 스코틀랜드도 비슷한 시기에 술을 생산하기 시작했습니다. 와인은 아시아 서부에서 시작되어 지중해 동부와 이집트로 전파된 뒤, 지중해 크레타섬과 그리스, 이탈리아를 거쳐 유럽의 나머지 지역으로 퍼진 것으로 보입니다.

와인은 여러 이유로 맥주보다 귀하고 고급스러운 술로 여겨졌습니다. 가장 큰 이유는 생산의 제약 때문입니다. 보리는 1년 내내 보관할 수 있어 맥주는 꾸준한 생산이 가능했죠. 그러나 포도주는 포도를 수확하는 특정 시기에만, 즉 일 년에 한 번만 만들 수 있었습니다. 더욱이 맥주의 경우 미식가가 아닌 이상 보리 품종에 따른 맛 차이가 크게 느껴지지 않았겠지만(당시에는 보리 품종이 몇 개 되지도 않았음), 와인은 생산 지역과 기후 그리고 포도의 품질에 따라 맛이 크게 달라졌습니다.

와인은 이미 고대 이집트 시대부터 생산 연도와 장소, 양조자 이름을 뚜껑에 기록했는데, 이는 현대 와인 레이블의 시초라고 할 수 있습니다. 실제로 투탕카멘의 무덤에서 발견된 와인 병에는 다음과 같은 글이 적혀 있었습니다.

"즉위 4년, 강 서쪽에 있는 아톤신전에서 빚은 달콤한 와인. 수석 양조인 아페레르쇼프."

이처럼 와인은 주로 엘리트와 지배계층이 소비하는 고급술로 자리 잡았습니다. 반면에 맥주는 주로 서민들이 즐기는 술이었죠. 그렇다고 귀족들이 맥주를 마시지 않은 것은 아닙니다. 그때 맥주는 칼로리와 영양분이 지금보다 훨씬 풍부했고, 신뢰할 수 없는 식수에 견주어 안전한 음료로 여겨졌기 때문입니다.

이집트인들은 맥주를 하루에 약 2리터 마셨는데, 알코올이 들어 있긴 했지만 일상생활에 지장을 줄 만큼 독하지는 않았을 것으로 추정됩니다. 맥주의 이러한 위상은 수메르문명에서 신들조차 맥주를 마시는 모습으로 나타납니다.

하지만 그리스-로마 시대에 들어서면서 와인이 확실한 고급 주류로 자리를 잡습니다. 로마에서는 와인이 엄청난 인기를 끌었는데, 로마는 연간 약 1억 8,000만 리터의 와인을 수입했을 것으로 추정됩니다. 이를 당시 로마 인구로 나누면, 아동까지 포함해 1인당 하루 0.5리터를 소비한 셈입니다. 다만 로마에서는 여성, 특히 유부녀가 와인 마시는 것을 금지했습니다. 이를 감안하면 성인 남성은 하루 1리터 정도를 마셨을 가능성이 높습니다.

그 시대 의사들은 와인을 치료제로도 사용했습니다. 부종, 변비, 비뇨기 질환, 설사, 통풍 등을 치료하거나 검투사의 상처를 닦을 때 와인을 처방했으며, 장기가 흘러나왔을 때는 그 장기를 와인에 담그기도 했습니다. 다만 그 와인에는 납이 함유되어 있었다는 점을 잊지 말아야 합니다.

물에 대한 불신에서 시작된 술을 향한 무한 신뢰

그런데 왜 이렇게 술을 많이 마셨을까요? 가장 큰 이유는 물을 신뢰할 수 없다는 생각 때문입니다. 테베레강 근처에 자리 잡은 로마는 인구가 100만 명에 달했기 때문에 실제로 강물이 몹시 오염되었을 것으로 추정됩니다. 더구나 그때는 처형당한 사람의 시신을 강물에 던지는 관습까지 있었으니, 위생 상태는 더 말할 필요조차 없었겠죠. 이런 환경에서 물은 주로 빈민들이 수분 섭취를 위해 마시는 음료로 여겨졌습니다.

단순히 이런 이유 때문만은 아니겠지만, 16~17세기까지도 물을 마시는 것은 위험하다는 인식이 유럽 전역에 퍼져 있었습니다. 페스트가 유행하던 시절, 유대인이 우물에 독을 풀었다는 소문이 퍼졌던 사실만 보더라도 당시에 물을 얼마나 불신했는지 알 수 있습니다.

그리하여 중세 유럽에서는 맥주를 얼마나 충분히 제공하는지가 영주나 사업주의 능력을 나타내는 중요한 척도가 되었습니다. 그리고 이러한 인식은 시간이 지나면서 더욱 강해졌죠. 이를 잘 보여주는 사례가 중세 영국입니다.

1256년에는 일꾼들에게 하루 약 1.61리터의 맥주를 제공했는데, 1424년에는 그 양이 3.71리터로 늘어났습니다. 증가율이 엄청나죠? 문제는 이런 음주문화가 일꾼들에게만 국한된 것이 아니라 군인과 경찰에게도 똑같이 적용되었다는 점입니다. 그래서 중세를 배경으로 한 영화나 드라마를 보면 사람들 코가 너나없이 빨갛고, 툭하면 싸움이 벌어지는 장면이 자주 등장하는 겁니다. 이는 단순한 연출이 아니라 그 시기의 음주문화를 반영한 것이라 볼 수 있습니다.

물론 와인을 고급술로 여긴 것은 중세에도 마찬가지였습니다. 그래서인지 와인에 대한 의학적인 관심이 유독 높았습니다. 14세기 프랑스의 의사 앙리 드 몽드빌Henri de Mondeville은 와인이 혈액에 좋다고 주장했는데, 이유는 와인이 혈류에 직접 들어가 바로 혈액으로 변한다고 믿었기 때문입니다.

1493년 독일의 어느 의사는 아동이 생후 18개월이 되면 와인을 끊고 물이나 꿀을 먹여야 한다고 했습니다. 그러나 아이가 와인을 잘 끊지 못하면 연한 화이트 와인을 희석해서 주라고 조언했습니다. 이는 그 무렵에 아동이 와인을 마시는 관행이 꽤 일반적이었다는 사실을 보여줍니다. 심지어 갓난아이에게 모유와 함께 와인을 주라는 조언을 하기도 했죠. 아이가 열이 나면 어머니가 독주를 마심으로써 알코올이 섞인 모유를 먹이라는 조언마저 상식으로 여겨졌습니다. 오늘날에는 도저히 상상하기 어려운 일들입니다.

또 알코올이 다이어트에 도움이 된다고 믿기도 했습니다. 영국의 정복왕 윌리엄 1세가 대표적인 사례인데요. 그는 다른 모든 음식을 끊고 술만 마시는 극단적인 다이어트를 시도했습니다. 효과는 있었지만 몸이 망가졌고, 결국은 말에 올라타다 넘어진 뒤에 사망했다고 전해집니다.

브랜디 또한 의학적으로 유용하다고 여겨졌습니다. 브랜디는 포도주를 증류해 만든 술인데, 포도주보다 더 건강에 좋을 것이라는 믿음이 있었습니다. 그래서 수명을 연장하는 자양강장제로 처방하기도 했습니다. 심지어 산모가 고통스러워하면 브랜디를 먹이거나, 극단적인 경우 정맥주사로 브랜디를 투여하기도 했습니다.

여러 사례에서 드러나듯이, 19세기 말까지는 와인이나 사과주 같은 발효주를 건강 음료로 여기는 인식이 일반적이었습니다. 이러한 인식이 바뀐 계기는 제1차 세계대전이었습니다. 대규모 징병을 위해 건강검진을 하는 과정에서, 술을 많이 마시는 사람들은 건강 상태가 나쁘다는 사실이 널리 알려진 것입니다.

한편 맥주는 역사가 오래되었는데도 와인만큼 의사들에게 큰 관심을 받지는 못했습니다. 다만 한 가지 예외가 있었습니다. 바로 1920년부터 1933년까지 미국에서 금주법을 시행하던 시기에 술을 마시고 싶었던 사람들이 맥주는 약이라며 '건강을 위해 마셔야 한다'고 주장합니다. 물론 이는 일종의 해프닝으로 끝났어요.

그 이후 제2차 세계대전을 거치고 과학이 발달하면서 알코올의 해악이 밝혀지고, 그러면서 술의 종류와 관계없이 알코올의 양이 건강에 미치는 영향이 크다는 사실이 더욱 분명하게 알려집니다.

날로 늘어갔던
조선의 술 소비량

이어서 동양 술의 역사도 궁금하지 않나요? 서양만큼이나 동양도 술의 역사가 꽤 깊을 텐데 말입니다. 하지만 서양에 비해 사료를 찾기가 더 어려웠습니다. 앞서 과거 서양에서는 물 대신 거의 술을 마셨다고 했죠. 이유가 뭐였죠? 네, 바로 물을 식수로 신뢰할 수 없는 환경 때문이었습니다.

사실 전 세계적으로 우리나라와 일본 그리고 중국의 일부 지역을 제외하면 대부분 석회암 지대라서 지하수를 그대로 마시기에 적합하지 않은 경우가 많습니다. 유럽이나 미국에서 샤워를 하면 뭔가 이상한 느낌이 들 때가 있잖아요? 물이 좀 뻣뻣하거나 끈적한 느낌이 드는 경우가 있는데, 이는 해당 국가의 수자원 관리가 부족해서가 아니라 지하수의 성분 차이 때문입니다.

물보다 술? 조선에서도 술이 필수였던 이유

우리나라는 세계적으로 물이 아주 깨끗한 나라입니다. 그렇다면 옛날부터 우리나라에서는 물을 그냥 마셔도 되는 상태였을까요? 그렇지는 않습니다. 조선 역시 전근대의 여러 나라들과 마찬가지로 콜레라, 이질, 티푸스 같은 수인성전염병이 창궐하던 지역이었어요. 내륙 지역에서는 디스토마 같은 수인성 기생충도 매우 흔했습니다.

이유는 간단합니다. 조선이 인구 대국이었기 때문입니다. 발표하는 기관마다 차이는 있지만, 대체로 19세기쯤 조선의 인구는 1,000만 명을 훌쩍 넘었다고 봅니다. 그때 이미 한양은 인구 과밀 상태였고 집값도 비쌌습니다. 흥미로운 예로 다산 정약용이 있습니다. 그는 1810년 신유박해로 유배된 상태에서 자식들에게 "한양이나 한양 근처에 집을 마련해주겠다"고 호언장담했습니다. 그러나 그는 죽을 때까지 끝내 한양에 집을 구하지 못하고 남양주에서 생을 마감했습니다.

《승정원 일기》에 이런 내용이 나옵니다.

우리나라 물이 유독 깨끗한 이유는?

우리나라 국토의 절반 이상이 화강암 지대로 이루어져 있다. 화강암은 단단하고 물이 천천히 스며들어 오염이 적고, 지하수가 빠르게 흘러 미네랄이나 불순물이 적은 연수軟水 성질을 띤다. 이 같은 지질학적 요인으로 인해 석회암 지대가 많은 유럽과 비교해 우리나라 물이 더 맑고 깨끗한 특징을 갖는다.

"한양은 항상 사람들로 바글거렸다. 백성들은 더 좋은 일거리를 찾아 상업이 발달한 한양으로 몰려들었다. 양반들은 한양에서 열리는 과거를 보기 위해 상경했다. 그러다 보니 한양에는 항상 집이 부족했다. 성균관 유생들은 하숙할 때 작은 방에 두 명씩 함께 사는 게 보통이었다. 집을 구하지 못한 백성들은 풀과 가시나무로 엉성하게 가건물을 짓고 살았다."

당시 한양의 상황을 살펴보려면, 지금 서울보다 절대적인 면적이 좁았기 때문에 절대적인 인구수보다는 인구밀도를 봐야 합니다. 19세기 말 한양의 인구밀도는 1km^2당 1만 4,970명에 달했습니다. 2020년 서울의 인구밀도가 1km^2당 1만 5,865명이니 거의 비슷하죠. 하지만 그때는 고층 빌딩이나 아파트 같은 주거 형태가 없어서 사람들이 정말 빽빽하게 몰려 살았을 겁니다.

게다가 상하수도 시설이 제대로 정비되기 전이었다는 점을 고려하면 한양에서 왜 수인성전염병이 창궐했는지 쉽게 짐작할 수 있습니다. 그런 탓에 조선에서도 술을 물의 대용품으로 여기던 시기가 있었습니다. 그런데 이런 배경을 감안하더라도, 술을 향한 우리 조상님들의 사랑은 지나칠 정도였습니다.

술을 음식으로 다뤘던 조상들

그 사랑은 삼국시대부터 이어져 내려옵니다. 특이한 점은 술을 주로 데워 마셨다는 겁니다. 여기에도 이유가 있죠. 우선, 당시에 불은 생명력과 정화의 상징으로 여겨졌습니다. 그리고 우리나라에서 술은 벼, 즉 곡물로 만드는데, 곡물을 물에 넣어 한 번 불로 끓인 뒤 양조하는 과정을 거쳤습니다. 선조들은 술을 '물과 불의 조화'로 탄생한 특별한 존재로 보았습니다.

그래서 술을 데워 마시는 문화가 자연스럽게 자리 잡았죠. 또한 양조 기술이 지금만큼 정교하지 않았기 때문에, 술을 데우면 잡내가 사라지고 맛과 향이 더 좋아지는 효과도 있었습니다.

특이한 점은, 술을 음료라기보다는 음식으로 다루었다는 것입니다. 그래서 일찍부터 반주 문화가 발달했죠. 물론 술만 따로 마시는 경우도 있었지만, 그럴 때도 가능하면 반드시 안주를 곁들였다고 합니다.

문제는 술이 이렇게 귀하고 의미 있는 음식이지만 만들기 위해서는 너무 많은 곡식을 소모해야 한다는 데 있었습니다. 조선을 비롯한 전근대 국가는 사실상 잉여생산물이 거의 없었기 때문에 술을 만드는 건 경제적으로 큰 부담이었죠. 하지만 그래도 술은 마시고 싶잖아요. 그러면 어떻게 해야 할까요?

조선은 유교의 나라입니다. 그래서 제사를 모십니다. 제사의 필수품 중 하나가 바로 술입니다. 술은 조상님께 바치는 예물이죠. 그러니 술을 빚는 게 어렵든 말든 상관없습니다. 도덕 국가에서 예를 지키기 위해 술을 빚는다는데 누가 뭐라 할 수 있겠습니까?

그런데 실제로 조상님들이 술을 마셨을까요? 당연히 아니죠. 돌아가신 분이 어떻게 술을 마시겠어요? 제사가 끝나면 술은 산 사람의 몫이 됩니다.

여기서 중요한 점이 하나 있습니다. 만약 제사를 주관한 사람, 즉 높은 사람만 술을 마셨다면 불만이 나왔을 겁니다. 그러나 우리 조상님들은 지혜롭게도 '음복'이라는 전통을 만들었습니다. 제사가 끝나면 제물, 특히 술을 제사에 참여한 사람들과 공평하게 나누는 방식입니다. 이렇게 하면 적어도 같은 공동체 내에서는 불만이 생기지 않죠.

물론 지역이나 공동체에 따라 조금씩 차이는 있었습니다. 예를 들어 서민들은 주로 막걸리를 만들어 마셨습니다. 우리가 막걸리를 서민의 술로 생각하는 이유는 간단합니다. 만드는 방식이 서민적이기 때문입니다.

막걸리는 누룩과 멥쌀 또는 찹쌀을 한 번 발효시켜 만듭니다. 그리고 이것을 증류해 소주 같은 술로 만들 수 있죠. 이때 중요한 차이가 생깁니다. 증류하면 알코올 도수는 올라가지만 술의 절대적인 양은 줄어듭니다. 예컨대 쌀 10kg으로 막걸리를 만들면 10병 정도가 나온다고 칩시다. 그런데 같은 양의 쌀로 소주 같은 증류주를 만들면 1~2병밖에 나오지 않습니다.

그러니 곡식이 귀한 시대에 증류주를 만든다는 것은 엄청난 사치였겠죠. 그래서 소주는 양반의 전유물이 되었습니다. 참고로, 증류 기술은 고려시대에 전래된 것으로, 조선시대에는 이 기술이 벌써 전성기를 누리고 있었습니다.

그렇다 보니 술 문화도 단순히 막걸리와 소주로 나뉘는 데 그치지 않았습니다. 술 고수들이 등장하면서 다양한 술이 만들어 졌죠. 당연히 사람과 물류의 중심지였던 한양에서 가장 많은 종류의 술이 만들어졌습니다.

조선시대에는 약재, 꽃, 색소, 감미료 등을 첨가하거나 다양한 발효법을 사용해 정말 온갖 술을 만들었습니다. 발효법에 따라 나뉘는 술로 백하주·삼해주·약산춘·소국주·벽향주·부의주·죽통주·두강주·삼일주·하향주·이화주·감주 등이 있고, 꽃이나 열매를 첨가해 만든 술인 도화주·지주·포도주·호도주·와송주·감국주 등도 있습니다. 이 밖에도 훨씬 더 많은 종류의 술이 있었죠.

조선 왕들의 끝없는 금주령, 하지만…

그중에서도 특히 사랑받은 술은 약주입니다. 중국에서는 약재를 넣은 술만 약주라고 했는데, 조선에서는 특이하게 청주를 약주라고 일컬었습니다. 청주는 순수 발효주로, 술을 걸러 맑은 부분만 받았기 때문에 서민들보다는 주로 중인 이상 계급에서 즐긴 술이었죠. 그런데 왜 청주를 약주라고 했을까요?

조선시대에는 술을 만들려면 쌀이 필요했습니다. 이는 곧 식량을 소모한다는 뜻입니다. 그런데 흉년이라도 들면 술을 만들다간 사람들이 먹을 게 없어질 수도 있겠죠. 조선은 흉년이 잦은 나라여서 왕들이 종종 금주령을 내렸습니다. 그러나 술을 포기하지 못한 양반들이 '이 술은 약입니다'라며 슬쩍 마시면서 청주가 약주라는 이름을 얻었다는 설이 있습니다. 그만큼 조선 사람들은 술을 사랑했습니다.

그러다 약주의 시대에서 소주의 시대로 이행했습니다. 소주가 더 맛있었거든요. 하지만 이게 점점 문제가 되었습니다. 소주를 만드는 데 너무 많은 곡식이 들어갔기 때문입니다. 19세기 초에 이르면 "1년에 몇만 석의 쌀이 술 빚는 데 쓰여 걱정이다"라는 내용의 상소가 올라올 정도였습니다. 그래서 소주를 마시지 못하게 하려는 시도도 있었지만, 이미 사람들이 맛을 본 이상 막을 수 없었습니다.

조선에서 술 소비량은 날이 갈수록 늘어났습니다. 한양에서 1년 동안 소비되는 술의 양을 양곡으로 환산하면 심할 때는 빈민들의 10년 치 식량에 해당했다고 하니, 말 다 한 셈이죠.

금주령은 조선시대에 꾸준히 내려졌는데, 금주령을 가장 열심히 시행하려 한 이는 바로 영조였습니다. 영조는 술을 만든 사람을 사형에 처하겠다고까지 했어요. 그러나 사실은 말뿐이었습니다. 왜냐하면 정작 영조 자신도 술을 마셨기 때문이죠. 신하들이 이를 지적하자 그는 "이건 오미자차다"라며 둘러댔는데, 그 오미자차는 마시면 취하는 오미자차였다고 합니다.

양반들은 더 말할 필요조차 없죠. 제사를 핑계로 돌아가며 술을 빚고 나눠 마셨습니다. 금주령은 서민들만 술을 못 마시게

하는 법으로 작용했을 뿐입니다. 그래서 정조는 "이럴 바에는 차라리 금주령을 없애자!" 해서 금주령을 폐지하기도 했습니다.

조선시대의 술 소비량은 끝없이 늘어났고, 술 문화는 점점 폭음 위주로 변해갔습니다. 이런 세태를 보고 박지원은 이렇게 한탄했습니다.

"술 마시는 양이 너무 커서 큼직한 사발에 철철 따라 인상을 찌푸리며 들이켜는 모습이 보인다. 이는 무작정 술을 쏟아붓는 것이지 제대로 마시는 것이 아니며, 배를 채우기 위한 것이지 흥취를 위해서가 아니다. 그래서 마시면 곧 취하고, 취하면 술주정을 하고, 술주정을 하면 싸움질로 이어진다. 싸움을 벌이면 술집의 술항아리며 술잔을 모조리 깨뜨려버린다. 이른바 풍류를 즐기는 문아文雅한 모임이 어떤 것인지를 알지 못할뿐더러, 이런 풍류와 문아한 술자리를 되레 배를 채우는 데 무익하다고 비웃는다. 이런 술집(골동품과 화초로 장식한 중국 술집)을 우리나라에 들여와도, 하루 저녁을 넘기지 못하고 골동품은 부서지고 화초는 꺾이고 짓밟히는 신세가 될 테니, 가장 애석한 일이다."

물론 박지원이 실학파이고 청나라 문화를 좋아해서 더 완곡히 표현했을 가능성도 있지만, 당시 조선 사람들이 술을 꽤 많이 마셨던 건 사실인 듯합니다.

외국 선교사들의 기록에서도 이런 모습이 잘 드러납니다. 미국의 선교사인 언더우드는 "조선 사람들은 술에 지나치게 의존하며, 어떤 사람들은 술에 완전히 빠져 산다"고 했고, 유대인 상인이던 오페르트는 "독주를 즐기고 식사 때도 폭음을 하며, 틈만 나면 술자리를 만들고 무절제하다"고 평했습니다. 어떤 선교사는 자기가 가져온 양주를 모두 빼앗겼다는 기록을 남겼는데, 조선인 네 명이 불과 30분 만에 샴페인 네 병과 브랜디 네 병을 싹 비웠다고 합니다. 그만큼 술을 너무 잘 마셔서 놀랐다는 거죠.

그때 조선에 온 외국 선교사들은 우리 음주 문화를 심각하게 받아들였습니다. 유럽은 포도로도 술을 만들지만, 조선은 곡물로만 술을 만드는 탓에 식량 수급에 지장을 줄 정도였거든요. 아무 때나 술 마시고 취해서 아무 데서나 쓰러져 자는 모습도 그들에게는 충격적으로 보였을 겁니다. 이런 이유로 한국 기독교에서는 술을 꺼리거나 아예 금하죠. 이것은 어쩌면 당시 선교사들이 받은 충격이 반영된 결과라고 볼 수 있겠습니다.

그렇다면 이런 음주 문화가 언제쯤 개선되기 시작했을까요? 음주 문화가 달라진 데에는 크게 몇 가지 요인이 있습니다. 우선 주 5일제 도입이 영향을 줬습니다. 만나는 날이 줄다 보니 자연히 회식 자리가 줄었죠. 또한 건강에 관심이 높아지고 각종 학회나 전문가들이 음주에 대한 경각심을 계속 일깨워주면서 사람들의 인식도 점점 변했고요. 여기에 더해 코로나19 팬데믹을 겪으면서 이런 변화가 가속화됐습니다. 지금은 옛날보다 폭음 문화가 확실히 줄어든 상황입니다.

그렇다고 다 좋아진 건 아니에요. 아직 갈 길이 멀어요. 2020년 경제협력개발기구OECD가 발표한 한국인의 월간 폭음률을 보면

36개국 중 11위고요, 간질환 사망률은 슬프게도 1위입니다. 더 심각한 건 음주운전으로 인한 교통사고 사망률도 1위(2018년 기준)라는 점이에요. 이 문제는 진짜 어떡하든 개선해야겠죠? 특히 음주운전은 처벌을 더 강화하든지 해서 음주운전 사고의 피해를 줄이는 확실한 조치가 필요할 듯합니다.

각성의 열매,
전 세계를 사로잡다

커피, 정말 많은 사람이 사랑하는 음료죠? 물론 마시지 않는 분들도 있지만요. 그런데 커피가 왜 이렇게 많은 사랑을 받는 걸까요? 단순히 맛있어서만은 아닐 겁니다. 커피는 우리의 기분을 전환해주고, 피로를 잊게 하며, 잠에서 깨어나게 돕습니다. 스트레스를 완화하는 데도 긍정적인 역할을 한다고 알려져 있어요.

얼마나 많이 마시냐고요? 전 세계적으로 하루에 약 30억 잔 가까이 마신다고 해요. 북유럽 국가에서 특히 많이 마시는데, 우리나라도 만만치 않죠. 2023년 기준으로 연간 세계 평균인 152잔의 약 2배 이상을 마시는 커피 애호가들의 나라니까요.

이렇게 사랑받는 커피의 역사는 어떻게 시작되었을까요? 참고로 말씀드리면 비슷한 기호 음료인 차는 약 5,000년 전부터, 카카오는 4,000년 전부터 마셨다고 합니다. 그런데 커피는 어떨까요? 보통은 15세기쯤에 마시기 시작했다고 알려져 있습니다.

커피의 기원을 말할 때 주로 두 가지 설화가 있습니다. 첫 번째는 가장 유명한 칼디와 염소 이야기입니다. 어느 날 칼디라는 목동이 염소 떼를 몰고 가다가, 염소들이 어떤 열매를 먹고 나서 갑자기 활기가 넘치는 것을 알아차립니다. 바로 전까지 힘없이 비실비실하던 염소들이 말이죠. 이 열매가 뭔지 궁금해 직접 먹어본 칼디는 기운이 나면서 기분이 좋아져 춤을 추기까지 했다고 합니다. 그 모습을 보고 수도원 수도승들이 밤에 기도할 때 졸음을 쫓으려고 이 열매를 이용했고, 그 수도원은 '잠들지 않는 수도원'이라는 별명을 얻었다는 이야기입니다.

두 번째는 예멘 모카 마을의 셰이크 오마르 이야기입니다. 셰이크 오마르라는 수도승이 억울한 누명을 쓰고 쫓겨나 방황하던 중, 새 한 마리를 따라갔다가 커피 열매를 발견합니다. 그 열매를 먹고 지친 몸이 회복되는 것을 느낀 그는 이 열매로 수프를 만들어 먹으며 힘을 냈습니다. 나중에 모카 마을로 돌아와 이 열매를 전수한 오마르는 그 공로로 죄를 용서받았다는 전설이 내려오고 있죠.

여기서 중요한 것은, 이 두 이야기 모두 정확한 사실은 아니라는 점이에요. 칼디 이야기의 배경은 15세기인데, 이 이야기가 기록된 시기는 17세기입니다. 뿐만 아니라 이 기록은 에티오피아나 예멘이 아니라 이탈리아에서 출판된 문헌에 등장합니다. 에티오피아에서 일어난 일이라고 소개하는 영상도 있지만, 문헌에는 그저 '오리엔트 지방 어디'라고만 나와 있어요. 셰이크 오마르 이야기도 오스만제국의 문헌에 기록되어 있는데, 이 역시 17세기에 작성된 문헌입니다. 게다가 잡다한 이슬람 설화를 정리한 책에 실린 내용이라 신빙성이 떨어진다는 평가를 받습니다.

물론 두 이야기를 바탕으로 추론해보면 아랍계 인물이 산속에서 우연히 어떤 열매를 발견하고 이를 약으로 썼다는 공통점이 있습니다. 그러나 이것만으로 커피의 기원을 단정하기는 어렵죠.

전설 속에서 탄생한 신비로운 음료

의학의 역사적 관점에서 조금 더 과학적으로 커피에 접근해볼게요. 먼저, 아쉽게도 커피나무의 화석은 아직까지 발견된 적이 없어 커피가 정확히 어느 지역에서 언제부터 자랐는지는 알 수 없습니다. 다만 지층에서 발견되는 가까운 종인 꼭두서닛과 식물을 토대로 추정하면, 커피나무는 약 1,400만 년 전부터 존재했을 것으로 보입니다.

빙하기 동안 많은 종이 멸종했는데, 지금까지 살아남은 커피나무는 약 125종입니다. 이 가운데 우리가 커피로 만들어 먹는 건 아라비카, 로부스타, 리베리카 이렇게 세 종이죠. 그중에서 주로 소비되는 품종은 아라비카입니다. 커피나무의 역사가 이렇게 오래되었으니 인간이 커피를 섭취하기 시작한 시점도 꽤 이른 시기로 거슬러 올라갈 가능성이 높습니다. 그렇지만 기록으로는 이를 뒷받침하기가 어렵습니다. 커피가 자생하는 지역 대부분이 중앙아프리카와 에티오피아 남서부로, 고대 문명이 크게 발전하지 못한 지역이기 때문입니다. 그래서 문헌이나 기록이 남지 않은 것이라고 추정하고 있어요.

그러나 사람들은 커피의 기원을 밝히고 싶어 합니다. 그래서 에티오피아 역사를 연구하는 이들도 있는데요. 안타깝게도 이 지역 문명에는 문자가 없어서 쉽지 않은 작업입니다. 다만 그곳과 교류했던 기독교와 이슬람 문명의 기록을 교차 확인한 결과, 9세기경에 커피를 이용하던 부족과 '접촉한' 기록이 있다는 사실이 밝혀졌습니다. 기존에 알려진 시점보다 약 6세기나 더 이른 셈이죠.

제가 '접촉'이라고 순화해서 말씀드렸지만, 실제로는 쳐들어갔다는 것이 더 정확한 표현입니다. 당시 이슬람 문명권에서는 에티오피아 지역 사람들을 대거 포로로 잡아갔고, 그 과정에서 커피도 함께 전해졌습니다. 10세기경에 페르시아 의사 라제스가 《의합집성》에서 커피를 약으로 사용하는 방법을 언급하기도 했죠.

그때부터 약 100년 후, 그러니까 11세기에는 더 유명한 학자인 이븐 시나가 등장합니다. 그는 《의학전범》에서 커피를 이용한 약을 자세히 설명했습니다. 이 책은 14세기에 라틴어로 번역되어 유럽에도 큰 영향을 미쳤지만, 그때는 유럽에 아직 커피가 전해지지 않았던 터라 책에는 커피를 가리키는 단어인 '분bunn'이 있다는 정도로만 소개되었습니다.

흥미로운 점은, 11세기 이후 약 400년 동안 아랍 문헌에서 '커피'라는 단어가 자취를 감췄다는 겁니다. 그 이유가 이 시기 예멘과 에티오피아 지역의 정치적 혼란과 관련되었으리라는 추정이 있습니다. 원산지인 이 지역이 정치적으로 어수선해지면서 커피가 주목받지 못했던 것이죠.

커피를 둘러싼 논란과 탄압

그러다가 15세기경 커피가 역사의 전면에 다시 등장합니다. 그 무렵 예멘에서는 '카와'라는 음료가 유행했는데, 이게 딱 지금의 커피를 뜻하는 건 아니고 백포도주에 무엇을 섞어 마시는 음료를 통칭하던 이름이었습니다. 이 중 가장 인기 있는 카와는 '캇' 또는 '카트'라고 불리는 잎을 넣어 만든 음료였는데, 이게 사실은 마약입니다. 특히 각성 효과가 강력한 물질로, 지금도 아프리카 일부 지역에서 사회적으로 문제가 되고 있는 녀석이에요.

그러나 카트는 멀리 전파되기 어려웠습니다. 이유는 간단했죠. 잎의 신선도가 떨어지면 각성 효과가 급격히 줄어드는 데다 고산지대에서만 자라 다른 지역에서는 재배하기가 어려웠기 때문입니다. 그렇다 보니 자연히 대안을 찾게 됩니다.

당시 이 지역의 무슬림 사제들은 카와를 공부하며 대안을 찾으려 했는데, 무함마드 자말딘 알 자부하니라는 사제가 누구보다 적극적이었습니다. 그는 각성 효과가 있는 다른 열매를 찾아보라고 사람들을 보내서 아덴 지역에 커피콩을 이용한 카와가 있다는 것을 알게 되었습니다. 실험해보니 커피는 각성 효과가 뛰어난 데다 열매로 보관하기 쉽다는 장점까지 있었죠. 이렇게 해서 커피 카와가 서아프리카 지역에 널리 퍼지기 시작했습니다.

그 뒤 커피는 아라비아반도로 아주 빠르게 퍼져나갔습니다. 이슬람 문화에서는 술을 금지하기 때문에, 사람들이 모여 이야기하며 마실 수 있는 대체 음료로 커피가 제격이었던 거죠. 그리하여 1500년경 메카에 첫 커피 하우스인 '카흐베하네'가 생겼고, 1510년에는 이집트의 수도인 카이로로 퍼졌습니다. 16세기 중엽이 되면 오스만제국에까지 퍼집니다.

물론 순탄하게만 흘러가진 않았습니다. 당시 이슬람 율법은 아주 엄격했기 때문에, 커피를 마시는 행위가 종교적 계율에 어긋나는지 않는지, 인체에 해롭지 않은지, 또는 카흐베하네에 모이는 행위가 풍기문란에 해당하지 않는지 등을 둘러싸고 논의가 이어졌습니다. 그러나 결국 커피는 그 매력으로 이슬람 세계를 사로잡

세계사에서 가장 오래 존속한 오스만제국

오스만제국은 1299년부터 1922년까지 약 600년 동안 존속한 이슬람 제국으로, 동로마 제국을 멸망시키고 콘스탄티노플을 수도로 삼아 동유럽, 서아시아, 북아프리카까지 지배했다. 전성기에는 군사·문화적으로 번영했으나 서구 열강과의 경쟁과 내부 문제로 쇠퇴해 제1차 세계대전 이후 멸망하고 터키 공화국으로 계승됐다.

아 전 세계로 퍼져나가게 됩니다.

　　실제로 커피가 금지된 적도 있었어요. 이유는 간단합니다. '술이랑 뭐가 다르냐'는 주장에서 드러나듯 정신에 영향을 미치는 물질이어서 문제라는 거예요. 당시 오스만제국의 수도였던 이스탄불에서는 커피 마시는 것을 금지하고, 이를 어기면 사형하기도 했습니다. 1633년에는 한 번만 걸려도 사형이었고, 1656년에는 한 번 걸리면 곤장, 두 번 걸리면 자루에 넣어 바다에 던지는 식으로 처벌했습니다. 얼마나 많은 사람이 죽었는지는 기관마다 다르게 보고하지만, 일부 기록에 따르면 3만 명이나 처형당했다는 말도 있어요. 커피를 마시다 사형당한 사람이 3만 명이라니, 정말 어마어마하죠?

　　그런데 가만 생각해보면, 커피를 술처럼 마시고 사고를 치는 사람은 거의 없지 않나요? 커피는 각성제여서, 피곤한 사람들에게는 오히려 꼭 필요한 존재였죠. 누구보다 하루에 몇 번씩 기도하고 율법 공부를 해야 하는 이슬람교도들에게는 커피가 큰 도움이 됐습니다. 커피 덕분에 버틸 수 있었어요. 동시에 커피는 분명한 중독물질입니다. 초기에 막지 않으면 끝나는 거죠. 마침내 이슬람 문명권은 커피에 완전히 매료되고 말았습니다.

오늘날의 커피 한 잔을 만든 오스만 군이 남긴 콩

그 뒤 커피는 유럽으로 전파됐어요. 지중해를 통한 루트, 동인도회사를 통한 루트, 파리로 곧장 들어간 루트 그리고 오스트리아 빈으로 직통한 루트, 이렇게 네 가지 주요 경로가 있었습니다. 그중에서도 오스트리아 빈으로 들어가는 경로가 꽤 흥미로운데요. 1683년에 오스만제국이 오스트리아를 침공했다가 폴란드 후사르를 포함한 오스트리아-독일 연합군에 크게 패합니다. 퇴각하는 과정에서 오스만 군은 다량의 커피 보급품인 커피콩을 전부 두고 도망쳤죠.

이때 등장한 사람이 바로 쿨치츠키Kulczycki입니다. 그는 버려진 커피콩을 주워다가 빈에서 '파란 병 아래의 집'이라는 이름의 카페를 열었어요. 그리고 유럽 최초로 커피에 설탕과 우유를 넣어 커피의 새로운 맛을 선보이며 돈을 엄청나게 벌었습니다. 쿨치츠키가 사망한 뒤에 이 카페는 사라졌지만, 그의 유산은 오늘날

유럽과 이슬람 세계의 운명을 바꾼 '빈 전투'

1683년 빈 전투는 오스만제국이 오스트리아 빈을 포위하며 유럽 중앙 진출을 시도한 역사적 전투이다. 오스만제국은 대규모 군대를 동원해 빈을 포위했으나, 오스트리아 합스부르크제국과 폴란드·신성로마제국 등 유럽 연합군의 반격으로 패배했다. 특히 폴란드 왕 얀3세 소비에스키가 이끄는 기병대의 돌격이 전세를 뒤바꾸는 결정적 역할을 했다. 이 전투는 오스만제국의 서유럽 진출을 막아낸 중요한 전환점이 되었으며, 이후 오스만제국은 점차 쇠퇴하고 유럽 기독교 세력은 결속을 강화하게 된다.

미국의 유명 커피 체인점인 '블루보틀Blue Bottle'에 영감을 주기도 했죠.

커피는 이렇게 유럽 전역으로 퍼졌습니다. 영국도 예외는 아니었어요. 지금은 홍차의 나라로 알려져 있지만, 커피가 더 먼저 전래됐습니다. 커피를 마시면 머리가 맑아지고 또 머리가 좋아지는 기분이 든다며 커피하우스는 토론의 장으로 사랑받기 시작했죠. 집이 아닌 커피하우스에서 마시는 게 자연스레 루틴이 되었습니다.

다만 아랍의 영향을 받아서인지 초기 커피하우스에는 여성 출입 금지 규정이 있었습니다. 남성만 들어갈 수 있었던 거죠. 문제는 남편들이 커피하우스에 가면 집에 돌아오지 않는 경우가 많았다는 겁니다. 이 때문에 '커피가 출생률을 떨어뜨린다'는 우스갯말도 나왔죠.

커피를 싫어한 사람은 여성들만이 아니었어요. 포도주 업자들도 커피를 몹시 싫어했습니다. 사람들이 포도주 대신 점점 커피를 마시자, 업자들은 '커피는 아랍에서 온 악마의 열매'라며 비난하고 공격했습니다. 이 논란에 심지어 교황님까지 나섰는데요. 교황님은 커피를 직접 드셔보시고 '이거 괜찮다!'며 축복까지 내리셨습니다. 그 뒤로 커피는 오히려 더 크게 유행했죠.

한편 커피는 군대에서 매우 중요한 역할을 했습니다. 전투 전에 커피를 마시면 병사들의 용기를 북돋워주는 효과가 있었기 때문입니다. 이미 커피에 중독된 병사들이 커피를 마시지 못하면 사기가 뚝 떨어지는 실질적인 이유도 있었겠지만요. 그리하여 제국주의 열강이 발을 들이는 곳에는 언제나 커피가 함께 전파되었습니다.

여담으로 영국이 커피가 아닌 홍차의 나라가 된 이유는 의외로 간단합니다. 당시 네덜란드와 프랑스는 커피 산지를 식민지로 만들어 값싼 원두를 들여왔지만, 영국은 그럴 만한 여력이 없어서 대신 차를 대량으로 사들였습니다. 다른 여러 이유도 있겠지만, 무엇보다 경제적인 이유에서 커피 대신 홍차를 선택하게 된 거죠.

고종의 커피 사랑과 독살 미수 사건

커피는 일본을 거쳐 조선에도 전래되었죠. 조선에서는 처음에 커피를 '가비차'라고 했습니다. 가비차 마니아도 여럿 있었는데, 가장 유명한 인물은 역시 고종이죠. 고종의 가비차 사랑은 유명합니다. 그는 외국 공사들과 연회를 베풀 때도 커피를 즐겼고, 심지어 궁중 다례 의식에서도 커피를 마셨다고 해요.

그러나 어두운 시대상이 반영된 비극도 있었습니다. 바로 암살 미수 사건입니다. 고종은 평소에 커피를 워낙 많이 마셨기 때문에 커피 맛이 조금만 이상해도 바로 눈치챘다고 합니다. 그래서 독이 든 커피를 마시지 않았죠. 그러나 순종은 그 차이를 느끼지 못하고 아편이 다량 들어 있는 커피를 그대로 마셔버립니다. 다행히 목숨은 건졌지만 순종은 그 후유증으로 이가 모두 빠져 틀니를 써야 했고, 평생 과민성대장증후군과 온갖 합병증으로 고생했습니다.

이렇게 보면 우리나라와 커피의 첫 만남은 썩 유쾌한 기억이 아니었던 것 같습니다. 그렇지만 지금은 커피 공화국이라 불릴 만큼 정말 많은 사람이 커피를 애용하고 있죠. 그만큼 커피 연구도 활발하게 이루어지고 있습니다. 다만 이런 기호식품 연구는 늘 그렇듯, 어떤 논문은 '커피가 건강에 좋다', 어떤 논문은 '커피가 건강에 해롭다' 의견이 분분합니다. 중구난방이죠? 제 생각에는 뭐, 그냥 적당히 즐기면 되지 않을까요? 너무 깊이 고민하기보단 말이죠.

중독의 씨앗은
어떻게 퍼져나갔는가

"담배 피우시는 분 있나요?" 질문하면 "의사들도 피우던데요!"라는 말을 종종 듣습니다. 그렇지만 의사들의 흡연율은 일반인보다 조금 더 낮아요. 아예 없지는 않지만, 그래도 차이는 있습니다.

2007년에 우리나라에서 의사 1,153명을 대상으로 조사한 결과, 전체 흡연율은 29.9%로 나타났습니다. 특히 40대 미만 의사의 흡연율은 33.4%였고 그중 남성은 34.9%, 여성은 2.3%를 차지했죠. 반면 2009년에 보건복지부가 일반 인구 3,000명을 대상으로 조사한 결과, 남성 흡연율은 43.1%, 여성 흡연율은 3.9%로 나타났습니다. 약간이지만 의사들의 흡연율이 확실히 낮긴 하죠.

일반 인구의 흡연율도 꾸준히 감소하고 있습니다. 이유는 여러 가지겠지만, 가장 큰 이유는 이제 '흡연이 건강에 해롭다'는 사실이 보편적인 상식이 되었기 때문일 겁니다. 그러나 처음부터 그렇지는 않았어요.

담배가 만병통치약으로 여겨진 이유

담배가 유럽으로 전래된 시기는 크리스토퍼 콜럼버스가 신대륙을 발견한 이후, 즉 15~16세기 무렵입니다. 하지만 신대륙 아메리카에서는 훨씬 이전부터 담배를 사용해왔습니다.

담배라는 식물을 처음 인지한 때는 약 1만 6,000년 전으로 추정됩니다. 그리고 페루와 에콰도르 원주민은 약 기원전 3000~5000년부터 담배를 재배해왔다는 증거가 있어요. 옥수수를 재배하기 시작한 시기와 비슷하거나 더 이른 시기죠.

다만 처음부터 지금과 같은 흡연의 형태로 담배를 소비하진 않았을 거예요. 담배는 씹어도 니코틴의 영향을 받을 수 있거든요. 나중에는 코로 흡입하는 코담배도 등장했죠. 아마도 우연히 불에 태운 담배 연기를 흡입하면서 흡연의 형태가 발전했을 겁니다. 흡연이 담배를 소비하는 방법 중 가장 매력적이었기 때문이겠죠. 종교적 의례가 영향을 미쳤을 가능성도 있는데, 지금까지 흡연이 압도적인 우위를 차지하는 걸 보면 옛날에도 그랬을 것 같아요.

담배의 종교적 영향에 대해 이야기하자면, 당시 아메리카 원주민들은 다른 고대인들과 마찬가지로 병이 나는 이유가 나쁜 영이 몸에 들어왔기 때문이라고 믿었습니다. 그런데 담배를 피우면 뭉게뭉게 연기가 나면서 왠지 나쁜 영이 빠져나가는 듯한 느낌이 들었겠죠? 동시에 니코틴 덕분에 교감신경이 활성화되면서 심장 소리가 더 크게 들리고, 산소 부족으로 머리가 땅해지면서 약간 몽환적인 느낌까지 받았을 거예요. 그러면 어떤 생각이 들겠어요? '이거 정말 영험하다!' 싶은 거죠.

이런 이유로 담배는 곧 종교 의례나 치료에 사용되기 시작합니다. 물론 꼭 피우기만 한 건 아니고, 담배 잎을 빨거나 씹어서 나온 즙을 치료약으로 사용하는 경우도 많았어요. 당시 기록에 따르면, 담배로 치료할 수 있다고 여겨진 질환이 정말 다양했습니다. 말라리아, 천식, 신경질, 패혈증, 종기, 장염, 멍, 동상, 급통, 변비, 경련, 낭종, 충치, 귓병, 가래, 손톱 빠짐, 임질, 구취, 포진, 목쉼, 공수병, 눈 가려움, 관절통, 신장결석, 낭창, 마비, 시력 감퇴, 근육 결림, 감기, 옴, 비듬, 발진, 벌레 쏘임, 인후통, 부종, 긴장, 파상풍, 심지어 슬픔까지! 이 정도면 만병통치약이라고 생각할 만도 하죠.

그래서 아메리카 원주민들에게 담배는 일상적으로 피우거나 씹는 물건이 되었어요. 실제로 콜럼버스가 신대륙을 발견했을 때, 원주민들이 뭐를 씹거나 태우는 모습을 많이 보았다고 합니다. 그들 중 일부는 외모와 복장이 완전히 다른 유럽인들을 신으로 여긴 나머지 경의를 표하기 위해 담배 연기를 뿜거나 담배를 씹던 침을 뱉기도 했다고 해요. 그런데 유럽인들이 처음부터 담배에 중독된 건 아니었어요. 중독 사례가 '별로 없었다'는 말은, 적지만 분명 있었다는 뜻이지만요.

대표적인 사례가 바로 로드리고 데 헤레스Rodrigo de Jerez라는 선원입니다. 그는 신대륙에서 원주민들이 모두 담배를 즐기는 모습을 목격했는데, 당시 유럽인의 눈에는 이런 광경이 매우 낯설고 이질적으로 보였습니다. 그럼에도 그는 담배에 호기심이 생겼고, 담배를 몰래 챙겨서 혼자 피워봅니다. 처음에는 기침이 쿨럭쿨럭 날 정도로 거부감이 있었지만, 희한하게도 자꾸 담배가 생각났고, 챙겨온 양이 꽤 많았던 터라 틈틈이 흡연을 반복합니다. 결국 중독에 이르렀죠.

헤레스는 고향인 스페인 남서부의 아야몬테에 돌아와서도 줄곧 담배를 피웠어요. 지금은 길거리에서 담배 피운다고 해서 그렇게 이상하게 보진 않지만, 그때 그는 전 유럽에서 유일한 흡연자였다는 사실을 기억해야 합니다. 혼자 담배를 태우고 있으니 사람들이 얼마나 이상하게 봤겠어요? 특히 그의 동료들 눈에는 더 이상하게 보였겠죠. '야, 저 녀석 신대륙 다녀오더니 귀신 들린 거 아냐?' 하고 생각합니다. 연기를 뿜어내는 그의 모습이 아무리 봐도 사람 같지 않은 거죠.

그리하여 동료들은 헤레스를 종교재판소에 신고합니다. '우리 친구 좀 살려주세요!'와 같은 마음으로 신고했겠지만, 헤레스는 감옥으로 보내집니다. 감옥에서 몇 년을 살았는지에 대해서는 3년형이었다는 말도 있고 7년형이었다는 말도 있어요.

흡연에 대한 영국인들의 헛된 믿음

초기에는 이랬지만 슬금슬금 담배가 도입됩니다. 신대륙이 개척되고 교류가 활발해지면서 오가는 선원이 늘어나는데, 그중에 궁금해하는 사람들이 없었겠어요? 그러다 보니 유럽에도 차츰 담배가 번지기 시작합니다.

가장 큰 역할을 한 사람은 영국의 월터 롤리Walter Raleigh, 1552 ~1618 경입니다. 키가 180cm가 넘고 콧수염을 멋들어지게 기른 유명인사였어요. 그 무렵 영국인의 평균 키가 170cm가 한참 안 되었으니, 엄청 눈에 띄는 멋쟁이였겠죠. 그를 영국의 유력 인사 중 한 명이 아꼈는데, 누구냐, 바로 엘리자베스 1세 여왕입니다.

40대 후반의 여왕이 26세의 롤리 경을 귀여워했다는 건 꽤 유명한 이야기예요. 남녀 관계는 절대 아니었지만, 롤리 경이 말을 재미있게 하고 생긴 것도 말쑥하다 보니, '나라와 결혼했다'는 말을 남긴 여왕에게는 그와 함께하는 시간이 나름 휴식시간이었던 것 같아요.

문제는 이 양반이 담배를 좋아했다는 거예요. 그리고 이 담배 사랑을 엘리자베스 1세에게 전합니다. 당시 영국 서민 계층은 담배를 별로 좋아하지 않았고, 담배에 익숙하지도 않았어요. 담배 피우는 사람을 보면 불이 난 줄 알고 맥주를 붓는 경우도 흔했죠. 그런데 여왕이 흡연자가 되고 여왕에게 잘 보이려는 귀족들까지 담배를 피우면서, 위에서 아래로 유행이 퍼지기 시작합니다.

더욱이 엘리자베스 1세가 온 국민의 사랑을 받은 여왕이다 보니 담배가 정말 불티나게 번졌어요. 여왕 사후인 1614년에는 담배를 파는 곳이 런던에서만 7,000군데가 넘을 정도였습니다.

　이렇게 된 이유는 여러 가지였어요. 우선 '여왕이 피운다'는 것은 '좋은 거'라는 생각이 있었고요. 또 담배는 신대륙에서 물 건너온 거잖아요. 유럽이 르네상스 이후로 공산품 만드는 기술이 매우 발달했지만, 식민지를 경영하기 전에는 동양보다 못살았어요. 농업 생산력이나 천연자원은 상대적으로 부족했죠. 그래서 신대륙에서 건너오는 물건들이 큰 도움이 되었는데, 그래서인지 신대륙산 작물에는 프리미엄이 붙는 경향이 있었어요.

　또 담배를 피우면 정신이 나고 스트레스가 풀리는 느낌이 있었죠. 게다가 당시 유럽에는 제대로 된 약이 없었어요. 치료약으로 쓸 만한 게 마약 정도였는데, 마약이 페스트 같은 전염병에는 별 효과가 없다는 게 상식이었거든요. 그렇다 보니 '흡연은 어떨까?' 생각하게 된 거죠. 생각에서 그쳤으면 괜찮았을 텐데, 사람들은 믿음까지 갖게 됩니다. 멀리 갈 것도 없이 엘리자베스 1세가 그랬고, 의사나 종교인들까지 흡연에 큰 믿음을 품었습니다. 흡연이 페스트를 예방하거나 치료한다는 증거가 전혀 없었는데도 이 속설이 퍼져나갔습니다.

　비흡연자들은 억지로 담배를 배우거나, 심지어 흡연자들이 내뿜는 연기를 은혜롭게 받아들이는 지경까지 갔습니다. 페스트에 걸리기라도 하면 '담배 안 피워서 그렇다'는 비난을 받았고, 흡연자들이 페스트에 걸리면 '담배를 충분히 많이 피우지 않아서 그렇다'는 핀잔을 들었어요.

문제는 이놈의 페스트가 도무지 사라지질 않았다는 거예요. 그러다 보니 흡연이 일종의 필수 덕목처럼 여겨졌습니다. 학교에서는 담배 피우지 않는 학생을 때리기도 했고, 담배 피우는 법을 스승이 직접 가르치기까지 했습니다. 연기를 멋지게 내뿜는 것을 매너처럼 여겼기 때문에, 코로 연기를 내뿜는 기술까지 배웠다고 해요. 어린아이들도 예외가 아니었습니다. 세 살짜리 아이가 담뱃대에 담배를 채워 피우는 모습을 묘사한 기록도 있습니다.

포르투갈에서 프랑스로 건너온 '마법의 잎'

영국만 이랬느냐? 절대 아니었죠. 스페인과 포르투갈은 다른 나라들보다 앞서 신대륙과 교역을 시작한 만큼 이미 담배에 깊이 빠져 있었어요. 어느 정도였냐 하면, 포르투갈의 수도인 리스본에서는 담배를 기리는 발레 공연까지 열렸을 정도입니다.

그 영향을 받은 사람 가운데 한 명이 바로 장 니코Jean Nicot, 1530~1604라는 사람입니다. 이름에서 벌써 느낌이 오죠? 니코는 프랑스 외교관으로, 포르투갈 왕실 결혼식에 참석하기 위해 리스본에 갔다가 담배를 접하게 됩니다. 문서에 따르면 이 담배를 '서인도제도산 담배'라고 했는데, 여기서 '인도'는 콜럼버스가 아메리카를 인도로 착각한 데서 유래한 이름입니다. 그래서 서쪽에 있는 인도라는 뜻으로 '서인도'라는 이름이 붙었죠.

아무튼 니코가 보니 담배가 신통방통한 겁니다. 기분이 좋아지는 건 기본이고, 종양도 치료하고 다른 병도 다 고친다고 하니까요. 신이 난 니코는 담배를 잔뜩 챙겨 파리로 돌아와 왕비인 카트린 드 메디시스Catherine de Médicis에게 선물로 바칩니다. 왕비는 심한 두통을 앓고 있었는데, 담배를 피우고 나았다는 이야기가 전해지죠. 정말로 나았는지는 알 수 없지만, 중독물질이라는 게 본래 그렇잖아요. 중독되면 '나았다'고 믿고 싶어지는 겁니다.

왕비에게 칭찬을 받고 더 신이 난 니코는 대수도원장인 장 드 로렌Jean de Lorraine 추기경에게도 담배를 선물합니다. 그리고 추기경도 담배에 중독됩니다. 이렇게 담배는 '대수도원장의 약초', '왕비의 약초', '니코의 약초', '메디치 가문의 약초'로 불리며 프랑스 전역에서 유명해졌습니다. 프랑스어로 이 약초를 '니코티아나Nicotiana'라고 했는데, 바로 이 이름에서 '니코틴'이라는 단어가 탄생한 겁니다.

프랑스에서 담배가 유행하자 옆에 있던 독일에도 따라서 유행이 번집니다. 맥주를 마시면서 흡연하는 모습이 독일인의 전형적인 이미지로 그려질 정도였죠. 그런데 네덜란드는 한술 더 떠서, 담배와 포도주를 동시에 즐기지 않으면 부끄러운 사람 취급을 했다고 합니다. 무리에서 내쫓기까지 했다니, 흡연과 음주가 무슨 시너지 효과라도 냈던 걸까요?

담배를 혐오한 영국 왕 제임스 1세의 금연령

세상엔 모두가 '예!'라고 외칠 때 '아니요!'라고 외치는 사람이 반드시 있게 마련이잖아요. 하필 그게 엘리자베스 1세의 뒤를 이어 영국을 다스린 제임스 1세였습니다. 이 사람은 몸이 좀 약했다는데, 그래서인지 담배를 혐오했다고 합니다. 다들 담배를 약이라고 칭송했지만 그는 담배 연기를 쐬면 몸이 안 좋아지는 느낌을 받았는지 어땠는지, 담배를 몹시 싫어했어요. 그래서 담배를 맹렬히 공격합니다.

문제는 그때 영국인들이 베스 여왕(엘리자베스 1세)을 엄청 그리워하고 있었다는 거예요. '우리 여왕님은 흡연을 즐기셨는데, 그분이 후사 없이 돌아가시는 바람에 스코틀랜드인지 개뼈다귀인지 모를 동네에서 왕 하던 사람이 갑자기 왕위 계승 서열 1위라며 나타나서 왕이 됐다'고 불만이 가득했습니다. 그런데 이 왕이 담배를 싫어해서 1604년 금연령까지 내렸으니, 영국인들이 얼마나 싫어했겠어요. 욕을 바가지로 퍼부었습니다.

그럼에도 역시 고집 센 영국인이라 그랬을까요? 제임스 1세는 고집을 부립니다. 신하들이 모두 반대했지만 금연령을 강행해요. 어떻게 됐을까요? 뭐, 영국인들이 석탄 금지령도 무시하고 몰래 석탄을 태우던 민족인데 담배를 어떻게 참겠어요. 바로 밀수가 시작됩니다. 담뱃값은 올라가고, 하지 말라고 하니 더 하고 싶죠. 신분이 높든 낮든 흡연율은 오히려 점점 치솟기만 했습니다. 그리고 정상적으로 담배를 팔았다면 세금이라도 걷을 수 있었을 텐데, 밀수로 돌아가니 그것도 불가능해졌죠. 결국 제임스 1세가 항복하고 말았습니다.

그러고 나서 제임스 1세가 심심했는지 아니면 다른 이유에서였는지 모르겠지만 또 하나 중요한 일을 합니다. 혹시 '제임스타운'이라고 들어보셨나요? 바로 영국이 미국에 세운 첫 번째 식민지입니다. 제임스 1세의 이름을 따서 이 마을 이름을 지은 거죠. 그러나 제임스타운의 시작은 순탄치 않았습니다.

많은 분이 미국은 날씨가 좋다고 생각하겠지만 그건 서부 이야기입니다. 동부에 위치한 제임스타운은 날씨가 춥고 습했습니다. 풍토병도 심하고 맹수도 많았죠. 게다가 우호적이지 않은 원주민들과 갈등도 있었습니다. 물론 원주민들 잘못은 아니고, 그 전까지 다른 유럽인들이 쌓아놓은 업보가 한몫했죠.

수많은 우여곡절 중에서 가장 큰 문제는 경제였습니다. 식민지 개척자들은 새로운 환경에 적응하기 힘들어했고, 농사를 제대로 짓지 못해 식량난을 겪고 있는 상황에서 생필품을 본토(영국)에서 사오려면 뭐라도 팔아서 돈을 벌어야 했거든요. 그러나 당시 식민지에는 팔 수 있는 물건이 거의 없었습니다.

제임스 1세는 자신이 비단을 좋아하니까 해결책이랍시고 '그럼 누에를 키워라!' 하며 누에를 보내줍니다. 왕이 내린 금연령도 잘 지키지 않았는데 누에라고 잘 키웠을까요? 결국 누에는 기후가 맞지 않아 전부 죽고 말았습니다.

다음으로는 옥수수를 심어보라고 했지만, 옥수수는 기르기 어렵거니와 경작한 옥수수가 영국에 팔 수 있을 만한 수준도 아니었습니다. 그러자 제임스타운 책임자였던 존 스미스라는 인물이 "우리는 담배를 재배하겠습니다"라고 선언합니다. 그것도 금연령을 내렸던 왕에게요.

당연히 제임스 1세는 안 된다고 하고 싶었겠죠. 하지만 영국인들이 이미 담배를 즐기고 있었고, 그 담배 대부분은 스페인 식민지인 서인도제도에서 들어오던 것이었습니다. 즉 영국의 돈이 스페인으로 흘러가고 있었던 거죠. 그래서 '만약 식민지에서 맛 좋은 담배를 재배할 수 있다면 이 문제를 해결할 수 있지 않을까?' 하는 생각합니다.

이 과정에서 중요한 역할을 한 인물이 바로 존 롤프John Rolfe 입니다. 그 유명한 포카혼타스 공주와 결혼한 사람으로, 원주민들과 관계가 좋았던 덕분에 원주민의 도움을 받아 담배 재배에 성공합니다. 특히 맛이 더 순한 담배를 재배해 영국인의 입맛에 딱 맞는 품종을 개발했죠. 시간이 걸리긴 했지만 큰 성공을 거둡니다.

이렇게 아메리카산 담배가 영국을 강타합니다. 스페인산 담배보다 훨씬 저렴하고 품질이 좋았기 때문에 왕도 만족했어요. 과연 살아남을 수 있을까 고민하던 제임스타운이 그 덕분에 갑자기 번영합니다. 동시에 미국 동부 해안가에 다른 식민 도시가 속속 세워졌어요. 정말 장밋빛 미래처럼 보였습니다.

미국 독립전쟁의 단초가 되는 담배 재배

그러나 담배라는 작물의 특성이 문제였습니다. 담배는 지력을 엄청 소모하는 작물이었어요. 3~4년만 재배하면 땅이 황폐해지는 탓에 이후에는 다른 작물을 키우거나 땅을 쉬게 해야 했습니다. 한 번 사용한 땅에서는 다시 담배를 재배할 수 없었죠. 그런데 담배에 눈이 돌아간 식민지인들에게 이런 사실은 중요하지 않았습니다. 그들에게 미국은 엄청 넓은 땅이었으니까요. 그래서 점점 더 안쪽으로 들어갑니다. 다시 말해 원주민들의 영역을 침범하기 시작한 겁니다.

이전에도 원주민과 식민지인 사이에 갈등은 있었지만, 이때부터는 본격적으로 대립하게 됩니다. 식민지인들은 무장을 갖추고 원주민들을 내쫓았으며, 원주민들은 이에 맞서 싸웠습니다. 당연히 무장을 위한 돈이 필요해졌고, 해안가에서 멀리 내륙으로 들어가면서 운송비도 증가했습니다. 이 와중에 제임스 1세가 또 병이 도졌는지 엉뚱한 명령을 내립니다.

"식민지 너희는 돈을 많이 버는 것 같으니, 앞으로 담배 운송비는 너희가 다 내라!"

이 명령 때문에 영국과 식민지 사이의 갈등이 점점 깊어졌고, 이것이 결국 미국 독립전쟁의 단초가 되었습니다. 그렇게 보면 미국 독립전쟁은 담배 때문에 시작된 일이라고도 할 수 있죠.

물론 이런 갈등과 상관없이 담배는 정말 잘 팔렸습니다. 잘

팔릴 뿐 아니라 어디서나 누구나 원하는 작물이 되었어요. 그러다 보니 담배가 화폐 대용으로도 쓰이게 됩니다. 문명 붕괴 후 생존을 그린 미국의 아포칼립스 영화 〈워터월드〉(1995)에서 괜히 담배를 돈 대신 사용하는 게 아니더라고요. 이런 역사적 배경이 있었던 거죠.

당시 식민지 의회는 세금도 담배로 받았습니다. 중간에 "이제는 돈으로 세금을 받겠다"고 선언했지만 아무도 지키지 않아서, 다시 담배로 세금을 걷는 방식으로 돌아갔습니다. 담배를 기반으로 경제가 굴러가자 대규모의 농장이 등장했습니다. 이 대농장들은 일종의 봉건제 귀족들의 봉지封地처럼 운영됐어요. 한 가지 차이가 있다면, 일꾼들이 일반 농노나 자유민이 아니라 흑인 노예였다는 점이었습니다. 농장 안에 제봉사, 대장장이, 양초 제작자 등 자급자족할 수 있는 조건이 다 갖춰져 있었고, 농장주는 사실상 영주와 같은 권력을 누렸습니다.

사탕수수 재배로 이미 흑인 노예의 수요가 높았지만, 담배 재배 역시 흑인 노예의 필요성을 크게 증가시켰습니다. 담배로 인해 노예무역이 더욱 활발해졌다고 해요. 대농장이 자리 잡자 담배 생산량이 늘고 수출량이 급증했습니다. 영국은 제임스 1세처럼 모든 비용을 식민지에 떠넘기진 못했지만, 대신에 높은 세금을 부과했습니다. 영국 내에서마저 '이건 좀 과한 거 아니냐'는 의견이 나올 정도였으니, 미국 식민지에서는 그 불만이 어마어마했겠죠.

이렇게 불만이 쌓이고 쌓이다가 1775년 4월 19일, 콩코드와 렉싱턴에서 반란이 일어납니다. 이 반란을 계기로 독립전쟁이 시작된 거예요. 전쟁이 시작되면서 영국으로 담배 수출은 막혔지만, 전쟁 중에는 아이러니하게도 내부 소비가 폭발적으로 증가했습니다. 군인들처럼 스트레스를 많이 받는 사람에게 담배만큼 간단한 위로는 없었을 테니까요.

흡연에서 씹는 담배, 코담배까지

전쟁의 세부적인 이야기를 다 풀자면 너무 길어지니까 건너뛰고 결과만 이야기하면, 드디어 미국은 독립에 성공합니다. 독립하는 과정에서 참전했던 사람들이나 그들을 도왔던 사람들 모두 담배에 푹 빠져버렸죠. 그렇게 미국은 전 세계에서 유래를 찾아보기 힘들 정도로 애연가가 많은 나라가 되었습니다.

그런데 독립을 하고 보니 서쪽으로 땅이 끝도 없이 펼쳐져 있는 거죠. 이제는 영국 말고도 다른 곳으로 수출할 수 있게 됩니다. 대영제국 해군의 보호는 사라졌지만 그보다 더 큰 이득을 취할 수 있는 기회가 열렸죠. 부지런히만 일한다면 미래가 낙관적이었습니다.

그러자 사람들이 점점 담배 타임을 아까워하게 됩니다. 담뱃대를 물든 엽궐련(시가)을 피우든 담배를 피우려면 손이 묶이잖아요. 그래서 '손을 쓰지 않고도 담배를 즐길 수는 없을까?' 고민

247

합니다. 그러다 누가 인디언들이 쓰던 방식을 떠올렸어요. 바로 씹는 담배입니다. 씹는 담배는 19세기에 엄청난 유행을 탔습니다. 1828년에 미국을 방문한 영국 작가 프랜시스 트롤럽 여사의 기록에는 이런 묘사가 나옵니다.

"신사들이 침을 뱉고, 선거와 물가 이야기를 나누고, 또다시 침을 뱉었다. 그런데 밖에서만 그러는 게 아니었다. 집 안에서도 마찬가지였다. 카펫에도 뱉고, 유리창에도 뱉고…. 이 모습을 보고 유럽에서는 미국인들이 야만스럽다고 여겼다."

그래서 유럽인들은 미국인을 야만적이라고 생각했습니다. 유럽보다 훨씬 많은 흑인 노예를 부렸던 점도 이러한 인식이 형성되는 데 기여했겠죠.

한편 유럽에서는 고상함을 중시했기 때문에 씹는 담배가 유행하지 않았습니다. 엽궐련, 담뱃대를 이용한 흡연이 유행했죠. 그런데 사람 마음이라는 게, 언제나 좀 남달라 보이고 싶어 하잖아요? 특히 귀족이나 높으신 분들은 겉으로는 '담배? 아유, 그거 해롭잖아'라고 말하면서도 속으로는 담배를 즐기고 싶어 했습니다. 그래서 유행한 게 바로 '코담배'였습니다.

코담배는 코로 흡입하거나 코 밑에 발라 향을 즐기는 가루 담배입니다. 연기가 나지 않아 눈에 띄지 않고, 더 순한 편이라 밖에 나가서 '담배는 악마의 유산이야!'라고 말한 뒤 몰래 코로 흡입해도 아무도 눈치채지 못했죠. 이 때문에 특히 성직자들 사이에 유행했습니다. 또한 코담배는 이를 담는 케이스가 사치품으로 여

■ 18세기 유럽 상류층이 사용한 코담배 케이스. 상아, 금속, 도자기 등 다양한 재질에 인물 초상이나 풍경화를 정교하게 장식해 신분과 취향을 드러내는 사치품이자 생활 소품으로 활용되었다.

겨지면서 귀족들 사이에 유행했습니다. '어? 너 이번에 새 케이스 장만했네? 나는 이런 건데!' 이런 식으로 서로 코담배 케이스를 자랑하며 담배 문화를 즐겼죠.

　그때도 지궐련, 즉 종이로 싼 담배가 있었지만 유행하지는 못했어요. 지궐련은 본래 엽궐련으로 만들 수 없을 만큼 질이 낮은 담배 부스러기를 모아 종이에 싼 거여서, 주로 노동자들이 피웠죠. 그런데 지금은 지궐련이 대세잖아요? 이 변화에도 전쟁이 큰 계기가 되었습니다.

석면 필터 담배, 130억 개 팔리다

　미국 남북전쟁과 제1차 세계대전을 겪으면서, 전쟁 중에 담배를 피우는 일이 보통 힘든 일이 아니게 된 겁니다. 그런데 지궐련은 작고 간편해서 불만 붙이면 바로 피울 수 있었고, 니코틴 함량이 더 높아 효과도 강렬했습니다. 이렇게 해서 지궐련이 점차 모든 담배 시장을 잠식하며 유행하게 되었죠.

흡연율은 이미 어마어마한 수준에 올랐어요. 그와 동시에 담배의 유해성도 서서히 알려졌지만, 이 시점에는 유해성이 명확히 입증되지는 않은 상태였어요. 그렇다고 해도 사람들이 이전보다는 담배를 피우는 데 거리낌을 느꼈죠. 그러자 담배 회사들은 공격적인 마케팅을 시작했습니다.

그 무렵의 유명한 광고 문구를 보면 '갓난아이도 피울 수 있는 안전한 담배', '의사들이 권하는 건강한 담배', '여성이 피우는 자유의 담배' 따위가 있었어요. 특히 홍보의 아버지라고 불리는 에드워드 버네이스가 주도한 사건이 유명합니다. 그는 부활절 행사에서 여배우들에게 담배를 들게 해 '당당하고 멋진 여성은 담배를 피운다'는 인식을 심어주었습니다. 이 전략은 매우 성공적이었고, 여성 흡연율을 크게 끌어올렸죠.

그러다 1950년대에 이르자 비로소 사람들이 '담배, 이거 해로운 거 같은데?'라고 인식하게 됩니다. 이전에는 담배를 만병통치약으로 여겼는데, '건강에 도움이 될지도 모른다'는 정도의 믿음으로 바뀐 거죠.

그런데 담배와 암의 연관성을 밝힌 논문이 발표되면서 모든 게 뒤집어졌습니다. 사람들은 담배의 해로움을 점차 깨달았고, 실제로 흡연율이 점점 떨어졌어요. 그러자 담배 회사들은 위기감을 느낍니다. 그래서 필터를 개발했죠. 이 말은 곧 그전까지는 필터가 없었다는 뜻입니다. 필터 없는 담배라니, 지금으로서는 좀 충격적이지만 그때는 당연했습니다.

담배 필터 중에 정말 신박한 필터가 하나 있었습니다. 로릴라드Lorillard라는 담배 회사에서 만든 필터인데, 크로시돌라이트Crocidolite라는 물질을 이용한 것이었죠. 이 물질은 정말 대단해 보였습니다. 400도의 열도 견딜 수 있고, 방수가 되는 것은 물론 전기나 열도 통하지 않으며, 광물인데도 섬유처럼 가공할 수 있었어요. 당시에는 '신의 물질'이라는 별명이 붙을 정도로 혁신적이었습니다. 이 필터를 사용한 담배는 '켄트'라는 이름으로 출시됐으며, "강력한 필터로 건강한 담배"라는 문구를 내걸었습니다. '담배를 피워도 안전하다'는 메시지가 빠르게 소비자들에게 어필되어 켄트는 순식간에 시장에 정착했습니다.

그런데 크로시돌라이트의 다른 이름이 바로 석면이라는 사실이 문제입니다. 네, 맞습니다. 대표적인 발암물질이요. 켄트 필터 담배는 무려 130억 개가 팔린 뒤에야 필터가 다른 소재로 교체되었습니다. 이미 엄청난 양이 소비된 뒤였죠. 이 석면 필터 때문에 얼마나 많은 사람이 건강을 해치고 목숨을 잃었을지 생각해 보면 정말 끔찍한 일이 아닐 수 없습니다.

4장

불가능을 가능으로,
의학의 혁신과
외과적 도전

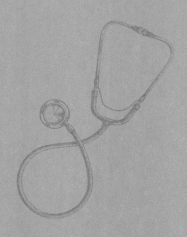

부러진 뼈가 제대로
붙기까지의 이야기

골절은 언제부터 있었을까요? 아마 굉장히 오래되었을 겁니다. 인류의 역사가 전쟁의 역사이긴 하지만, 골절이라는 게 꼭 싸울 때만 생기는 건 아니잖아요? 놀다가도 뼈가 부러질 수도 있죠. 그 시절에도 당연히 치료를 시도했을 거예요. 왜냐하면 골절은 정말 아프니까요. 그런데 과연 제대로 치료했을까요? 가능성은 희박했을 겁니다.

먼저 우리가 뼈의 생김새를 제대로 알게 된 시점이 언제인지부터 알아봐야 할 것 같아요. 치료라는 건 본래 모습대로 돌아가는 걸 말하잖아요? 그러려면 뼈가 어떻게 생겼는지 알아야 합니다. 그러지 않으면 치료가 아니라 이상한 짓을 하는 거나 다름없을 테니까요.

뼈를 이해하기까지 : 해부학의 발전

고대, 특히 선사시대에 그려진 그림들을 보면 그때 사람들이 인체 내부의 구조를 알았다는 증거가 전혀 남아 있지 않아요. 해부를 시도했을 가능성도 낮아 보입니다. 선사시대의 인류는 지금처럼 자연을 지배하는 강한 존재가 아니었으니까요. 위험은 곳곳에 도사리고 있었고, 맹수들이 사람을 사냥하기도 했습니다. 빛도 부족했으니 해부를 하려면 밖에서 해야 했을 텐데, 피 냄새를 풍기면서 해부를 했다간 맹수들에게 목숨을 잃었을지도 모릅니다.

해부학이 발전한 것은 고대 그리스 시대부터입니다. 그러나 당시 의사나 해부학자라고 불릴 만한 사람들은 뼈에 큰 관심을 두지 않았어요. 뼈가 무엇으로 만들어졌는지를 두고 의견도 분분했는데, 지금 기준으로 보면 대부분 말이 안 되는 주장들이었습니다. 그나마 사람 해부가 가능했던 시기가 잠깐 있었지만, 종교적·문화적인 이유로 금세 금지되고 말았죠.

그 뒤로는 '해부학의 아버지'라 불리는 갈레노스가 동물 해부를 바탕으로 만든 비교해부학이 해부학의 기본이 됩니다. 비교해부학이란 동물을 해부한 뒤에 '아, 동물이 이렇게 생겼으니 사람은 이럴 것이다'라고 추측하는 방식이었죠.

기원전 150년경에 활동한 갈레노스는 르네상스 시대에 이르기까지 중세 의사들과 사람들의 해부학적 인식을 지배했습니다. 그의 해부학은 마치 무오류의 권위처럼 여겨져, '갈레노스 해부학 무오류론'이라는 말이 등장할 정도였죠. 이 영향이 얼마나 극심했는지 살펴보면 놀라울 따름입니다.

사실 인체 해부가 금지되었다고 해도 다친 사람들을 많이 관찰하다 보면, 특히 뼈가 드러날 정도로 심하게 다친 경우에는 큰 뼈의 형태 정도는 대강 알 수 있었을 거예요. 넙다리뼈(대퇴골) 같은 경우는 자주 관찰되었는데, 사람의 넙다리뼈는 직선입니다. 그러나 갈레노스의 해부서는 곰을 해부해 참고했기 때문에 넙다리뼈가 휘어 그려져 있습니다.

지금 같으면 '아, 갈레노스가 잘못 그렸구나. 내가 본 넙다리뼈는 이것과 다르네' 하고 바로 수정했겠지만, 그때는 그러지 않았습니다. 당시 사람들은 자기가 관찰한 사실보다는 갈레노스의 권위를 믿는 경향이 강했습니다. 관찰이 믿음을 앞서는 것은 르네상스 이후에야 가능한 일이었습니다. 그때 사람들은 '넙다리뼈가 직선인 이유가 원통형 하의를 입는 습관 때문은 아닐까?'라는 엉뚱한 추측을 하기도 했습니다.

이러한 잘못된 인식이 개선된 것도 르네상스 이후, 즉 16세기부터였습니다. 그러나 뼈에 관한 해부학적 지식이 본격적으로 발전한 것은 18세기에 이르러서였습니다. 특히 영국의 외과의 윌리엄 체슬던William Cheselden, 1688~1752의 저술에는 정상적인 뼈뿐 아니라 질환에 걸린 뼈의 모습까지 상세히 그려져 있습니다. 체슬던은 뼈 해부학의 진정한 선구자라 할 수 있죠.

이후 19세기에 사진기가 보편화되자 그림 대신 사진이 사용

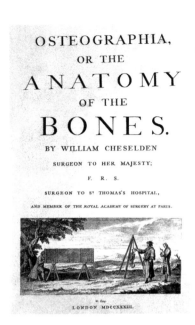
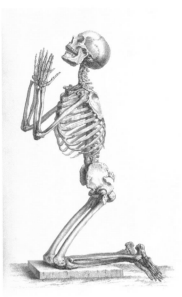

윌리엄 체슬던이 1733년에 출판한 《골학, 또는 뼈의 해부학 Osteographia, or The Anatomy of the Bones》는 해부학 역사에서 중요한 작품으로, 인간과 동물의 골격을 정밀하게 묘사한 삽화로 유명하다. 오른쪽 삽화는 책에 수록된 인체 골격 해부도로, 기도하는 자세의 골격을 통해 생명과 죽음, 해부학의 경계를 상징적으로 보여준다.

되면서 인류는 인체 내부를 더욱 정확하게 이해할 수 있게 되었습니다. 그러나 몸속을 비추는 고에너지 전자기파인 엑스선이 발명되기 전까지는 환자의 뼈 상태를 눈으로 직접 확인하기 어려웠습니다. 이러한 한계 탓에 많은 시행착오가 빚어진 것도 무리는 아닙니다. 일부러 잘못한 것이 아니라 그때로서는 어쩔 수 없는 일이었죠.

뼈를 맞추는 고대 의술, 엉망진창? 나름 혁신?

질문을 하나 하겠습니다. 골절은 옛날에 더 흔했을까요, 아니면 지금 더 흔할까요? 답은 명확합니다. 골절은 옛날에 훨씬 더 흔했습니다. 과거에는 신체적 투쟁이 필수적인 경우가 많았기 때문입니다. 야생동물의 위협뿐 아니라 사람들 간의 싸움도 생명이 위태로울 만큼 심각한 때가 많았습니다.

중세 유럽에 들어 문명이 발달하면서 이런 경우는 많이 줄었지만, 골절은 여전히 흔한 일이었습니다. 케임브리지대학교 연구진이 1100년대부터 1530년대까지 케임브리지 지역의 세 무덤에서 발굴한 12세 이상 중세인 314명의 유골을 분석한 결과, 44%에서 골절 흔적이 발견되었습니다. 이는 과거에 골절이 얼마나 빈번했는지를 잘 보여주는 자료라 할 수 있습니다.

문제는 뼈가 부러졌다가 회복되는 과정입니다. 지금은 원래 상태로 돌아오는 걸 '회복'이라고 하지만, 당시에는 그냥 '어, 붙었네' 정도면 회복으로 간주했다는 거예요. 그래서 부정유합(골절된 뼈가 제자리가 아닌 위치에서 아물어 붙은 상태) 때문에 많은 사람이 제대로 회복하지 못했으리라고 추정할 수 있습니다.

이렇게 골절이 흔했던 이유가 단순히 외부 요인 때문만은 아니었어요. 인류는 지금처럼 잘 먹고 잘 산 적이 없습니다. 인간의 역사를 돌이켜보면 거의 '배고픔의 역사'라고 해도 과언이 아니에요. 영양 공급이 부족하다 보니 골다공증 같은 질환이 아주 흔했고, 따라서 지금 같으면 그냥 '아프네' 하고 지나갈 충격도 그때는 골절로 이어지곤 했을 겁니다.

그러면 옛날에는 골절을 어떻게 치료했을까요? 한번 살펴봅시다. 안타깝게도 선사시대의 골절 치료에 관한 기록은 남아 있지 않습니다. 두개골을 열었다는 기록이 있는 것을 보면 골절 치료도 시도했을 가능성이 높아 보이긴 해요. 그러나 현재로서는 그들이 정확히 어떤 방법으로 치료했는지 알기 어렵습니다. 그렇다면 어디에서 단서를 찾아야 할까요?

네, 이집트입니다. 기원전 2900년쯤에 작성된 파피루스를 보면, 골절 치료를 위해 부목을 댔다고 합니다. 나무껍질로 만든 부목을 사용하고 리넨으로 묶어 고정했다고 해요. 부목을 더 단단히 고정하기 위해 꿀을 발랐다는 기록도 있습니다.

실제 사례로 기원전 300년경 이집트의 사춘기 소년 시신에서 대퇴골 골절 치료 흔적이 발견되었습니다. 개방성 골절이었는데, 대추야자 잎사귀로 추정되는 재료로 뼈를 감싼 흔적이 있었어요. 그렇지만 치유된 흔적은 없어서, 치료 후 바로 사망한 것으로 보입니다.

이 밖에도 많은 이집트 미라에서 대퇴골이나 팔뚝 골절이 확인되는데, 대퇴골은 치료한 흔적만 있을 뿐 붙은 흔적은 없는 것으로 미루어 그대로 사망했다고 추정할 수 있지만 팔뚝 같은 경우에는 비교적 제대로 치료된 흔적이 보였습니다.

고대 그리스로 가보면, 히포크라테스가 골절 치료법을 자세히 기록해두었습니다. 나무·대나무·납판으로 골절 부위를 고정하고 실이나 리넨으로 감싼 다음에 돼지비계·밀랍·달걀흰자로 강화하는 방법이나, 그냥 붕대로 감고 피가 굳을 때까지 기다리는 방법 등을 고안했다고 해요.

그 후 갈레노스가 등장하는데요. 갈레노스는 뼈가 정자로 만들어진다고 믿었습니다. 그래서 자위를 참으라는 다소 참신한 치료법을 제시하기도 했죠. 뭐, 뼈가 부러졌을 때 자위를 참는 게 그리 어려운 일은 아니니까 도움이 됐을 수도 있겠지만요. 문제는 앞서 말했듯 그의 비교해부학이 르네상스 시대까지도 인체에 관한 많은 오해를 낳았다는 점입니다.

16세기 프랑스의 의사 앙브루아즈 파레Ambroise Paré는 당시 흔히 시행되던 상처 치료 방식, 즉 끓는 기름으로 지지는 방법에서 벗어나 혈관을 묶고 거즈로 상처를 드레싱하는 새로운 방법을 제시했습니다. 이렇게 혁신적이었지만 외과의는 매우 박한 대우를 받았습니다. 파레의 본업은 이발사였어요. 물론 그의 공로가 인정받으면서 이후 외과의라는 직업이 독립적으로 자리 잡게 되었습니다. 외과의가 정식 의사로 인정받은 것은 한참 나중이었기 때문에 영국에서는 내과의를 '닥터', 외과의를 '미스터'라고 불렀다고 합니다.

현대 정형외과의 탄생

16세기에 들어 외과의에 대한 처우가 점차 개선되면서 골절 치료에도 새로운 시도가 이어졌습니다. 1517년, 독일의 의사인 한스 폰 게르스도르프Hans von Gersdorff는 기존의 통짜 부목 대신에 여러 갈래로 나뉜 부목을 결찰자(끈이나 실, 철사 등으로 무엇인가를 묶거나 고정하는 도구)를 이용해 묶는 방법을 고안했습니다. 견인(뼈나 관절 등을 일정한 방향으로 힘을 주어 당기는 치료법)에 관한 지식은 아직 부족했지만, 이 부목은 이전보다 훨씬 단단하게 고정할 수 있어 마치 석고처럼 효과적으로 쓰였을 것으로 보입니다.

그러나 골절 치료는 여전히 쉽지 않았고, 많은 의사가 소아의 뒤틀리거나 변형된 골격을 교정하는 데 관심을 기울였습니다. 사실 '정형외과학orthopedics'이라는 단어도 1741년에야 만들어졌는데, 이는 그리스어 'ortho(곧다)'와 'pedie(어린)'에서 유래한 말입니다. 그들은 나무를 묶어 형태를 교정하듯 어린아이의 골격도 그렇게 교정하면 되리라고 생각했습니다. 하지만 실제 치료는 고문에 가까운 경우가 많았어요. 그럼에도 일부 효과를 보인 사례가 있어, 이러한 방식은 꾸준히 시행되었습니다.

골절 치료를 향한 도전은 계속되었습니다. 1767년, 영국의 벤저민 구치Benjamin Gooch는 기능성 버팀대를 만들어냈습니다. 덕분에 골절 환자들은 치유 과정에서도 웬만큼 걸을 수 있게 되었죠. 지금 우리가 가장 많이 사용하는 석고 고정법은 서아시아 지역에서 오랫동안 사용되던 방식인데, 유럽에 전파된 것은 18세기였습니다.

골절 치료법은 꾸준히 발달했지만, 견인이라는 개념이 제대로 도입된 것은 엑스레이가 발명된 20세기에 들어서입니다. 이때부터 비로소 견인을 통해 뼈를 제대로 유합시키는 것이 가능해졌죠. 그런데 이것은 폐쇄성 골절에 해당하는 이야기입니다.

개방성 골절, 즉 피부가 찢어져 뼈가 드러난 경우에는 전혀 다른 치료가 필요했습니다. 19세기 영국의 외과의 로버트 리스턴Robert Liston이 잘했던 건데요, 바로 절단입니다. 자르지 않으면 사망률이 거의 100%에 이를 만큼 위험한 질환이었기 때문입니다. 이런 상황은 마취와 소독 기술이 정착한 뒤에야 서서히 개선됐습니다. 지금도 개방성 골절은 위험하지만, 이제는 예전처럼 '무조건 죽는다'고 할 만한 일은 아닙니다.

뛰는 심장을 향한
인간의 멈추지 않는 도전

심장은 어떤 장기일까요? 심장은 분당 평균 60~80회 정도 박동하는 펌프입니다. 얼핏 수치만 들어도 대단하지만, 이 심장이 매일 6,000리터의 혈액을 몸 전체에 보낸다는 사실을 알면 더 놀랍지 않나요? 집에서 물고기를 키우는 분들은 아마 정수 펌프를 쓰실 텐데, 그 펌프의 용량과 견주어보면 심장은 정말 말도 안 되게 대단한 일을 해내는 겁니다. 그것도 몇 년이 아니라 수십 년 넘게 말이죠. 흔히 고장 나서 바꿔야 하는 기계 펌프보다 훨씬 우수한 성능을 자랑하는 엄청난 장기가 심장입니다.

뛰는 심장을 실제로 보신 적 있나요? 저는 이비인후과 전문의인데, 병원에서 만난 환자 중에 아직도 기억나는 한 분이 있습니다. 60대의 아주 건강한 남성이었어요. 이분은 혀에 암이 생겨 절반 가까이를 절제한 뒤에 허벅지 살로 재건을 했습니다. 요즘은 이런 재건술도 8시간 안에 끝난다지만, 그때는 재건술이 도입된 초기였던 터라 오전 7시에 시작한 수술이 새벽 2시를 넘어서 끝났습니다. 아무리 건강해 보여도 60대의 암 환자에게 19시간이 넘는 수술은 무리가 될 수밖에 없죠. 더구나 재건한 부위를 계속 확인해야 하는데, 만약 괴사가 시작되면 바로 다시 수술에 들어가야 하기 때문에 환자는 중환자실에 있었습니다. 저도 2시간마다 수술 부위를 살피러 갔는데, 다행히 수술 부위 상태가 아주 좋았습니다.

그 이튿날 아침, 7시쯤 찍은 심전도만 확인하고 퇴근하려 했는데 심전도가 이상한 거예요. 이비인후과 의사인 제가 그런 거 잘 알겠습니까? '뭔가 평소와 다른데?' 정도만 느낄 뿐이었어요. 다행히 같은 학교 출신 내과 선배가 계셔서 대수롭지 않게 "이거 괜찮은 거죠?" 하고 물어봤습니다. 그런데 그 선배가 심전도를 한참 들여다보더니 저를 슬쩍 쳐다보는 거예요. 그러고는 "이거 언제 찍었어?" 묻더라고요. "방금이요"라고 답했더니, 안도의 한숨을 푹 내쉬며 "잘했어. 환자 이대로 두면 곧 죽을 뻔했어"라며 급히 전화를 돌리기 시작했습니다. 평소라면 협진을 의뢰할 때 여기저기 시키는 게 많은데 그날은 달랐어요. 선배는 빠르게 상황을 정리하더니 심근경색(심장혈관이 막혀 심장 근육이 괴사하는 질환)이라며 환자를 바로 조영술실(조영제를 이용해 인체 내부를 촬영하는 검사실)로 보낸다고 했습니다.

주치의였던 저는 어리둥절하며 조영술실에서 영상을 봤

지만 제 눈에는 혈관 세 개가 다 멀쩡해 보였어요. 그런데 교수님이 인상을 잔뜩 구긴 채로 한마디 하시는 겁니다.

"3베슬(관상동맥 세 개가 모두 막힘)이야. 흉부외과 어레인지(수술 준비) 되어 있지?"

그 말을 듣고서야 상황의 심각성을 제대로 깨달았습니다. 결국 제 환자는 가슴을 여는 개흉술을 받았습니다. 알고 보니 심장으로 가는 혈관, 즉 관상동맥 세 개가 모두 막혀 있었던 거죠. 그때 제가 할 수 있는 일은 없었지만 수술실에 함께 들어가 수술을 지켜보았고, 그때 처음으로 심장이 뛰는 모습을 직접 보았습니다.

심장을 직접 보니까 저 부위에 칼을 대는 건 정말 쉽지 않은 일이라는 생각이 들었습니다. 물론 심장이 뛰는 상태에서 수술하지 않습니다. 먼저 의료용 전기톱으로 가슴뼈를 반으로 절개하고, C클램프(압착하여 고정시키는 의료기기)를 이용해 가슴을 벌려 사각형의 수술 공간을 만듭니다. 그 안에 보이는 심장은 여전히 뛰고 있죠. 그다음에 상대정맥과 하대정맥에 우회로를 연결하고, 인공심폐기로 혈류를 전환한 뒤 심장을 멈춥니다. 이 과정에서는 심장에 차가운 식염수를 붓고 심정지 용액을 주사해 박동을 멈추죠.

수술이 끝난 뒤에는 다시 심장을 뛰게 하는 과정을 거칩니다. 그 과정을 지켜보니, 많은 의사가 왜 흉부외과에 매료되는지 이해할 수 있을 것 같더라고요. 저도 전공인 두경부외과에 자부심이 있는 사람인데, 심장은 다른 차원이라는 느낌이 들었어요.

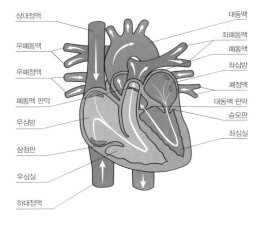

상대정맥
우폐동맥
우폐정맥
폐동맥 판막
우심방
삼첨판
우심실
하대정맥

대동맥
좌폐동맥
폐동맥
좌심방
폐정맥
대동맥 판막
승모판
좌심실

▬ 심장의 구조와 명칭

최초의 심장수술, 우연이 만든 기적

놀랍게도, 심장이 멈춘 상태에서 수술하는 방식이 자리 잡은 것은 불과 50년 전의 일입니다. 그전에는 뛰는 심장을 날것 그대로 다루며 수술해야 했죠. 칼을 대는 일이 얼마나 어려웠을지는 상상만으로도 충분하지 않나요?

이건 고대나 중세 사람들도 마찬가지였습니다. 뛰는 심장을 보면, 아무리 용감한 의사라도 그곳에 칼을 대는 건 망설일 수밖에 없었을 겁니다. 게다가 아무도 해본 적이 없는 영역에서 '굳이 내가?'라는 생각이 드는 건 자연스러운 일이겠죠. 물론 심장수술의 역사에 관한 기록을 준비하면서 합리적인 의심은 들었습니다. 어디에서 누가 시도는 했지만 결과가 좋지 않아 기록되지 않았을 가능성도 있지 않을까 하는 생각이요.

　　심장수술을 이렇게 경원시하기는 고대나 중세뿐 아니라 19세기에도 마찬가지였습니다. 심장은 여전히 너무 위험하고 너무 특별한 장기였으니까요. 왜 심장수술을 해야 하는지조차 잘 모르던 시기도 있었습니다. 심근경색이 없지는 않았어요. 중년의 돌연사가 아주 드문 일은 아니었으니까요. 갑자기 죽기 전에 흉통을 호소하며 고통스러워하는 사람들도 있었지만, 그것을 심장과 연결 짓는 건 그때로서는 쉽지 않았습니다. 설령 심장 문제라고 생각하더라도, 심장에 칼을 대는 건 상상하기 어려웠죠.

　　그럴 만도 한 게, 심장을 수술하려면 갈비뼈를 모두 절개해야 하는데, 그렇게 하더라도 환자가 살아날 가능성이 거의 없어 보였거든요. 심지어 1883년, 독일의 유명한 외과의 테오도어 빌로트Theodor Billroth는 "심장에 칼을 대는 놈은 동료가 아니다"라는 말을 남기기까지 했습니다. 그만큼 심장수술은 금기에 가까운 영역이었죠. 그런 이유로, 최초의 심장수술은 지금 흔히 하는 막힌 심장혈관을 다른 혈관으로 우회시키는 수술인 관상동맥 우회술CABG 같은 게 아니었습니다. 심장 외상이 어쩔 수 없이 수술로 이어진 경우였습니다.

　　1896년, 독일 프랑크푸르트 어느 술집에서 다툼이 벌어졌습니다. 그때는 싸움이 주먹질로 끝나는 경우가 드물었는지, 한 남성이 가슴을 칼에 찔리고 맙니다. 환자를 맡게 된 이는 당시 유명한 외과의 루트비히 렌Ludwig Rehn, 1849~1930이었습니다.

지금 같으면 환자가 다쳤을 때 먼저 맥박·호흡·체온·혈압, 즉 바이털사인을 확인하고 영상 촬영을 통해 정확히 어떤 손상이 있는지 볼 수 있겠죠. 그러나 19세기에는 그런 기술이 없었습니다. 대신에 루트비히 렌은 탐침자probe라는 도구를 이용해 상처를 살폈습니다.

처음엔 단순한 흉부 외상일 거라 여겼습니다. '가슴이니 상처가 깊어봤자 1~2cm 정도겠지'라고 생각했겠지요. 그런데 탐침자가 계속 들어가는 거예요. 그러다 무언가 단단한 것에 닿았고, 그 순간 도구가 심하게 오르내리기 시작했습니다. 루트비히 렌은 그제야 탐침자가 심장에 닿았다는 사실을 깨달았습니다.

'환자가 죽겠구나' 싶었을 겁니다. 그런데 겨우 22세인 환자의 보호자들은 무슨 일이든 해달라고 간청했습니다. 루트비히 렌은 수술을 결심하고 환자를 수술실로 옮겼습니다. 그런데 이 사람이 정말 대단한 점은, 수술실로 간 뒤에도 바로 가슴을 열지 않았다는 겁니다.

루트비히 렌은 다시 한번 탐침자를 사용해 상처를 세밀히 살폈습니다. 그리고 이상한 점을 발견했습니다. 피가 잘 나오지 않는다는 거였죠. 상처 부위에서는 피가 스멀스멀 나왔지만, '심장이 뚫렸다면' 예상되는 대량 출혈이 없었습니다. 그런데도 환자는 창백했고, 심장 문제로 죽어가는 듯 보였습니다. 루트비히 렌은 이 상황에서 놀라운 가설을 떠올렸습니다.

"심장을 감싸고 있는 막은 뚫리지 않았는데, 심장 자체에 구멍이 나서 막 안에 피가 고이고 있다. 그래서 심장이 압박을 받고 있구나."

이게 바로 오늘날 말하는 '심낭압전cardiac tamponade'입니다. 요즘에는 드라마나 웹툰에 심심찮게 등장하는 클리셰가 되었지만, 그때로서는 기적에 가까운 진단이었습니다. 이러한 판단이 가능했던 이유는, 루트비히 렌이 해부학에 정통했을 뿐 아니라 직관과 판단력이 뛰어난 의사였기 때문입니다. 진단명조차 존재하지 않은 시기에 그는 스스로 문제를 정의하고 해결책을 찾은 거죠.

아무튼 그렇게 '가슴을 열면 대충 이런 상황이겠구나' 하고 짐작한 상태에서 가슴을 열었어요. 그리고 실제로 심낭압전이 발생한 것을 확인했습니다. 그래서 먼저 심낭에 고인 피를 제거하고, 우심실에 생긴 1.5cm의 자상을 봉합해 환자를 살려냈습니다. 그 환자는 말 그대로 죽다 살아났고, 루트비히 렌은 이 경험을 학회에 발표합니다.

이를 계기로 심장수술의 길이 열린 건 아니었어요. 일단 심장을 다쳐야 수술을 하든 말든 하지 않겠어요? 그때는 관상동맥 수술 같은 건 생각조차 못 하던 시기였으니까요. '와, 렌 진짜 대단하다! 미쳤다!' 하고 넘기면서 세계는 20세기를 맞이합니다.

그 당시에는 항생제인 페니실린이 발견되었지만 아직 임상에서 널리 사용되지 않았던 시기였고, A군 연쇄상구균 감염으로 인한 류머티즘열이 매우 흔했습니다. 이로 인해 승모판 협착증을 앓는 어린이와 청소년 환자가 많았죠. 이는 심각한 심장 질환으로 발전해 소아 및 청년층의 돌연사 원인 중 하나가 되었습니다. 심장 수술이 발전하지 않았던 당시에는 승모판 협착증에 대한 수술적 시도가 이루어졌으나, 기술적 한계와 높은 위험성 때문에 성공적인 치료 사례는 극히 드물었습니다. 이러한 이유로 수술을 시도하는 의사도 적었으며, 위험을 감수하고 수술을 받는 환자는 더욱 적었어요.

심장수술의 주춧돌과도 같은 수술들

제2차 세계대전이 한창이던 1944년, 당시 30대 중반의 미 육군 소속 군의관 드와이트 하켄Dwight Harken, 1910~1993이 등장합니다. 바로 이 사람이 심장수술의 새로운 장을 엽니다. 하켄은 파편이 박힌 심장에서 그 파편을 제거하면서 동시에 손가락으로 그 구멍을 막고, 주변을 주머니처럼 봉합하는 방법을 고안했습니다. 진짜 천재인 게… 심장은 수축과 이완을 반복하는 조직이기 때문에 수축했을 때, 즉 심장이 작아졌을 때 봉합하면 이완할 때 그 부위가 터질 위험이 있거든요. 그런데 하켄은 이완된 상태에서 딱히 시행착오 없이 매듭을 지음으로써 이런 문제를 완벽히 피했습니다. 이 방법으로 하켄은 심장에 파편이 박혔던 환자를 무려 12명이나 살려냅니다.

자신감이 붙었겠죠? 그 무렵에 하켄만큼 심장수술을 잘하는 사람은 없었다고 해도 과언이 아닐 거예요. 뭐든 하다 보면 늘게 마련이고, 특히 수술은 더 그렇잖아요? 그 뒤 하켄이 관심을 둔 건 류머티즘열로 인해 발생하는 승모판 협착증이었습니다. 승모판은 심장이 수축할 때 혈액이 역류하지 않게 해주는 문 같은 역할을 하는데, 이게 굳으면 심부전이 오고 끝내 사망에 이릅니다. 문제는 심장이 뛰고 있는 상태에서 수술을 해야 한다는 겁니다. 심장 바깥에 박힌 파편을 제거하고 봉합하는 것도 어렵지만, 이건 차원이 다를 만큼 어려운 수술이에요.

그래서 하켄은 고민에 고민을 거듭했지만, 그와 달리 과감하게 도전장을 던진 사람이 있었습니다. 바로 찰스 베일리Charles Bailey입니다. 이 사람도 제2차 세계대전 참전용사였고, 심장수술이 가능하다는 사실을 하켄 덕분에 알게 된 데다가 부상당한 병사를 같은 방식을 써서 성공적으로 수술한 경험이 이미 있었죠.

그러나 베일리는 꽤 논란의 여지가 있는 인물이었어요. 전쟁이 끝난 지 불과 3개월 뒤인 1945년 11월, 그는 첫 번째 도전을 감행합니다. 결과가 어땠을까요? 참고로, 이 수술은 정말 어려웠습니다. 심장으로 향하는 혈류를 클램프로 막아야 해서 제한 시간이 겨우 4분이었거든요. 4분 안에 수술을 끝내야 하는 극한의 조건이었죠. 베일리는 봉합사를 승모판 주변에 주머니 모양으로 배치하고 시도했지만, 심장이 찢어지면서 환자는 수술을 시작한 지 몇 분 만에 사망하고 맙니다. 흔히 말하는 '테이블 데스'죠. 이런 경험을 하고 나면 다시는 수술칼을 쥐지 못하는 사람이 많지만 베일리는 굴하지 않았습니다.

7개월 뒤, 그간 개발한 '후방 절단 펀치'라는 기구를 이용해 다시 수술에 나섰는데 이번에도 환자가 목숨을 잃고 맙니다. 그러자 필라델피아 하네만병원은 '이제 그만하시죠'라는 식으로 베일리를 말리기 시작했어요. 환자가 자꾸 죽으니 더는 수술을 허용할 수 없었던 거죠. 당시 의국장이었던 조지 괴켈러George Goeckeler는 이렇게 말하기까지 했습니다.

"자네가 더는 그와 같은 살인을 저지르지 못하도록 막는 게 기독교인인 내 의무라네."

이 말에 찰스 베일리도 지지 않고 맞섰습니다.

"이 수술을 계속하는 게 기독교인으로서 제가 져야 할 의무입니다."

찰스 베일리는 병원을 옮겨 1948년 델라웨어주 윌밍턴메모리얼병원에서 또 한 번 도전합니다. 이번에는 류머티즘열로 엉겨붙은 승모판 첨판을 분리하는 데 성공했어요. 그런데 그다음이 문제였죠. 재건에 완전히 실패하면서 승모판 기능이 아예 상실되고 맙니다. 환자는 또 사망했고, 찰스 베일리는 윌밍턴메모리얼병원에서도 수술 권한을 박탈당합니다. 덤으로 '도살자'라는 별명까지 얻었습니다.

그렇지만 찰스 베일리가 여전히 수술할 권한이 있는 병원이 두 군데 남아 있었어요. 하나는 필라델피아종합병원, 또 하나는 성공회병원이었죠. 그리고 찰스 베일리는 이제 다 왔다고 생각했습니다. 한 번, 아니면 두 번 정도만 더 하면 될 거라고요. 그런데 한 번 더 실패하면 정말로 끝일 것 같았어요. 그래서 꾀를 냅니다.

'아침에 필라델피아종합병원에서 수술하고, 오후에는 성공 회병원에서 수술하면 어떨까? 설령 종합병원에서 실패하더라도 소문이 퍼지기 전에 오후 수술을 시작할 수 있지 않을까?'

어떻게 이런 생각을 할 수 있었을까요? 승모판 협착증은 시간이 문제일 뿐 결국은 사망에 이르는 질환이었기 때문에 환자들도 수술을 받아들이는 상황이었습니다. 그래서 찰스 베일리의 계획대로 아침에는 종합병원, 오후에는 성공회병원, 이렇게 두 건의 수술이 같은 날로 잡힙니다.

종합병원에서 수술이 잘되면 얼마나 좋았겠어요? 하지만 그런 일은 일어나지 않았습니다. 찰스 베일리의 네 번째 수술도 실패하고 말아요. 그렇게 환자가 사망하자마자 그는 도망치듯 종합병원을 빠져나와 성공회병원으로 향합니다. 그리고 소문이 퍼지기 전에 서둘러 다음 환자를 마취시킵니다. 이번 환자는 콘스턴스 워너라는 24세 여성이었습니다. 만약 실패한다면 의사로서는 물론이고 인간적으로도 끝장날 상황이었죠. 결과는 어땠을까요? 다섯 번째 시도 끝에 드디어 성공합니다. 콘스턴스 워너는 무사히 퇴원한 뒤 62세까지 천수를 누립니다.

찰스 베일리는 얼마나 기뻤겠어요? 그래서 이 양반, 수술이 끝난 지 불과 일주일도 안 되었을 때 개흉술을 받은 환자를 데리고 1,600km나 떨어진 시카고까지 기차를 타고 가서 자랑을 합니다. '내가 성공했다!' 하고 말이죠. 그리고 그의 명성은 순식간에 떡상합니다.

그런데 이게 참 공교로운 타이밍이에요. 고민에 고민을 거듭하던 하켄도 불과 엿새 뒤에 승모판 협착증 수술에 성공했거든요. 하지만 '최초'라는 영예는 이미 찰스 베일리가 가져간 뒤였습니다. 그러니 하켄이 엄청 억울했을 것 같지만, 사실 하켄도 9명의 환자 중 6명이 사망한 끝에 성공한 거였어요. 성공률로 따지면 찰스 베일리와 똑같죠.

그러나 성공 자체가 중요했던 겁니다. 인류는 심장수술이 가능하다는 걸 깨우쳤고, 그 뒤로 엄청난 진보를 거듭한 끝에 이제는 심장이식까지 가능해졌어요. 물론 아직 갈 길이 멀긴 하지만, 여기까지 온 것만 해도 대단한 일이죠.

심장은 언제부터
문제였을까?

심근경색이나 협심증 같은 증상은 아마 인류의 역사와 함께 존재했을 겁니다. 그리고 심장이라는 기관이 우리 몸에 있다는 사실 정도는 꽤 오래전부터 알았을 거예요. 심장은 복강 내 장기보다 접근성이 떨어지긴 하지만, 그래도 인류는 전쟁과 의학의 발달을 통해 인체 해부에 관한 지식을 웬만큼 쌓아왔으니까요.

심근경색의 증상이 뭐죠? 대부분의 경우 심근경색의 주된 증상은 흉통입니다. 그래서 가슴이 아프다가 죽는 병이 있다는 것은 꽤 오래전부터 인지하고 있었을 거예요. 가슴 속 여러 장기 중에 심장이 있다는 것도 알고 있었을 테고요. 그런데 이 증상이 전혀 엉뚱하게 나타나는 경우도 있습니다. 제가 아는 어떤 분은 하필이면 소변이 마려운 증상으로 병원을 찾았어요. 하마터면 심근경색을 놓칠 뻔했죠. 아무리 생각해도 이상하다 싶었던 데다 마침

병원에 근무 중이기도 해서 친구의 진료실을 찾아갔다가 심근경색 진단을 받아 목숨을 구했습니다.

다윈이 받은 황당한 치료들

아주 오랜 세월 동안 심장에 직접 손을 대는 건 금기시되었습니다. 기록으로 남은 최초의 심장수술이 19세기 말에 이루어졌고, 그 뒤로도 한동안 엄두조차 내지 못하다가 20세기 중반에 이르러서야 비로소 일부 심장수술이 가능해졌죠.

그렇지만 치료 방법이 꼭 수술일 필요는 없잖아요? 사혈도 있고, 구토를 유도하거나 설사를 유도하는 방법도 있었잖아요. 특히 심장처럼 매우 중요해 보이고 또 펄떡펄떡 뛰는 기관은 다른 방법으로 먼저 치료해보고 싶어지는 게 사람 마음이죠.

실제로 그랬습니다. 찰스 다윈, 다들 아시죠? 《종의 기원》을 쓴 그분입니다. 다윈은 1809년생이에요. 불과 16세에 에든버러 의과대학에 들어가 몇 년 동안 의학을 배웠습니다. 다만 끝까지 배우진 않았죠. 그 이유 중 하나가 뭐였냐 하면, 스승이 능력이 좀 모자랐거든요.

무슨 능력인고 하니, 신선한 시신을 구하는 능력이었어요. 당시 다른 의과대학 교수들은 무덤 도굴꾼들과 카르텔을 형성해서 그날 묻힌 시신을 가져와 해부를 했는데, 다윈의 스승은 그

걸 못 했습니다. 얄궂게도 에든버러 의과대학의 교수 로버트 녹스Robert Knox는 연쇄살인범으로 악명 높은 윌리엄 버크William Burke, 윌리엄 헤어William Hare와 계약해 시신을 확보했는데, 다윈은 이 둘과 안면이 있었지만 그쪽에서 제공한 시신을 해부해본 적은 없었어요. 흥미를 잃은 이유 중 하나였던 거죠.

이때 다윈은 당시 일부 학자들이 주장하던 진화론에 관심을 갖기 시작했다고 합니다. 그 후 케임브리지 신학대학에 진학한 다윈은 22세가 되던 1831년에 졸업하자마자 비글호를 타고 약 5년에 걸친 탐험을 떠납니다. 이 항로 중에 그 유명한 에콰도르의 갈라파고스제도가 포함되어 있었죠. 물론 다윈이 여기만 찍고 온 건 아니고, 중간중간 여러 지역을 탐험하며 항해를 이어갔습니다. 당시 이 항로의 평균 생환율이 50%였다고 하니, 보통 사람이라면 '미쳤냐?' 하고 외면할 만한 여정이었어요. 게다가 다윈만큼 공부 많이 한 '샌님'은 더 적었겠죠. 그런데도 그는 이 항해에 나섰고, 또 살아남았습니다. 그 덕에 영국으로 돌아왔을 때는 벌써 꽤 유명한 사람이 되어 있었죠.

《종의 기원》은 그 뒤로 약 20년이 지나 출간되었지만, 다윈은 그전부터 이미 유명인이었습니다. 그러나 명성을 얻은 대가도 있었어요. 바로 건강입니다. 다윈은 평생 건강이 나빠 골골대며 살았고, 말년에는 협심증을 앓으며 흉통을 자주 호소했다고 합니다.

다윈 같은 유명인사를 가만히 두었을 리 없죠. 19세기 영국에서 내로라하는 의사들이 그를 치료하러 달려들었습니다. 어떤 치료를 했을까요? 당시에는 직류 전기요법을 선호했습니다. 전기가 흐르는 벨트를 차고 전류를 흘리는 방식이었죠. 심장에 오히려 안 좋을 것 같은데… 그래도 다윈은 죽지 않았습니다.

다음으로는 수치료라는 걸 했어요. 전기 램프 아래에서 땀이 날 때까지 버틴 뒤 차가운 물로 몸을 닦아내는 방식이었습니다. 효과는 별로 없었을 것 같죠? 그 밖에 수많은 약도 먹었는데, 기록에 따르면 수은, 코카인, 오존수, 시안화수소산, 산화철, 아편, 알칼리성 제산제, 모르핀 따위를 복용했습니다. 그래도 다윈은 안 죽었어요.

그렇다면 전부 그런 이상한 치료뿐이었느냐? 그렇진 않았습니다. 다윈은 아질산아밀이라는 성분도 복용했는데, 혈관 확장제인 이 성분은 지금도 약으로 쓰입니다. 당시에는 환각 효과도 있었다고 해요. 다윈은 이걸 브랜디와 함께 먹는 걸 선호했다고 합니다. 심지어 생애 마지막 날에도 브랜디와 아질산아밀을 복용했다고 하니, 딱히 혈관 확장 효과를 기대하고 먹은 것 같진 않아요.

사실 당시에는 니트로글리세린이 벌써 개발되어 있었습니다. 요즘도 협심증 치료에 쓰이는 약이죠. 그런데 그때는 널리 쓰이지 않았습니다. 협심증이나 심근경색이 왜 오는지 몰랐거든요. 환각 효과라도 있으면 모를까, 그런 효과가 없는 약은 별로 인기가 없었습니다. 노벨상 이름의 주인공인 알프레드 노벨은 자기가 만든 다이너마이트 성분에서 유래된 이 약을 죽는 날까지 애용했다고 하지만, 그 시기에 대세는 아니었던 것 같습니다.

심장을 향한 끝없는 도전과 호기심

그러던 1912년, 미국의 내과의 제임스 헤릭James B. Herrick, 1861~1954이 놀라운 발표를 합니다. 관상동맥이 피떡, 즉 혈전으로 막히면 산소를 실은 혈액이 심장에 도달하지 못해 조직이 괴사하고, 그 결과 심근경색이 발생한다는 이론이었죠. 지금 기준으로 보면 맞는 말입니다. 그런데 당시 의학계의 반응은 어땠을까요? '아닌 거 같은데?' 바로 이런 반응이었죠.

보통 사람이라면 여기서 포기할 겁니다. 하지만 포기할 사람이었으면 애초에 이런 새로운 이론을 창시하지도 못했겠죠. 제임스 헤릭은 곧바로 실험에 들어갑니다. 사람이 아닌 개를 대상으로 한 실험에서 관상동맥을 막자 개가 심근경색으로 죽는 것을 증명해 보입니다.

솔직히 매우 폭력적인 실험 방식이었지만, 그 정도는 해야 사람들이 관심을 보이던 시대였어요. 예상대로, 1918년부터는 의

니트로글리세린은 어떻게 다이너마이트로 발전했나?

니트로글리세린은 1847년 이탈리아의 화학자 아스카니오 소브레로가 글리세롤에 황산과 질산을 반응시켜 처음 합성한 폭발성 물질이다. 그러나 이 물질은 매우 불안정해 실용화에 어려움이 있었는데, 이후 스웨덴의 발명가 알프레드 노벨이 이를 안전하게 다룰 수 있는 방법을 고안했다. 노벨은 니트로글리세린을 규조토(흡수성 광물질)에 흡수시켜 폭발력을 유지하면서도 운반과 사용이 용이하도록 한 다이너마이트를 개발했고, 이는 산업용 폭약으로 널리 활용되며 세계적 발명품으로 자리 잡았다.

학계에서도 '오! 그게 맞는가 보네?'라는 반응이 나옵니다. 하지만 관상동맥은 그렇게 두껍지 않고 여러 갈래로 갈라져 있는 복잡한 구조예요. 이러한 관상동맥을 다루는 건 극히 위험한 일인데다 심장수술이 여전히 금기시되던 때여서 연구는 정체될 수밖에 없었습니다.

그리고 1929년, 독일의 인턴 베르너 포르스만Werner Forssmann, 1904~1979이 새로운 가설을 제시합니다.

"팔의 정맥을 통해 심장까지 카테터를 넣을 수 있지 않을까?"

만약 그가 의국장이나 유명한 의사였다면 환자의 팔에 바로 시도해봤을지도 모릅니다. 하지만 그는 인턴이었죠. 그래서 정식 허락을 받으려고 의국장 리처드 슈나이더Richard Schneider를 찾아갑니다. 그런데 슈나이더는 상식적인 사람이었습니다. '그런 짓은 허락할 수 없다'는 거였죠. 딱 봐도 사람 죽일 것 같잖아요. 그러자 포르스만이 이렇게 말합니다.

"제 팔에 하면요?"

만약 그때가 로버트 리스턴이 살던 18~19세기였다면 '너한테 하는 거라면 뭐…'라며 허락했을지도 모르지만, 슈나이더는 그것마저도 안 된다고 했습니다. 포르스만은 알겠다고 대답하면서 속으로는 이미 나쁜 계획을 세웁니다.

'몰래 하면 되잖아?'

문제는 당시에는 멸균 카테터가 아주 귀한 물건이었고, 허락 없이는 접근할 수 없었다는 점입니다. 더러운 걸로 하면 되지 않겠냐 싶을 수도 있지만, 그 시기에는 세균에 대한 개념이 벌써 어느 정도 잡혀 있었기 때문에 멸균은 필수였죠.

그래서 포르스만은 기회를 노립니다. 어떤 기회냐 하면, 담당 간호사와 친해지는 겁니다. 충분히 친해졌다고 생각한 순간, 이렇게 말합니다.

"카테터 들고 오라는데요?"

게르다 디첸이라는 간호사였는데, 솔직히 딱 듣기에도 왠지 이상하잖아요. 인턴이 교수 스케줄을 어떻게 다 알고 있겠어요? 그래서 "너 뭔 짓 하려는 거야?" 하고 묻죠. 그러자 포르스만이 각을 잡고 말해요.

"아, 들켰네요. 네, 맞습니다. 실험하려고요. 근데 저한테 할 겁니다."

그러자 디첸이 한숨을 폭 내쉬더니 이렇게 말합니다.

"안전한 거면 나한테 하세요."

와, 정말 용감한 사람들의 시대였어요.

어쨌든 하겠다니까 포르스만 처지에서는 땡큐죠. 그래서 디첸을 침대에 눕히고 팔과 다리를 묶습니다. 그리고 디첸 앞에서 자기 정맥에 카테터를 꽂아요. '제정신이 아니네' 싶지만, 뭐 소용 없죠. 그렇게 카테터를 쑥 넣고는 이제 어떡할까 하다가, 지하 엑스레이실로 갑니다. 디첸도 궁금하잖아요? 진짜 들어갔는지 보려고 둘이 같이 갑니다. 그런데 가다가 페터 로마이스라는 동료한테 들킵니다. 결국 셋이 엑스레이실로 갑니다. 거기서 사진을 찍고 카테터 끝이 우심방 안에 얌전히 들어가 있는 걸 확인합니다.

놀랍게도 부정맥도 없고 흉통도 없었어요. 여기서 끝났느냐고요? 아니죠. 그 상태에서 심장에 조영제도 넣어봅니다. 그런데도 포르스만이 멀쩡한 거예요. 이로써 완전히 새로운 길이 열린 겁니다.

포르스만은 1956년에 노벨 생리 의학상을 받습니다. 이렇게 해서 가슴을 열지 않고도 심장에 접근할 수 있는 방법이 생겼습니다. 하지만 그것으로 다가 아니었어요. 여전히 심장마비는 많은 사람을 속수무책으로 죽이고 있었습니다.

우연한 실수가 위대한 발견이 되다

1958년. 시간이 꽤 흘렀죠. 지금도 유명한 병원, 미국의 클리블랜드클리닉에 메이슨 손스Mason Sones, 1918~1985라는 의사가 있었어요. 류머티즘 심장병 병력이 있는 환자의 대동맥을 확인하기 위해 카테터를 넣고 조영제를 쓰려고 했습니다. 그런데 카테터 끝이 대동맥이 아니라 우관상동맥에 걸린 걸 모른 채 조영제를 사용해버린 거예요.

'아, 이러다 환자 죽겠구나! 조영제가 저 가느다란 혈관을 막아버릴 텐데!' 하고 급히 빼려고 했지만 이미 늦었죠. 게다가 심전도가 직선을 그리기 시작하자 '내가 환자를 죽였구나' 생각하며 가슴을 열려고 메스를 들었습니다.

그런데 갑자기 심장이 다시 뛰는 거예요. 그러고는 엑스레이 화면에 관상동맥 줄기가 떡하니 보입니다. 그때 깨달았죠. 조영제 농도만 조금 줄이면 안전하게 볼 수 있다는 사실을 말입니다. 그 순간, 가슴을 열지 않고도 심장을 넘어 관상동맥까지 손을 댈 수 있는 시대가 열립니다.

이런 실수와 발견이 꾸준히 이어집니다. 1963년, 오리건대학교의 방사선 전문의 찰스 도터Charles Dotter, 1920~1985가 환자의 오른쪽 장골동맥에 카테터를 넣다가 그만 사고를 칩니다. 동맥경화로 막혀 있던 부분을 건드리는 걸 넘어 뚫어버린 거예요. '어? 이게 뚫리네? 막힌 혈관이 뚫리네?' 그렇게 우연히 새로운 가능성을 발견합니다.

도터는 점점 더 두꺼운 카테터를 사용해 막힌 혈관을 뚫으면 되겠다는 아이디어를 떠올리고 카데바(시체)로 연습을 시작했습니다. 그러다 로라 쇼Laura Shaw라는 80대 여성 환자의 다리 동맥이 막혀서 발가락에 괴저(혈액 공급 부족이나 세균으로 조직이 죽는 현상)가 생겼다는 소식을 듣게 됩니다. 도터는 '어? 절단 말고, 내가 한번 해보지!' 하고 나서요. 그리고 카테터로 혈관을 뚫어 환자의 발을 살려냅니다.

이제 자신감이 생긴 도터는 더 과감해집니다. 재미있게도 심장 관련 일을 하는 사람들은 뭔가 대담한 면이 많죠. 도터도 그런 사람이었어요. 그는 학회에서 발표하는 걸 무척 즐겼습니다.

어느 날 학회에서 도터는 이렇게 말합니다.

"하하하, 사실은 지금 제 심장에 카테터가 꽂혀 있습니다!"

그리고는 바로 시연에 들어갑니다. 대부분의 의사들은 이런 도터를 썩 좋아하지 않았다고 해요. 아마 너무 잘난 척한다고 느꼈겠죠. 하지만 배울 건 배워야죠.

동독의 내과의 안드레아스 그륀트지히Andreas Grüntzig는 도터의 강연을 듣고 깊은 감명을 받았습니다. 동시에 이렇게 생각했습니다.

'음, 내가 저 사람보다 더 잘할 수 있을 것 같은데?'

사실 도터의 방법에는 몇 가지 단점이 있었거든요. 카테터를 밀어 넣어 경화한 부분을 떼어내는 방식은 잘못하면 그 떼어낸 혈전이 다른 혈관을 막아버릴 위험이 있었습니다.

그래서 안드레아스 그륀트지히는 이를 보완하기 위해 풍선 달린 카테터를 고안하게 됩니다. 그런데 이게 그렇게 간단한 일이 아니었어요. 풍선이 부푸는 힘이 너무 세면 혈관이 터져버리고, 반대로 너무 약하면 좁아진 부위는 그대로이고 넓은 부위만 부풀어버리는 문제가 있었거든요.

그러나 독일은 기초과학이 발달한 나라잖아요? 그때 어느 화학과 교수가 "야, 그거 폴리염화비닐로 하면 될 것 같은데?" 하고 힌트를 주자, 그륀트지히는 이를 이용해 개 실험에 성공합니다.

그리고 1974년, 드디어 사람에게 최초로 시도해 성공합니다. 이후 1980년대부터는 전 세계적으로 폴리염화비닐 풍선 카테

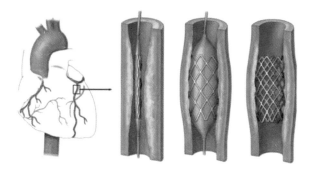

관상동맥 스텐트 수술 이해도 ⓒquora.com

터를 이용한 수술이 시행됩니다. 이것이 바로 오늘날 심근경색 치료의 골든 스탠더드, '심혈관 풍선성형술'의 원형이에요. 물론 가장 신뢰할 만한 최고의 수술법이지만 모든 관상동맥 질환을 치료할 수 있었던 건 아닙니다.

한국 의학의 자부심, 박승정 교수의 세계 최초 업적

그 뒤에도 여러 혁신이 필요했는데, 이 과정에서 우리나라 의사가 아주 중요한 역할을 했습니다. 그 주인공은 바로 아산병원 석좌교수 박승정 교수님입니다. 박 교수님은 1988년에 국내 최초로 승모판 협착증 환자에게 풍선 확장 판막 성형술을 성공시켰고, 1991년에는 국내 최초로 심장혈관 질환 환자에게 스텐트 시술(막히거나 좁아진 혈관을 확장시키기 위해 금속 그물망을 삽입하는 시술)을 성공시킵니다. 이것만으로도 충분히 대단한 업적이죠. 그러나 이건 어디까지나 국내 최초였잖아요? 박 교수님은 여기서 멈추지 않으셨습니다. 세계 최초로, 그것도 모두가 불가능하다고 여기던 일을 해내십니다.

심장을 흐르는 관상동맥은 세 갈래로 나뉘어 내려가는데, 그중에서 가장 중요한 곳이 바로 '좌주간부 동맥'입니다. 이 동맥은 심장의 메인이라고 할 수 있죠. 이 동맥이 막히면 기존의 원칙은 '스텐트로는 안 된다. 무조건 수술해야 한다'는 것이었어요. 그런데 박 교수님은 모두가 불가능하다고 여기던 이 문제를 세계 최초로 스텐트로 해결하셨습니다. 이 업적은 심장학 교과서의 내용을 바꿔놓을 만큼 큰 영향을 주었답니다.

죽음을 되돌리는
최초의 세포 치료

제가 골수이식에 필요한 조혈모세포(백혈구·적혈구·혈소판 등 혈액세포를 만들어내는 능력이 있는 줄기세포)를 기증한 인연으로, 현재 한국조혈모세포은행협회 홍보대사로 활동하고 있습니다. 협회에서 주관하는 다양한 행사에 적극 참여할 계획이었는데, 망막박리 수술을 받게 되면서 1년 넘도록 아무것도 하지 못했어요. 그래서 이번에 골수이식의 역사를 준비해봤습니다.

먼저 골수가 무엇인지부터 알아보겠습니다. 우리가 닭고기를 먹을 때 아쉬운 마음에 다리뼈를 꽉 씹으면 안쪽에 검은 부분이 보이죠? 그게 바로 골수입니다. 서양에서는 소 골수를 요리 재료로 씁니다. 요리 콘텐츠를 보면 골수를 고기 위에 부어 기름지게 먹는 장면도 종종 등장하죠. 그런데 이 골수가 단순히 식재료가 아니라 우리 몸의 혈액세포를 만들어내는 매우 중요한 장기라는 사

실, 알고 계셨나요? 네, 맞아요. 골수도 장기의 한 종류랍니다.

장기의 개념을 조금 더 쉽게 이해해보자면, 우리 몸의 부품 같은 거라고 생각할 수 있어요. 따라서 장기이식이란 그 부품을 다른 것으로 교체하는 행위죠. 인류가 이런 상상을 한 시기는 꽤 오래전으로 거슬러 올라갑니다. 기원전 약 1만 5,000년에 그려진 것으로 추정되는 프랑스의 라스코 동굴Lascaux Caves의 벽화를 보면 새 머리를 한 사람이 새겨져 있어요. 이 그림을 두고 학자들은 '당시 사람들이 장기이식이나 신체의 대체를 상상하지 않았을까?' 라는 해석을 내놓기도 합니다. 물론 추측에 불과하지만, 적어도 인류가 아주 오래전부터 몸의 부품을 교체하거나 보완하는 데 관심이 있었다는 점은 분명해 보입니다.

또 메소포타미아문명의 '라마수'라는 수호신도 흥미로운데요. 사람의 머리, 독수리의 날개, 황소의 몸을 지닌 라마수는 고대인들에게 신의 가호와 지혜, 신성함, 강인한 힘을 상징하는 존재로 여겨졌을 뿐만 아니라 국제이종이식학회IXA의 로고로 사용된적도 있습니다. 그런데 '이종이식'이라는 건 지금도 기술적으로 어려운 일이죠? 동물에게서 인간으로 장기를 이식한다는 건 여전히 큰 도전 과제입니다. 그러나 놀랍게도 고대에는 이와 비슷한 시도가 있었고, 심지어 성공했다고 볼 만한 사례까지 있습니다.

다른 문명에서는 이와 관련된 구체적인 기록이 잘 관찰되지 않지만 인도의 명의 수슈루타는 사실상 유일한 성공자로 꼽힙니다. 이분은 이를테면 의학의 아버지 같은 분인데, 코 재건술로 유명합니다. 이마의 피부와 근육을 돌려서 코에 이식하는 방법을 고안했어요. 이건 현대적인 관점에서 봐도 분명히 이식의 한 형태입니다. 또한 화상 환자에게 피부이식을 시도했다는 기록도 남아있습니다. 이런 시도들은 그때로서는 혁신적이었고, 그 뒤의 의학 발전에 중요한 기틀을 마련했다고 볼 수 있습니다.

그렇지만 인류가 장기이식의 가능성을 진지하게 탐구하기 시작한 건 정말 한참 후의 일입니다. 의사들이 장기이식에 집중할 만큼 여유가 생긴 것도 얼마 되지 않았어요. 여러 질병으로 사람들이 줄줄이 죽어나가던 시기에는 '이식을 해보자'는 생각 자체가

사치였죠. 더구나 장기이식은 면역학의 발전이 선행되어야 가능한 일이잖아요? 특히 골수이식은 골수가 어떤 역할을 하는지부터 제대로 알아야 논의할 수 있었겠죠.

언제부터 골수를 치료에 도입할 생각을 했을까?

골수를 둘러싼 논의가 정식적으로 시작된 때는 1896년, 즉

19세기 말의 일입니다. 당시 미국의학협회 회장이 연설에서 "골수 추출물을 언젠가는 치료적으로 쓸 수 있지 않을까?" 하고 언급했지만, 별다른 진전 없이 흐지부지 지나가고 맙니다. 당시에는 골수를 이용하면 환자가 죽는 경우가 많았어서 공론화될 리가 없었죠.

장기이식의 발달이 본격적으로 가속화된 계기는 제2차 세계대전이었습니다. 이전 전쟁에서와 달리 화상 환자가 대규모로 발생하면서 피부 이식의 필요성이 대두되고 수혈이 본격적으로 이루어지기 시작했죠. 사실 수혈도 장기이식의 한 형태로 볼 수 있어요. 이런 흐름 속에서 인류는 비로소 '어? 장기이식, 이거 될 것 같은데?' 하고 생각하게 됩니다.

같은 시기에 암 치료를 위해 방사선치료가 본격화되던 때이기도 했습니다. 방사선치료를 받으면 골수 기능이 뚝 떨어져 환자가 사망하는 사례가 급증했기 때문에 이 문제를 해결하기 위해 골수이식이라는 개념이 대두되었죠. 다만 방사선을 쬐면 왜 골수 기능이 저하되는지에 대한 이해는 아직 부족했습니다.

그래서 과학자들은 쥐를 대상으로 동물실험을 했습니다. 다행히 20세기여서 실험 대상이 사람이 아니라 쥐였지, 19세기나 18세기였으면 어땠을지 모릅니다. 아무튼 실험 결과, 쥐의 비장이나 간 또는 한쪽 뒷다리를 납으로 보호하면 전신 방사선을 조사照射해도 쥐가 생존한다는 사실을 발견합니다. 당시에는 '방사선조사를 받으면 독소가 생성되는데, 비장 같은 기관이 이 독소를 해

독하는 역할을 하는 것 같다'고 결론을 내렸습니다. 이게 1951년의 이야기인데, 실제로는 틀린 이론이었죠.

1954년에 들어서야 문제가 제기됐고, '단순히 그 부위의 세포가 살아 있으면 쥐가 죽지 않는 것 같다'는 결론에 이르렀어요. 그렇다면 세포를 살려내면 될 것 같은데, 그때 기술로는 방사선 치료를 하면서 동시에 특정 부위의 세포를 보호하는 것이 불가능했습니다.

결국 과학자들은 '그냥 방사선을 강하게 쬔 다음에, 골수 기능이 억제되면 다른 동물의 조혈모세포를 이식하면 되지 않을까?' 하고 생각했습니다. 그러고는 쥐를 대상으로 실험을 했더니 정말 성공한 겁니다. 이 연구는 1950년대 중후반에 프랑스에서 진행됐는데, 적어도 쥐에 대해서는 골수이식이 가능하다는 사실을 확인하게 됩니다.

실패를 거듭한 골수이식

1958년 유고슬라비아 빈차에서 원전 사고가 발생합니다. 당시 연구원들이 중성자 반사체를 조정하던 중, 우발적으로 임계 질량을 초과하면서 핵분열이 일어난 것이 원인이었습니다. 이 사고로 6명의 사람이 방사선에 노출됩니다.

문제는 방사선에 노출된 사람들이 골수의 기능이 저하되

면서 생명을 위협받았다는 점입니다. 이때 프랑스의 조르주 마테Georges Mathé, 앙리 자메Henri Jammet, 니콜라 팡디에Nicolas Pendié가 이끄는 연구팀이 전례 없는 결정을 내립니다. 사람에게는 한 번도 시도한 적이 없지만 쥐 실험에서는 성공한 골수이식을 사람에게 시행해보기로 한 거죠. 다른 기증자의 골수를 이식하는 방식이었는데, 초기 보고에 따르면 5명 중 4명이 살아남았다고 합니다. 그때로서는 엄청난 성공률로 보였어요.

하지만 초기 결과였을 뿐, 골수를 이식받은 환자들이 모두 사망하고 맙니다. 연구진은 이를 골수이식 자체의 실패 때문이 아니라 감염이나 이차질환인 이식편대숙주병GVHD 때문이라고 판단했습니다.

GVHD, 이름만 들어도 복잡하죠? 쉽게 말하면 이식된 조혈모세포 안의 림프구, 즉 면역세포가 환자의 몸을 적으로 인식하고 공격하는 증후군입니다. 왜 이런 일이 생겼을까요? 지금은 조혈모세포를 기증하려면 유전자 검사를 해서 적합성을 확인해야 한다는 걸 다들 알고 있죠. 그러나 그때는 유전자의 존재조차 몰랐어요. 혈액형이 맞으면 문제가 없을 거라고만 생각했습니다. 지금 시각에서는 어이없어 보이지만, 당시 이론으로는 그렇게 생각할 수밖에 없었죠.

거의 같은 시기에 미국에서도 백혈병 환자에게 골수이식을 시도했는데, 여기에서도 피험자 5명이 모두 생존하지 못했습니다. 동물실험에서도 비슷한 경향이 계속 관찰됐어요. 이론적으로는 골수이식이 맞는 방법 같은데, 결과가 왜 이럴까 하는 의문만 남았죠.

흥미로운 점은 골수이식을 하지 않고 단순히 면역억제제 치료를 받은 환자에게서도 비슷한 증상이 나타났다는 겁니다. 연구를 진행하면서 면역세포가 작동하는 방식과 관련된 표지자, 즉 면역세포가 적을 인지하고 공격하는 지표가 하나둘씩 밝혀지기 시작했습니다.

이 과정에서 골수를 성공적으로 이식하려면 그저 혈액형만 맞춘다고 되는 게 아니라 더 많은 조건이 맞아야 한다는 가설이 나왔어요. 그리고 이 조건들을 정확히 파악하려면 유전자까지 검사해야 한다는 결론에 도달합니다. 하지만 당시 기술 수준에서는 쉽지 않은 일이었죠. 기술은 그저 필요하다고 해서 바로 만들어지는 게 아니니까요.

길을 찾기 위해 꾸준히 노력한 사람들

그럼에도 포기하지 않은 사람들이 있었습니다. 바로 중증복합면역결핍증SCID 환자를 치료하던 미네소타대학교의 연구진입니다. SCID는 유전질환으로, 한번 발병하면 지속적인 감염으로 끝내 사망에 이르는 병입니다. 당시 5개월 된 남아가 병원을 찾았는데, 그의 가족력을 살펴보니 이미 3대에 걸쳐 11명의 남아가 이

병으로 사망했습니다.

그때 기술로는 치료가 불가능한 병이었지만, 의료진은 아이에게 여자 형제가 4명 있다는 사실을 확인하고 희망을 발견합니다. 연구진은 지금까지 개발된 검사 지표 중 인간백혈구항원HLA과 림프구 혼합 배양법MLC을 활용해 골수이식을 시도해보자고 제안했어요. HLA는 지금도 이식할 때 아주 중요한 조직적합성 항원이고, MLC는 림프구 간 반응을 확인하는 검사인데, 그 시기에는 둘 다 실험적으로 활용되고 있었습니다.

의료진은 HLA 검사를 캘리포니아대학교에 의뢰했고, MLC 검사는 미네소타의 주도 미니애폴리스에 있는 기관에서 진행했습니다. 검사 결과, 여자 형제 4명 중 이식에 적합한 1명을 찾아냅니다. 골수는 골반에서 뼈를 뽑는 방식으로 추출했어요. 문제는 그 여자 형제와 환자의 혈액형이 다르다는 거였어요. 이 때문에 이식한 뒤에 환자가 즉시 사망할 가능성이 있다고 예측되었지만, 그래도 시도하기로 결정합니다.

예상대로 초반에 문제가 발생했습니다. 그러나 그때는 몸 안의 면역 반응을 조절하는 스테로이드 치료가 가능했기 때문에 조심스럽게 관리하며 지켜봅니다. 그 결과, 놀라운 일이 벌어져요. 이식받은 아이의 혈액형이 자매의 혈액형으로 바뀌고 그 무서운 병이 완전히 사라진 겁니다.

이것이 인류 최초의 골수이식 성공 사례로, 1968년의 일이었습니다. 인류 역사 전체로 보면 다소 늦었다고 느껴지기도 하지만,

골수이식의 난도를 생각하면 매우 이른 성과로 볼 수 있습니다.

이 성공에 이어 의료진은 또 다른 난치병인 비스코트-올드리치증후군WAS에도 골수이식을 시도했습니다. 이 질환은 SCID와 달리 약간의 면역기능이 남아 있기 때문에, 우선 환자의 면역체계를 없애는 전처치를 거친 다음에 이식을 했어요. 이 케이스도 성공하자 '어? 이게 진짜 될지도 모르겠다'는 희망을 품게 됩니다.

그러나 위의 두 사례는 사실상 우연에 우연이 겹친 성공이었습니다. 당시의 표지자 검사가 아직 확실하지 않았기 때문입니다. 그 뒤의 골수이식 사례 203건 가운데 125건은 아예 이식에 실패했고, 최종적으로 생존한 환자는 단 3명이었습니다. 그중 2명이 아까 말씀드린 성공 사례였으니, 나머지 결과는 말 그대로 절망적이었다고 할 수 있죠.

골수이식의 위험성을 줄여준 조혈모세포 추출

그렇게 시간이 흘러 1980년대에 이르러서야 비로소 더 정밀한 검사가 가능해지면서 골수이식 건수가 기하급수적으로 늘어났습니다. 부작용은 여전히 심각했지만, 이식할 수 있는 대상이 면역억제자뿐 아니라 백혈병 등 다양한 질환으로 확대되면서 불치병 환자들에게 희망이 되었습니다.

하지만 이식 건수가 늘면서 또 다른 문제가 생겼어요. 바로 공여자에 대한 부작용이었습니다. 골수를 직접 채취하다 보니 통증이 심한 것은 물론이고, 당시에는 기술이 섬세하지 못한 탓에 골절 같은 사고가 나기도 했어요. 사실 이식할 때 가장 중요한 것이 공여자의 안전이잖아요? 헌혈도 헌혈자의 안전이 최우선이듯이 말입니다. 그러나 그 시기에는 골수 기증이 빈말로도 안전하다고 하기 어려운 수준이었고, 이런 이유로 공여자의 협조를 구하기가 쉽지 않았습니다.

자연히 더 쉬운 방법을 찾게 되었는데, 바로 말초혈액에서 조혈모세포를 추출하는 방식입니다. 저도 바로 이 방법으로 기증했습니다. 지금은 간단해졌지만, 처음 시도되던 1970년대에는 쉽지 않았습니다. 직접 채취하는 방식에 견주면 얻을 수 있는 세포가 턱없이 부족했기 때문이에요. 실제로 1979년에 캘리포니아대학교에서, 1980년에 미국 국립보건원NIH에서 시도했지만 실패했습니다. 그때는 조혈성장인자인 그라신 같은 약물이 개발되지 않아 농도가 부족했거든요.

이런 탓에 여러 번 채취해야 했고, 채취한 세포를 보관하려면 액체질소까지 사용해야 했습니다. 뭐, 사실상 '억지로' 시행한 거였죠. 이 같은 악조건 속에서도 1986년, 독일 하이델베르크병원에서 드디어 성공 사례가 나왔습니다. 하지만 지난한 과정을 거쳐야 했기 때문에 실제 임상에 적용하기에는 번거롭고 난도가 높은 방법으로 여겨졌습니다.

그라신처럼 골수세포를 강제로 자라게 하여 말초에서도 골수세포를 포집할 수 있게 하는 약물이 개발된 것은 1990년대 중반의 일입니다. 그제야 비로소 말초혈액에서 조혈모세포 채취가 실용화되기 시작했는데, 학계에서는 1996년부터 임상에서 정착했다고 보고 있습니다.

제가 기증한 2016년쯤에는 기술이 훨씬 발달해서 큰 문제 없이 기증할 수 있었어요. 기증받으신 분도 지금까지 건강히 잘 지내고 계세요. 물론 지금은 그때보다도 훨씬 발달했더라고요. 조직 간의 생착률이 더욱 높아지고 부작용이 많이 줄었습니다. GVHD의 위험이 아직은 남아 있지만, 면역억제제의 발전 덕분에 점점 줄어드는 추세입니다.

조혈모세포 이식은 생명을 살리는 일입니다. 제가 직접 경험해봤기에 더 당당히 권해드릴 수 있는데요. 사람이 한평생을 보내면서 '내가 한 생명을 살렸다!'라는 기억은 정말 큰 힘이 됩니다. 또한 단지 다른 사람을 위한 일이 아니라, 언젠가 나를 위한 일이 될 수 있다는 점 또한 잊지 말아주세요.

상상이 현실로, 장기를 나누다

장기기증 관련 기사나 뉴스를 종종 접하죠? 이 장기기증에 긍정적이신 분도 있고 부정적이신 분도 있어요. 그런데 우리나라 통계를 보면 정말 많은 분이 새 생명을 얻고 있다는 것을 알 수 있습니다.

예컨대 2000년에는 뇌사자 52분이 장기기증으로 총 231분에게 새 생명을 주셨고, 2023년에는 뇌사자 483분이 장기기증으로 총 1,943분에게 새 생명을 주셨습니다. 23년간 쌓인 사례를 보면, 뇌사자 7,394분이 장기기증을 통해 3만 295분에게 새 생명을 선물하셨습니다. 무엇보다 장기를 기증받는 분들은 대개 이식이 아니면 다른 희망이 없는 경우가 많다는 점을 생각하면, 장기기증 덕분에 정말 많은 생명이 이어지고 있다고 볼 수 있습니다.

골수이식의 역사에서 잠깐 언급한 것처럼, 인류는 아주 오래전부터 장기 교체라는 개념을 상상해왔습니다. 예를 들어 인도의 고대 의학서 《수슈루타 상히타》에는 화상 치료를 위해 피부를 이식하거나, 이마의 근육을 돌려 코를 재건하는 자가이식에 관한 기록이 있습니다. 물론 장기이식이라기보다는 자가이식에 가까운 사례이지만, 어쨌든 이식 수술의 가능성을 보여준 초기 사례라고 할 수 있죠.

또 중세 문학에도 장기이식에 관한 이야기가 나오는데요. 사실은 기독교 성인들 이야기입니다. 이를테면 3세기의 코스마스와 다미안이라는 성인은 로마 집사가 다리를 다치자 사망한 지 얼마 안 된 에티오피아 남자의 다리로 교체했다고 전해집니다. 물론 실제 사례라기보다는 상상에 가까운 이야기지만, 이런 상상이 현대에 이르러 고난도의 수술로 시도되고 있다는 점에서 흥미로워요.

될 것 같은데? 아닌 것 같은데?

그런데 사람들이 장기이식을 그냥 상상만 하지는 않았던 것 같아요. 흔하진 않았지만 현실에서 시도한 경우도 있긴 있었습니다. 16세기에 유럽에서 매독이 퍼지면서 코가 썩는 환자들이 생겼는데, 인도의 《수슈루타 상히타》에서는 이를 치료할 방법을 벌써 알고 있었죠. 그러나 유럽의 의사들은 조금 다른 방식을 선호했습니다. 바로 기증자의 코를 잘라다가 붙여주는 것이었어요. 그런데 이 방법은 실패율이 엄청났습니다. 거의 100% 실패였죠. 그래서 이식이 무료로 제공되었다는 기록도 있습니다. 이 일을 주도한 사람은 가스파레 탈리아코치Gaspare Tagliacozzi, 1545~1599라는 이탈리아 외과의였는데요. 사실 그 혼자만 한 건 아니고, 당시 많은 의사가 시도했다고 합니다.

뭐라 하고 싶지만, 18세기에 이르러도 비슷한 상황이 이어졌습니다. 그 무렵 영국에 위대한 실험주의자로 알려진 존 헌터John Hunter, 1728~1793라는 외과의가 있었는데, 이분은 관찰과 과학적 추론을 매우 중시했어요. 종두법으로 유명한 에드워드 제너의 스승이자 동료로도 알려져 있습니다. 헌터는 특히 치아 이식에 몰두했습니다. 사람의 치아를 다른 사람의 잇몸에 심을 수 있다고 믿었거든요. 이게 잘 안 되니까 닭의 볏을 다른 닭에게 붙이는 실험 같은 것도 했습니다. 당연히 실패했죠. 면역학적 검사도 없이 마구 시도했으니 성공할 리가 없었습니다.

그럼에도 당시 의사들은 귀, 코, 피부를 다른 사람 것으로 이식하려는 시도를 멈추지 않았습니다. 물론 자가이식도 시도했지만 이것마저 자꾸 실패했어요. 이유는 간단했습니다. 혈관을 연결해야 하는데 그걸 몰랐고, 피부이식의 경우에는 이식할 조직의 피부가 너무 두꺼워서 잘 붙지 않았습니다.

그러다가 1869년에 스위스의 자크-루이 르베르댕Jacques-Louis Reverdin, 1842~1929이라는 의사가 "내가 해보니까 작고 얇은 피부로 하면 되던데?"라고 발표합니다. 그리고 실제로 성공 사례가 나옵니다. 당시 영국의 유명한 외과의이자 손 씻기의 중요성을 주장한 조지프 리스터Joseph Lister도 이에 매료되어 열심히 따라 했습니다. 그런데 문제가 있었습니다. 자가이식은 성공 가능성이 있지만 동종이식은 여전히 실패할 수밖에 없다는 점을 그들은 몰랐습니다. 그냥 무작정 시도했던 거죠. 성공률이 워낙 낮다 보니 다른 이유 때문에 실패했다고 생각하고 계속 실험한 겁니다.

그러던 중 영국의 외과의 조지 폴록George Pollock이 "이거 자기 피부 아니면 안 되는 거 같은데?"라고 발표했습니다. 19세기에 대부분의 의사들은 "아닌 거 같은데?"로 일관하면서 동종이식의 가능성을 탐구하며 실패를 거듭했습니다. 20세기 중반까지도 이런 막무가내식 실험이 이어졌습니다.

면역반응의 비밀을 밝힌 과학자들

그런 와중에도 이식과 관련된 연구는 계속되고 있었습니다. 특히 면역반응이 꾸준히 연구되었죠. 1903년에 독일의 파울 에를리히Paul Ehrlich, 1854~1915 박사는 생쥐 간의 종양 이식을 연구했는데, 동종 간 종양 이식을 하면 이식받은 쥐가 자주 죽는 현상을 발견합니다. 그런데 가끔 그렇지 않은 경우도 있었어요. 이에 대해 이후 연구자들이 "혹시 이식 조직의 면역반응 차이 때문이 아닐까?"라는 의문을 제기합니다.

그러자 에를리히 박사는 "항체가 검출되지 않는 상황에서 그게 무슨 소리냐"고 무시해버렸습니다. 항체가 검출되지 않은 이유는 당시의 기술적 한계 때문이었는데 에를리히 박사가 이 사실을 몰랐던 겁니다. 그럼 이 박사가 부족한 사람이냐? 전혀 아닙니다. 에를리히 박사는 비소를 이용해 마법의 탄환, 즉 살바르산 606을 만들어냄으로써 페니실린이 나오기 전까지 인류를 매독에서 구원한 분입니다. 1908년 노벨 생리의학상까지 받은 분이에요. 그냥 시대의 한계 때문에 벌어진 일이라고 보면 될 것 같습니다.

그런데 에를리히 박사의 제자였던 게오르크 쇠네Georg Schöne, 1875~1960가 '종양 말고 피부로 해보면 어떨까?'라는 생각을 합니다. 그러고는 동종 피부이식을 시도했지만, 언제나 실패한다는 걸 확인합니다. 그럼에도 항체는 여전히 검출되지 않았는데, 뭐가 좀 이상하잖아요? 그래서 검증을 위해 같은 쥐에게 한 번 더 피부를 이식합니다. 만약 면역반응이 원인이라면 첫 번째 이식에서 항체가 형성되었을 테니 두 번째 이식은 첫 번째보다 더 빨리 실패할 거라고 봤죠. 결과는 예상대로였습니다.

이를 바탕으로 쇠네 박사는 1912년에 "같은 종이라도 개체가 다르면 면역 체계에서 거부반응이 있는 것 같다"는 결론을 발표합니다. 이 공로로 최초의 이식 면역학자라고 불리게 되었죠. 아쉽게도 노벨상은 받지 못했습니다.

이 연구를 바탕으로 1920년대 말에 미국 록펠러연구소에서

"이런 거부반응에 림프구가 중요한 역할을 하는 듯하다"는 결론을 내립니다. 그리고 제임스 머피James Murphy 박사가 "림프구가 동종이식 실패의 주범이다!"라고 발표합니다. 그러나 당시 림프구를 단순히 '가만히 있는 고정된 세포'로 여겼기 때문에, "무슨 헛소리를 하는 거야?"라는 반응 속에 무시당합니다. 참고로, 쉬네 박사의 주장이 본격적으로 주목받은 것도 1940년대의 일입니다.

그럼 그전까지는 의사들이 어떻게 했냐고요? 말씀드렸잖아요. 1940년대까지도 여전히 남의 피부를 뜯어다 이식을 했습니다. 그냥 막무가내로요. 근데 이게 전부가 아니에요. 이제는 마취도 할 수 있고 배도 열 수 있는 시대가 되었죠. 피부이식에만 만족할 의사들이 아니었습니다.

동물실험에서 발견한 실마리

19세기 말에는 신장에 대해서도 이미 생리학적 연구가 어느 정도 진행되었죠. 자, 내가 20세기 초 의사예요. 환자가 왔는데 신장이 망가졌습니다. 그런데 의학적으로 고칠 방법이 없어요. 옆을 보니까 피부를 갈아 끼우고 있죠. 그러면 무얼 하고 싶겠어요? 네, 신장을 이식해보고 싶겠죠.

다행히 20세기 초여서 처음부터 사람에게 시도하진 않아요. 대신 개의 신장으로 실험을 시작합니다. 오스트리아의 외과의 에

머리히 울만Emerich Ullmann, 1861~1937이 개의 신장에서 자가이식을 해본 뒤 이식이 가능하다는 걸 확인하고, 그다음엔 개의 신장을 염소에게 이식해봅니다. 염소는 며칠 뒤에 죽었는데, 그때는 '다른 이유 때문이겠지'라 여기고 그냥 넘어갔어요.

왜 이종 간 이식을 했냐고요? 19세기 말, 신장이 중요하다는 사실은 알았죠? 그런데 신장이 두 개라서 하나를 떼어 이식하는 걸 어떻게 상상할 수 있을까요? '하나님이 두 개를 주셨는데, 남에게 하나 떼어주다가 죽으면 어떡해?'라는 생각이 지배적이었죠. 그때는 사람 신장을 떼어 이식하려는 생각을 아예 하지 못한 겁니다. 피부이식이 동종이식으로 자꾸 실패하니까 '이제 이종이식을 해야 한다'고 생각하기도 했죠.

이 실험을 바탕으로 프랑스의 외과의 마티외 자불레Mathieu Jaboulay는 1906년에 돼지와 염소의 신장을 인간 환자에게 이식해봅니다. 결과는 네, 모두 사망했죠. 이어서 1909년에 독일의 에른스트 웅거Ernst Unger 박사가 원숭이 신장을 인간에게 이식했지만 역시 사망했습니다. 그럼에도 이 시도는 꾸준히 이어졌습니다.

그러다가 1930년대에 레오 뢰브Leo Leob, 1869~1959라는 독일인 연구자가 나치를 피해 미국 워싱턴대학교로 갑니다. 그는 쥐에게 피부를 동종이식할 때, 이식받은 쥐와 증여한 쥐의 유전적 차이에 따라 거부반응이 달라진다는 사실을 발견합니다. 가까운 가족일수록 거부반응이 덜하고, 관계가 멀수록 거부반응이 더 심하다는 거죠. 이 연구는 일란성 쌍둥이 사이의 이식에 중요한 영향을 주었습니다.

그런데 정작 근친교배된 쥐 사이에서는 피부이식이 실패한 것을 보고 레오 뢰브는 '우리가 모르는 좀 더 신비로운 무언가가 있다'며 과학적으로 설명하지 못한 부분을 언급했죠. 당시에는 면역학이나 조직적합성항원(HLA 같은 개념)이 밝혀지기 전이었습니다. 그리하여 비과학적이라는 비판을 받고 잊혔습니다. 지금 보면 그의 연구가 큰 공헌을 했는데, 그때는 제대로 평가받지 못했죠. 이 시기 서방 국가들은 대부분 쥐를 대상으로 실험하거나, 동물 신장을 사람에게 이식하는 등의 연구와 치료를 시도했습니다.

같은 시기에 소련에서는 사람의 신장을 사람에게 이식하는 수술을 시도하고 있었습니다. 유리 보로노이Yuriy Voronoy라는 우크라이나 외과의가 이를 시행했는데, 그때는 동종이식 간에 면역검사를 할 수 없었어요. 그리고 살아 있는 사람의 신장을 떼어 이식하는 것은 불가능했죠. 그래서 죽은 사람의 신장을 떼어 이식했는데, 기록에 따르면 사망한 지 6시간이 지난 뒤에야 신장을 떼어 이식했다고 합니다. 보로노이가 시도한 4번의 수술은 모두 실패로 끝났습니다.

'이게 안 되는 거 아닌가?'라는 생각이 들었지만, 1950년 미국의 비뇨기과 의사 리처드 롤러Richard Lawler가 인간의 신장을 이식하는 시도를 했습니다. 처음에는 성공적으로 보였는데, 몇 달 뒤에 거부반응이 나타나 신장을 제거해야 했죠. 그런데 언론에서는 성공적인 내용만 보도했기 때문에, 이 일을 계기로 인간 신장

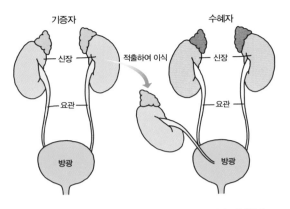

이식 수술이 활성화되기 시작했습니다.

그때 신장을 기증한 사람은 대부분 사형선고를 받은 범죄자
들이었습니다. 그러던 중, 프랑스의 의사 르네 퀴스René Küss, 1913~
2006가 신장을 본래 있던 자리에 이식하는 것은 너무 어렵거니와
굳이 그럴 필요가 없다고 생각하며 허벅지 동맥에 신장을 이식하
는 방법을 제시합니다. 이 방법이 지금 우리가 사용하는 방식으
로, 수술 기법의 개선을 이루는 데 크게 기여했죠.

그러나 여전히 거부반응이 문제였고, 9명을 수술했는데 모
두 사망했습니다. 그래도 신장이식 수술은 전 세계 각지에서 끊
임없이 시도되었습니다. 미국에서도 9건의 신장 이식수술을 시
도했지만 모두 실패했습니다.

이란성 쌍둥이의 신장이식 성공, 새로운 전환점

그러다가 1954년, 미국의 조지프 머리Joseph Murray, 1919~2012 박사가 일란성 쌍둥이 사이의 신장이식에 성공했습니다. 쌍둥이 끼리의 피부이식은 가능하다는 사실이 이미 알려져 있었지만, 신장도 이식할 수 있다는 것이 새롭게 밝혀졌죠. 이것이 의학계에 큰 희망을 주었습니다.

이 성공을 바탕으로 머리 박사는 이제 다른 사람에게도 신장이식을 시도해볼 생각을 합니다. 이때, 앞서 다룬 방사선 실험이 중요한 역할을 하죠. 면역이 문제라면 이식받는 사람의 면역을 없애면 된다는 생각을 토대로, 1958년에 12명에게 전신 방사선을 쬐어 면역세포를 모두 죽인 후 이식수술을 합니다. 그중 11명은 방사선 부작용으로 사망하지만 1명은 살아남습니다. 그 한 명은 이란성 쌍둥이에게서 신장을 받은 환자였죠. 12명 중 1명이 살아남았다는 이 사실이 의학계에 큰 반향을 일으켰고, 이제 전신 방사선 조사 후 이식이 주류로 자리 잡았습니다. 하지만 이 방법은 너무 위험했죠. 그런 가운데 화학적인 면역억제가 가능해지고 수술 기술이 발달하면서 점차 예후가 좋아졌습니다.

우리나라에서도 한국장기조직기증원 같은 여러 단체가 설립되고 장기 보존 기술이 발달하면서 더 많은 사람에게 장기이식이 시행될 수 있었습니다. 더 많은 생명을 구하게 된 것입니다.

실명으로 가는 길을 막아라!

망막박리에 대해 정확히 아시는 분 있나요? '망막이 박리된다'는 것은 무엇을 뜻하는지 간단히 설명드릴게요. 눈의 구조를 해부학적으로 보면, 수정체는 카메라의 렌즈와 같고 홍채는 조리개 역할을 합니다. 홍채는 빛의 양에 따라 커졌다가 작아지며 들어오는 빛의 양을 조절하죠. 그 빛이 망막에 맺히는데, 망막은 시신경의 일부입니다. 망막에 맺힌 이미지가 시신경을 거쳐 뇌로 전달되면 비로소 우리가 보는 것이 됩니다.

따라서 '망막이 박리되었다'는 것은 시신경에 손상이 생겼다는 의미입니다. 정도에 따라 차이가 있지만 망막박리는 대부분 시력 손상을 가져옵니다. 이 질환은 3대 실명 원인 중 하나일 정도로 심각한 질환입니다. 그리고 놀랍게도 어릴 때 발생할 수 있습니다. 10대, 20대에도 발생할 수 있고 30대, 40대도 예외가 아니죠.

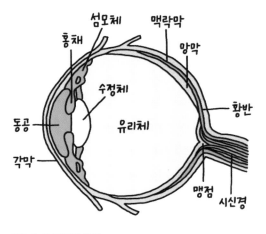

섬모체 맥락막

홍채 망막

수정체

동공 유리체 황반

각막

맹점 시신경

눈의 구조와 명칭

　망막박리의 증상과 기전을 좀 더 설명드리겠습니다. 저도 얼마 전에 겪어서 아주 잘 아는데요. 처음에는 눈앞에 먹물 같은 점들이 떠다니는 것처럼 보입니다. 이를 '비문증'이라고 하며, 노화 때문에 혹은 원인 불명으로 생길 수 있어요. 저절로 좋아지기도 해서 많은 분이 그냥 지나쳐요. 저도 그랬습니다. 그러나 결국 큰일 나기 전에 병원에 가야 하는 상황이 오죠.

　만약 망막에 구멍이 생기면, 유리체액이 구멍 안으로 들어가면서 압력이 발생하고 망막이 뒤쪽에서부터 분리됩니다. 이게 바로 망막박리입니다. 처음에는 박리된 부위에 '광시증'이라고 해서, 눈을 감았는데도 빛이 번쩍거리는 증상이 생길 수 있어요. 제 경우에는 처음에는 이런 증상이 없다가, 수술 후 재발했을 때 이런 증상이 나타났습니다.

시간이 지나면 박리가 더 진행되어, 마치 눈앞에 커튼을 친 것처럼 보이지 않는 부분이 생깁니다. 이때라도 발견했다면 얼른 병원에 가야 합니다. 왜냐하면 망막 중심부에 황반이라는 부위가 있는데, 이 부위까지 박리가 되면 실명할 수도 있기 때문입니다. 저도 황반까지 박리가 된 상태에서 수술을 받았지만 다행히 실명은 면할 수 있었습니다. 현대 의학의 힘 덕분입니다. 시신경이 떨어졌다 붙으면서 물체가 찌그러져 보이는 부작용은 있었지만, 실명을 피한 것만으로도 아주 고마운 일이었죠.

고대 철학자들의 시각 이론

망막박리를 인류가 처음으로 인지한 것은 언제일까요? 눈의 역할을 처음으로 알게 된 시점을 고려해보면, 인간은 처음부터 눈이 물체를 보는 데 사용된다는 것을 알았을 가능성이 큽니다. 별다른 기록은 없지만, 눈을 감으면 보이지 않고 뜨면 보인다는 사실은 다쳤을 때도 쉽게 경험할 수 있기 때문이죠. 물론 해부학적으로 정확히 이해하거나 생리학적 기능을 알게 되는 데는 시간이 걸렸습니다.

기원전 4세기 그리스의 유명한 철학자 플라톤은 빛이 눈에서 나와 물체를 포착한다고 생각했는데, 이를 '외출 이론'이라고 합니다. 반면 아리스토텔레스는 빛을 받아들이고 그것으로 물체를 보는 것이라는 '내부 투과 이론'을 지지했습니다. 이 두 이론은 오랫동안 공존하게 되죠.

그 후, 비교해부학의 대가 갈레노스가 외출 이론을 지지하며 눈에 대한 이해를 넓혔습니다. 비록 그 이론은 현대적으로 보면 말이 되지 않지만, 망막·각막·홍채·포도막·누관·눈꺼풀·유리체액 등을 구분할 수 있었고 수정체가 시력에 중요한 역할을 한다고 보았습니다. 백내장이 발병하면 시력이 상실되는 것을 수정체가 중요하다는 증거로 봤죠.

하지만 중세 서양에서는 의학이 발전하는 속도가 크게 둔화하고, 주로 이슬람문화권에서 의학이 꾸준히 발전했습니다. 당시 사람들은 망막이 눈에 영양분을 공급하는 곳이라고 생각했고, 시력에 가장 중요한 부분은 수정체라고 믿었습니다. 또한 여전히 외출 이론이 중심이었지만, 점차 내부 투과 이론이 맞다고 결론을 내리게 되죠.

16세기부터는 신경해부학이 발달하면서 시신경이 시력에 중요한 역할을 한다는 개념이 나옵니다. 17세기에는 독일의 천문학자 요하네스 케플러가 망막이 시력의 핵심 요소라고 주장합니다. 이러한 이해가 확립되는 데는 당시 미술의 발전, 특히 원근법의 등장이 큰 영향을 끼쳤습니다. 양쪽 눈으로 사물을 볼 때 원근법이 제대로 작동하려면 물체의 상이 망막에 거꾸로 맺히는 현상이 필수적이었죠. 그러나 이 개념이 널리 받아들여지기까지는 오랜 시간이 걸렸습니다.

이처럼 눈 해부학은 오랜 시간을 거쳐 발달해왔습니다. 망막박리의 질환을 이해하려면 적어도 망막의 역할을 제대로 인지한 후에야 가능했을 테니까요.

망막박리의 발견과 최초 연구

망막박리에 관한 본격적인 기술은 19세기로 거슬러 올라갑니다. 영국의 안과의 제임스 웨어James Ware는 1805년 망막박리 연구에 나섰습니다. 그런데 이 연구는 살아 있는 환자를 대상으로 한 것이 아니라 부검을 토대로 한 것이었습니다. 당시 해부학을 향한 열정이 엄청났기 때문에, 많은 연구자가 부검을 통해 눈의 구조와 기능을 이해하려고 했던 거죠.

1851년에 눈 속을 관찰할 수 있는 검안경이 개발되자 살아 있는 사람에게서 망막박리를 관찰할 수 있게 됩니다. 그리고 1853년에는 독일의 안과의 코키우스Ernst Adolf Coccius가, 1854년에는 독일의 안과의 폰 그라페Albrecht Von Graefe(현대 안과학의 창시자)가 망막박리를 진단했죠. 그때 살펴보니, 뭐가 떨어져서 보이지 않는다는 증상이 나타났습니다.

이제 의사들이 가장 먼저 생각한 것은 치료였죠. 여러 가지 방법이 나왔습니다. 기본적인 치료는 휴식이었습니다. 휴식이라면 해가 될 게 없지만, 그냥 쉬라고만 하면 왠지 의사답지 않잖아요? 그래서 더 극단적인 휴식을 취하게 했습니다. 두 눈을 붕대로 감고 아무것도 보이지 않게 만드는 방법이었습니다.

그전에 아트로핀atropine이 개발되었는데, 아트로핀은 부교감신경을 억제해 홍채의 움직임을 차단함으로써 눈을 고정하는 데 사용되었습니다. 또한 머리를 단단히 고정해 눕히는 치료도 있었죠. 1920년에는 이 방법으로는 안 되겠다며 석고로 본을 떠서 움직이지 못하게 하자는 아이디어가 나왔고, 이를 바탕으로 한 치료가 시도되었습니다. 또 어떤 의사는 저염식을 추천하기도 했습니다. 저염식이 혈압을 낮춰주니까 망막에 좋은 영향을 줄 수 있을 것 같다는 추측에서였죠.

수술적 치료도 시도되었습니다. 당시 의사들은 망막에 구멍을 내면 내부 압력이 줄어들어 박리의 진행을 막을 수 있을 것이라고 예상했습니다. 그러나 폰 그라페는 이 방법이 유리체액을 더 빠져나가게 하여 박리를 더 악화시킬 가능성이 있다고 우려했습니다. 실제로 수술한 결과를 보면 새로운 박리가 발생하는 경우가 많았습니다. 그럼에도 망막에 구멍을 뚫는 치료법은 1920년대까지 널리 시행되었습니다.

어떤 의사는 눈의 압력을 높여 박리된 부분을 누르면 된다고 생각해 외부 물질을 주입하기도 했습니다. 그러나 이 방법은 녹내장을 유발했고 감염까지 발생했죠. 대표적으로 1925년에 이탈리아의 안과의 카르보네Carbone가 시도한 방법이었습니다. 망막이 박리된 부분을 꿰매려고 한 사람도 있었습니다. 그러나 망막은 아주 얇고 약하기 때문에, 꿰매면 오히려 더 찢어집니다.

현대 수술법의 탄생과 발전

이렇게 다양한 치료법이 있었지만 그 효과는 0.1%에 불과했다고 보고되었습니다. 물론 당시의 성공률을 정확히 알기는 어렵지만, 비율이 낮았던 것만큼은 분명하죠.

이 시기를 '고닌 이전 시대'라고 합니다. 줄스 고닌Jules Gonin이라는 사람이 등장하기 전까지는 여러 시행착오가 있던 시대였죠. 왜 여러 시행착오가 있었냐 하면, 그때 의사들은 망막박리가 생기는 기전을 몰랐기 때문입니다. 그냥 망막에 뭐가 차오르면서 생기는 현상이라고 생각했기 때문에 구멍을 내는 방식이 유행했던 거죠. 그런데 고닌이 등장하면서 모든 것이 바뀝니다.

1929년, 국제안과학회에서 고닌은 유리체의 견인 등 다양한 원인으로 망막에 구멍이 생긴 뒤에 그 구멍을 통해 유리체액이 들어가면서 박리가 진행된다는 연구 결과를 발표했습니다. 처음에는 아무도 그 말을 믿지 않았지만, 고닌은 연구를 이어가며 자신이 믿는 치료를 시도했습니다. 고닌은 박리된 부위를 붙이는 것이 아니라 찢어진 부위만 막으면 유리체액이 더는 망막에 들어가지 못하므로 박리의 진행을 막을 수 있다고 생각했습니다. 그리고 꿰매는 건 불가능하니까 그 부위를 태워서 붙이는 방법을 고안했죠.

당시에 사용된 기구를 보면 끝이 꽤 두꺼웠습니다. 그런 기구가 눈에 들어가도 될지 의문이 들지만, 수술 후 망막박리 교정률이 무려 50%까지 올라갔습니다. 물론 오늘날처럼 시력이 완전히 회복되진 않았습니다. 단지 박리가 붙었다는 것이었죠. 그렇지만 이 사실은 망막박리 치료에서 매우 중요한 진전이었습니다.

그렇게 망막의 구멍을 막기만 했을 뿐인데 그 안에 들어간 유리체액이 흡수되면서 망막이 다시 붙는 것을 확인했고, 망막박리 수술에 완전히 새로운 시대가 열렸습니다.

그 뒤에도 여러 시행착오가 있었지만, 제가 경험한 두 가지 수술을 중심으로 이야기해보겠습니다.

첫째는 '공막돌륭술'입니다. 1949년에 처음으로 소개되고 1950년대부터 본격적으로 널리 사용된 공막돌륭술은 오늘날에도 여전히 쓰이고 있습니다. 제가 받은 첫 번째 수술이기도 하죠. 간단히 설명드리면, 이 수술은 눈알에 벨트를 채우는 방식입니다. 만약 망막이 찢어져서 유리체액이 들어갔다면 외부에서 벨트를 채워 눈알을 눌러주는 것이죠. 이렇게 하면 이미 들어간 유리체액은 흡수되고, 유리체액이 더는 들어가지 못하게 됩니다. 이 수술은 성공률이 80~90%에 이릅니다.

둘째는 '유리체 절제술'입니다. 1970년대 초 처음 시도된 유리체 절제술은 현미경, 기기, 레이저 그리고 냉응고술의 발달에 힘입어 꾸준히 혁신을 거듭하며 지금까지 사용되고 있습니다. 이 수술은 유리체를 제거하고 망막박리가 발생한 부위를 직접 처치하는 수술입니다. 이 수술은 난도가 훨씬 높습니다. 성공률은 공막돌륭술과 비슷하거나 조금 더 우세할 수 있는데, 주로 나이 든 사람의 수술이나 재수술에 사용됩니다.

문제는 수술 후 관리가 어렵다는 점인데요. 공막돌륭술은 수술받고 나서 자세에 제한이 없지만 유리체 절제술은 그렇지 않습니다. 왜냐하면 망막을 꿰매지 않기 때문입니다. 대신 찢어진 부위를 레이저로 지지거나 냉응고로 얼리는데, 이 방법만으로는 망막을 제대로 고정하기 어려워 불안정할 수 있어서 물질을 넣고 압력을 가합니다. 이때 안압이 올라가면 안 되기 때문에 넣을 수 있는 물질이 매우 제한적입니다. 주로 사용되는 물질은 가스와 실리콘 오일입니다. 둘 다 유리체액보다 가벼워서 위로 뜨는데, 망막은 눈 뒤쪽에 위치하므로 엎드려 있어야 이 물질들이 망막을 제대로 누를 수 있습니다. 실리콘 오일은 누르는 힘이 더 강하지만, 나중에 제거해야 하는 단점이 있고, 가스는 저절로 흡수되죠.

참고로 저는 오일을 넣고 엎드려 있었는데, 그 때문에 수술을 한 번 더 받아야 했습니다. 다행히 그 덕분에 시력을 지킬 수 있었죠. 돌이켜보면 감사한 일이에요.

의학 연구와 수술 윤리에 경종을 울리다

이비인후과도 놀라운 진보를 이룩했지만 아직 도전적으로 나아가야 할 분야가 있습니다. 그중 하나가 기도 관련 분야입니다. 기도에 협착이나 화상으로 인한 흉터가 있을 때, 선천적으로 발달이 덜 되었을 때, 암이 발생하는 경우 그리고 그 범위가 일정 기준을 넘어설 경우에는 사실상 치료가 어렵습니다. 만약 기도의 손상 또는 제거해야 할 병변 부위가 7cm 이하라면 남은 기도 부위를 벗겨낸 다음 당겨서 꿰매는 방법을 사용할 수 있지만, 이렇게 하면 경부, 즉 목 운동에 제한이 생깁니다. 그보다 긴 경우에는 다시 이어주는 것이 사실상 불가능하죠.

그나마 경부 기도(목 부위에 위치한 숨길)에 국한된 질환이라면 시행할 수 있습니다. 이것은 보통 기관 절개술로 숨을 쉬게 하고, 그 위의 기도는 없애는 방법입니다. 이렇게 하면 성대가 사라져 말은 할 수 없지만 그 부위로 숨은 쉴 수 있으며, 식도와 기도가 분리되어 음식을 먹는 데는 문제가 없습니다.

그러나 만약 그 아래 부위에 문제가 생기면 사실상 해결이 불가능합니다. 특히 기도가 좌우 폐로 나뉘는 부분인 기관 분기부, 즉 카리나carina가 손상되었거나 제거해야 하는 경우에는 답이 없습니다. 장기이식을 고려할 수도 있지만 이 부위에 염증이나 출혈이 발생하면 기도가 막히게 되고, 위치상 너무 안쪽에 있어서 여전히 치료하기 힘든 측면이 많습니다. 이와 같은 기도 관련 질환은 완벽한 해결이 쉽지 않아, 지속적인 연구와 새로운 접근법이 꾸준히 필요합니다.

다행히 이런 극단적인 기도 손상은 드물게 발생하지만, 사실 확률이라는 게 환자에게는 별 의미가 없죠. 만약 그 병이 생겼다면, 그저 그 병을 가진 사람일 뿐입니다.

줄기세포를 이용해 인공 기도이식에 성공?

의사에게도 환자에게도 희망이 없는 시기가 이어지기만 하죠. 그럴 때 의사 한 명이 등장합니다. 다름 아닌 파올로 마키아리니Paolo Macchiarini라는 의사입니다. 처음에는 조지 클루니를 닮은 외모로도 화제가 되었습니다. 4~5개 외국어를 할 줄 알고, 가죽 점퍼를 입고 오토바이를 타며 인기를 끌었던 인물입니다. 인터뷰

하던 기자와 사귀기까지 했다고 하죠.

이탈리아 태생으로, 피사대학교 의과대학을 나와 피사대학 병원에서 흉부외과 수련을 받고 전문의 자격을 땁니다. 이탈리아는 의사에 대한 처우가 그리 좋지 않아서, 실력이 뛰어난 의사는 외국으로 나가는 경우가 많습니다. 마키아리니도 프랑스 파리를 거쳐 스페인 바르셀로나로 갑니다. 바르셀로나에서 그는 자기에게 치료받던 환자의 어머니와 결혼하는데, 환자는 사망했지만 마키아리니가 그 어머니를 친절하게 대하며 관계가 발전했다고 합니다. 이것은 2008년의 일인데, 이때까지만 해도 썩 주목받는 의사는 아니었습니다.

2010년, 스웨덴의 카롤린스카연구소에 객원교수로 채용되면서 마키아리니의 커리어가 새로운 전환점을 맞습니다. 카롤린스카연구소는 산하 노벨 위원회에서 노벨 생리의학상 수상자를 선정하는 곳으로, 유럽에서 최고로 손꼽히는 병원입니다.

카롤린스카연구소에서 1년간의 연구를 마친 마키아리니는 2011년, 역사적인 발표를 합니다. 줄기세포로 코팅된 인공기관, 즉 기도를 사람에게 이식할 수 있다는 혁신적인 아이디어를 발표한 것이죠. 이 발표는 당시까지는 죽음을 받아들여야만 했던 환자들에게 새로운 희망을 주었기 때문에 이비인후과와 두경부외과, 흉부외과에서는 엄청난 화제가 됐어요. 그때 제가 레지던트였는데, 교수님이 그 논문을 주셨던 일이 기억에 남습니다.

2011년 마키아리니는 안데마리암 베예네라는 30대 환자에게 이 수술을 시행합니다. 이 환자는 희귀암에 걸려 치료가 불가능한 시한부 판정을 받은 상태였습니다. 이 도전적인 수술의 첫 번째 환자가 된 것이죠. 수술 방법은 이랬습니다. 먼저, 환자의 기도를 본 뜬 인공 기도를 만들어냅니다. 이 인공 기도는 플라스틱의 일종이었죠. 그리고 그 위에 환자의 골수에서 채취한 줄기세포를 접종한 다음 생물반응기라는 기계에 넣어 세포들이 자라게 합니다. 그렇게 자란 세포들이 플라스틱 인공 기도의 내부를 덮어 환자 본인의 기도 세포가 그 자리를 차지하게끔 합니다.

그 후에 환자의 기도를 제거하고 인공 기도로 대체하는 수술을 진행합니다. 수술하고 나서 한 달 뒤에 환자는 살아 있었고, 파올로 마키아리니의 주도로 언론 인터뷰까지 이뤄집니다. 이 일은 정말 어마어마한 사건이었죠. 마키아리니는 스타 의사로 떠오르며 온갖 언론 인터뷰와 기사가 쏟아졌고 다큐멘터리까지 제작되었습니다.

카롤린스카연구소의 전폭적인 지원

그러자 그동안 희망을 잃었던 많은 환자가 마키아리니를 찾아왔습니다. 그리고 2011년 9월과 11월, 두 명의 환자가 각각 이 수술을 받습니다. 두 번째 환자는 마키아리니의 감독 없이 런던에서 수술을 받았고, 세 번째 환자는 마키아리니가 직접 수술했습니다.

　세 번째 환자는 크리스 라일스라는 30세 남성으로, 기도암에 걸렸습니다. 기도암은 인구 10만 명당 0.1명 정도만 발생하는 매우 드문 질환으로 예후가 몹시 나쁩니다. 만약 수술이 가능한 상태라면 5년 생존율이 50%에 달하지만, 수술이 가능한 경우는 10% 정도밖에 안 됩니다. 또 극히 드문 질환이라 이런 통계는 기관마다 다르게 보고되기도 합니다. 그러나 수술하지 못하는 경우 예후가 아주 나쁘다는 점은 공통된 의견이었죠. 이 환자는 수술을 하려면 너무 많은 부위를 절제해야 했는데, 그러면 숨을 쉴 수 없게 될 위험이 있었습니다. 그래서 6개월 시한부 판정을 받아둔 상태였죠.

　크리스 라일스는 마키아리니의 혁신적인 수술 소식을 듣고 카롤린스카연구소로 갑니다. 그때 카롤린스카연구소에서는 마키아리니를 엄청 지원하고 있었어요. 지금은 기도에만 국한된 기술이지만, 만약 이 기술이 다른 분야로 확장된다면 줄기세포를 이용한 장기이식이 가능해질 수 있다는 점에 아주 큰 기대를 걸고 있었기 때문이죠. 그래서 당장 수술에 들어갑니다.

　수술 직후, 마키아리니는 환자와 가족에게 "수술이 잘 끝났다"고 말했습니다. 그런데 그 뒤로는 마키아리니를 보기 힘들었습니다. 스타 의사가 되어 여기저기 불려 다니며 강연을 했기 때문이죠. 그러던 중 환자 상태가 나빠지기 시작합니다. 기침을 할 때 고름과 피가 나오고 혈전도 생기고 감염 소견이 보였죠. 환자는 감염된 부위를 긁어내는 수술을 받았는데, 그 수술을 마키아리니의 동료가 맡았습니다.

이 수술 후에 환자는 회복 소견을 보이며 고향인 미국으로 돌아갔는데, 돌아간 지 두 달 만에 사망합니다. 마키아리니는 환자가 수술 후 감염 때문에 사망했다고 보고합니다. 환자의 보호자들도 이 수술이 새로운 도전이었다는 점에서 여전히 마키아리니를 지지했으며, 카롤린스카연구소도 계속해서 그를 전폭적으로 지원했습니다. 그들은 이 수술이 성공하면 장기이식 센터를 만들 계획이었기 때문에 마키아리니를 꾸준히 밀어주었습니다.

의료 혁신의 어두운 그림자: 부작용과 숨겨진 진실

그 후 러시아에서 이 수술에 관심을 보였고, 이 수술을 승인해주기까지 했습니다. 이때 마키아리니는 자기가 원하는 환자를 골라서 수술할 수 있었습니다. 그가 선택한 환자는 젊고 건강한 사람들이었습니다. 그런데 이 환자들은 기관 절제술을 받아서 목에 구멍이 난 것을 제외하면 건강에 문제가 거의 없는 사람들이었어요. 이들은 그저 불편하기만 할 뿐, 일상생활에 큰 지장이 없었죠. 그러나 마키아리니는 이런 환자들에게까지 수술을 강행했습니다.

그러다 2012년, 예심 체티르라는 20대의 튀르키예인 환자가 등장합니다. 그는 기도가 손상되어 기침을 하고 점액이 분비되는 증상을 겪고 있었지만, 그 외에는 일상생활에 큰 지장이 없었습니다. 식사도 할 수 있고, 비행기를 타고 여행도 다닐 수 있었죠. 그런데도 마키아리니는 그를 설득하여 수술을 받도록 했습니다. 마키아리니는 수술을 받으면 그가 완전히 회복할 수 있다고 주장했죠.

수술 후, 환자는 심각한 합병증에 시달립니다. 그러나 마키아리니는 환자 곁에 없었습니다. 그의 조수와 동료들이 문제를 처리해야 했죠. 감염에 더해 주변 기도가 썩어들어 가는 증상까지 나타났습니다. 환자는 기침을 할 때마다 고름이 나와서, 결국 기관 절제술을 받고 기계 호흡을 해야 했습니다. 그 후에도 재수술을 받았지만, 똑같은 부작용을 겪었습니다.

그런데 마키아리니는 어디 있었을까요? 그는 미국에 있었습니다. 정확히 말하면, 해나라는 아이를 수술하기 위해 미국의 한 병원에 있었습니다. 마키아리니는 마크 홀터만Mark Holterman이라는 의사의 소개로 그 병원을 방문했고, 홀터만은 마키아리니가 미국에서 수술할 수 있게끔 FDA의 승인을 받도록 도와줍니다. 해나는 한국계 캐나다인으로, 우리나라에서 연명 치료를 받았었죠. 마키아리니는 우리나라에 있는 병원에서 해나를 진료한 뒤 미국으로 갔습니다. 그리고 해나는 마키아리니에게 수술을 받고서 3개월 뒤에 사망합니다.

동료 의사들의 의혹 제기로 진실을 밝히다

그 후에 마키아리니는 또 다른 환자 2명을 수술했습니다. 그러나 2014년을 기점으로, 마키아리니가 행한 수술을 받은 환자가 대부분 사망합니다. 마지막으로 수술한 환자 빼고는 현재 모두 사망했는데, 그 마지막 환자는 이식받은 인공 기관지를 제거하고 살아남았습니다.

2014년, 카롤린스카연구소의 의사들 중 4명이 의심을 품습니다. 이들은 마키아리니의 수술에 대해 조사를 시작했는데, 마키아리니가 동물실험을 했는지조차 불명확하다는 사실을 그 과정에서 밝혀냅니다.

계속 추궁을 받자 마키아리니는 "그런 연구는 하지 않았다"며 적반하장 격으로 화를 냈습니다. 그러고는 '지금 사용하고 있는 모든 재료는 FDA에서 승인받은 것'이며, 현재도 연구가 진행 중이라고 주장했죠.

그러나 동료들이 환자들의 의무 기록을 살펴보면서 의혹을 품습니다. 조사 결과, 마키아리니가 이식한 인공 기관지 내부에 기도 세포가 생착한 흔적이 전혀 없다는 것을 알게 됩니다. 사실 그냥 플라스틱이었던 것이죠. 이 때문에 이물 반응이 발생하고, 결국 감염까지 생겼던 것입니다. 또한 이런 사실을 마키아리니가 모르지 않았을 듯합니다. 다큐멘터리 제작 때는 더미용으로 찍어놓은 장면이 있으며, 크기가 맞지도 않는 인공 기도 이식으로 추정되는 장면도 있습니다. 마키아리니에게는 수술의 성공 여부보다는 '이런 수술을 했다'는 자신의 성과를 위한 딱지가 필요했던 거죠.

마키아리니의 연구는 허위로 밝혀졌습니다. 그의 수술이 환자들을 죽음에 이르게 했다는 사실이 드러납니다. 그의 행동에 어떤 처벌이 내려졌을까요? 놀랍게도 카롤린스카연구소는 그를 줄곧 비호해왔습니다. 2016년에는 스웨덴 법원이 마키아리니가 환자들에게 시행한 시술에 과실이 있었다는 점을 인정했지만, '다른 치료를 받았어도 사망했을 가능성이 있다'며 범죄를 증명할 수 없다고 발표했습니다. 그러나 다른 의사들의 끊임없는 고발로 다시 재판이 이루어졌고, 마침내 마키아리니는 2년 6개월의 징역형을 선고받았습니다.

저는 마키아리니의 논문을 읽어본 적이 있기 때문에, 그 사실을 알고 나서 정말 충격을 많이 받았습니다. 이 사건은 의학 연구와 수술의 윤리에 큰 질문을 던지는 사건이었습니다.

1장

에볼라

Michael J Murray, *Ebola Virus Disease: A Review of Its Past and Present*, Anesthesia & Analgesia, 2015.

Muhammad Umair Majid et al., *Nature and History of Ebola Virus: An Overview*, Archives of Neuroscience, 2016.

Xavier Pourrut et al., *The natural history of Ebola virus in Africa*, Microbes and Infection, 2005.

페스트

사카이 다츠오, 《세상을 바꾼 질병 이야기》, 김정환 역, 시그마북스, 2024.

Ingrid Wiechmann et al., *History of Plague*, RCC Perspectives, 2012.

Lisa Seifert et al., *Genotyping Yersinia pestis in Historical Plague: Evidence for Long-Term Persistence of Y. pestis in Europe from the 14th to the 17th Century*, PLOS One, 2016.

Michel Drancourtb & Didier Raoult, *Genotyping Yersinia pestis in historical plague*, The Lancet, 2011.

Michaela Harbeck et al., *Sickness, Hunger, War, and Religion*, RCC Perspectives, 2012.

Michael K Jacobs, *The history of biologic warfare and bioterrorism*, Dermatologic Clinics, 2004.

V. Barras & G. Greub, *History of biological warfare and bioterrorism*, Clinical Microbiology and Infection, 2014.

장티푸스

박영규,《메디컬 조선》, 김영사, 2021.

서울대학교병원 의학역사문화원 편,《전쟁과 의학》, 허원미디어, 2013.

신동원,《조선의약생활사》, 들녘, 2014.

Claire Kidgell et al., *Salmonella typhi, the causative agent of typhoid fever, is approximately 50,000 years old*, Infection, Genetics and Evolution, 2002.

Didier Raoult & Michel Drancourt, *Paleomicrobiology: Past Human Infection*, Springer Nature, 2008.

Emmanouil Angelakis et al., *The History of Epidemic Typhus*, Microbiology Spectrum, 2015.

Filio Marineli et al., *Mary Mallon(1869-1938) and the history of typhoid fever*, Annals of Gastroenterology, 2013.

Manolis J. Papagrigorakis et al., *Typhoid Fever Epidemic in Ancient Athens*, Springer Nature, 2008.

스페인독감

Chun Myung-Sun & Yang Il-Suk, *1918 Influenza Pandemic in Korea: A Review on Dr. Schofield'Article*, Korean Journal of Medical History, 2007.

Daniel Flecknoe et al., *Plagues & wars: the 'Spanish Flu' pandemic as a lesson from history*, Medicine, Conflict and Survival, 2018.

Humphries & Mark Osborne, *Paths of Infection: The First World War and the Origins of the 1918 Influenza Pandemic*, War in History, 2014.

J. S. Oxford et al., *World War I may have allowed the emergence of "Spanish" influenza*, The Lancet Infectious Diseases, 2002.

M. Martini et al., *The Spanish Influenza Pandemic: a lesson from history 100 years after 1918*, Journal of Preventive Medicine and Hygiene, 2019.

Sok Chul Hong & Yangkeun Yun, Fetal Exposure to the 1918 Influenza Pandemic in Colonial Korea and Human Capital Development, Seoul Journal of Economics, 2017.

광견병

Arnaud Tarantola, *Four Thousand Years of Concepts Relating to Rabies in Animals and Humans, Its Prevention and Its Cure*, Tropical Medicine and Infectious Disease, 2017.

D. J. Hicks et al., *Developments in rabies vaccines*, Clinical and Experimental Immunology, 2012.

Thirumeni Nagarajan & Charles E. Rupprecht, *History of Rabies and Rabies Vaccines*, Springer Nature, 2020.

결핵

송은호, 《히스토리x메디슨》, 카시오페아, 2022.

I. Barberis, *The history of tuberculosis:from the first historical records to the isolation of Koch's bacillus*, Journal of Preventive Medicine and Hygiene, 2017.

N. Engl & J. Med, *History of Tuberculosis and Drug Resistance*, The New England Journal of Medicine, 2013.

소아마비

김서형, 《미국사를 뒤흔든 5대 전염병》, 믹스커피, 2024.

Anda Baicus, *History of polio vaccination*, World Journal of Virology, 2012.

Nidia H De Jesus, *Epidemics to eradication: the modern history of poliomyelitis*, Virology Journal, 2007.

Philip Minor, *The polio endgame*, Human Vaccines & Immunotherapeutics, 2014.

2장

혈우병

Kaveri Bhosale, *Hemgenix as First Gene Therapy for Treatment of Haemophilia B*, IJARSCT, 2022.

Massimo Franchini & Pier Mannuccio Mannucci, *Past, present and future of hemophilia:a narrative review*, Orphanet Journal of Rare Diseases, 2012.

Wolfgang Schramm, *The history of haemophilia – a short review, thrombosis research*, Thrombosis Research, 2014.

한센병

Federhofer & Marie-Theres, "I face a dark future." Letters from the Leprosy

Archives, Bergen, UIT MUNIN, 2018.

Jabez & John, *The History of Leprosy*, The University of Arizona, 2018.

Luigi Santacroce et al, *Mycobacterium leprae: A historical study on the origins of leprosy and its social stigma*, InfezMed, 2021.

V. Jay, *The Legacy of Armauer Hansen*, Archives of Pathology & Laboratory Medicine, 2000.

사랑니

Dimitrios Chr Koutroumpas et al., *Tooth Extraction in Antiquity*, Journal of the History of Dentistry, 2020.

DuoHong Zou et al., Wisdom teeth: Mankind's future third vice-teeth?, Medical Hypotheses, 2010.

통풍

George Nuki & Peter A Simkin, *A concise history of gout and hyperuricemia and their treatment*, Arthritis Research & Therapy, 2006.

Lisa Gensel, *The Medical World of Benjamin Franklin*, Journal of the Royal Society of Medicine, 2005.

Milo Keynes, *The Personality and Health of King Henry VIII(1491–1547)*, Journal of Medical Biography, 2005.

Shom Bhattacharjee, *A brief history of gout*, International Journal of Rheumatic Diseases, 2009.

포경수술

Bruno Pinheiro Falcão et al., *Phimosis and Circumcision: Concepts, History, and Evolution*, International Journal of Medical Reviews, 2018.

M. G. Pang & D. S. Kim, *Extraordinarily high rates of male circumcision in South Korea: history and underlying causes*, BJUI, 2008.

W. D. Dunsmuir & E. M. Gordon, *The History of Circumcision*, BJUI, 1999.

심폐소생술

Jonas A. Cooper et al., *Cardiopulmonary Resuscitation: History, Current Practice, and Future*

Direction, AHA/ASA Journals, 2006.

Kapoor & Mukul Chandra, *The History and Evolution of Cardiopulmonary Resuscitation*, Journal of Resuscitation, 2024.

부검

유성호, 《나는 매주 시체를 보러 간다》, 21세기북스, 2019.

Jacek Gulczyński et al., *Short history of the autopsy. Part I. From prehistory to the middle of the 16th century*, Polish Journal of Pathology, 2009.

Jacek Gulczyński et al., *Short history of the autopsy: Part II. From the second half of the 16th century to contemporary times*, Polish Journal of Pathology, 2010.

3장

옥시콘틴

Abby Alpert et al., *Origins of the Opioid Crisis and its Enduring Impacts*, The Quarterly Journal of Economics, 2022.

Art Van Zee, *The Promotion and Marketing of OxyContin: Commercial Triumph, Public Health Tragedy*, American Journal of Public Health, 2009.

E. A. Gardner et al., *The Opioid Crisis: Prevalence and Markets of Opioids*, Forensic Science Review, 2022.

Justice Department Announces Global Resolution of Criminal and Civil Investigations with Opioid Manufacturer Purdue Pharma and Civil Settlement with Members of the Sackler Family, U.S Department of Justice, 2020.

탈리도마이드

Miranda R Waggoner & Anne Drapkin Lyerly, *Clinical trials in pregnancy and the 'shadows of thalidomide': Revisiting the legacy of Frances Kelsey*, Contemporary Clinical Trials, 2022.

Neil Vargesson, *Thalidomide-induced teratogenesis: History and mechanisms*, Birth Defects Research, 2015.

메스암페타민

노르만 올러, 《마약 중독과 전쟁의 시대》, 열린책들, 2022.

David Vearrier et al., *Methamphetamine: History, Pathophysiology, Adverse Health Effects, Current Trends, and Hazards Associated with the Clandestine Manufacture of Methamphetamine*, Disease-a-month, 2012.

Nicholas L. Parsons, *Meth Mania: A History of Methamphetamine*, Lynne Rienner Publishers, 2013.

알코올1

로드 필립스, 《알코올의 역사》, 윤철희 역, 연암서가, 2015.

Eline Poelmans & Johan F. M. Swinnen, *"The Economics of Beer" A Brief Economic History of Beer*, Oxford University Press, 2011.

Franz G. Meussdoerffer, *"Handbook of Brewing: Processes, Technology, Market" A Comprehensive History of Beer Brewing*, Wiley Online Library, 2009.

János Fehér et al., *The cultural history of wine - theoretical background to wine therapy*, Central European Journal of Medicine, 2007.

알코올2

서울역사편찬원, 《서울의 술》 서울책방, 2021.

정구선, 《조선 왕들, 금주령을 내리다》, 팬덤북스, 2022.

피에르 푸케, 《술의 역사》, 한길사, 2000.

Tae-Wan Kim, *Food Science and Industry, Distillation technology and history of Korean distilled spirit, Soju*, Food Science and Industry, 2019.

커피

정승호·김수진, 《조선의 왕은 어떻게 죽었을까》, 인물과사상사, 2021.

탄베 유키히로, 《커피 세계사》, 황소자리, 2024.

Cemal Kafadar, *A History of Coffee*, Harvard University, U.S.A..

담배

에릭 번스, 《신들의 연기 담배》, 책세상, 2015.

Anne Charlton, *Medicinal uses of tobacco in history*, Journal of the Royal Society of Medicine, 2004.

A. W. Musk & N. H. de Klerk, *History of tobacco and health*, Respirology, 2003.

4장

골절 치료

Hans-Christoph Pape & Lawrence X Webb, *History of open wound and fracture treatment*, Journal of Orthopaedic Trauma, 2008.

Jan Bartoníček, *Early history of operative treatment of fractures*, Trauma Surgery, 2010.

Stig Brorson, *Management of fractures of the humerus in Ancient Egypt, Greece, and Rome: an historical review*, Clinical Orthopaedics and Related Research, 2008.

Sahib Muminagic, *History of Bone Fracture: Treatment and Immobilization*, Materia Socio Medica, 2011.

심장수술

앤드루 램,《의학의 대가들》, 상상스퀘어, 2023.

Allen B Weisse, *Cardiac Surgery: A Century of Progress*, Texas Heart Institute Journal, 2011.

Domingo Marcolino Braile & Moacir Fernandes de Godoy, *History of heart surgery in the world*, Braz J Cardiovasc Surg, 2012.

심혈관중재시술

Andrea A Conti et al., *A brief history of coronary interventional cardiology*, Italian Heart Journal, 2003.

David R. Holmes & Mohamad Alkhouli, *Past, Present, and Future of Interventional Cardiology*, JACC, 2020.

Ever D Grech, *Percutaneous coronary intervention. I: History and development*, BMJ, 2003.

Seung-Jung Park et al., *A Paclitaxel-Eluting Stent for the Prevention of Coronary Restenosis*, The New England Journal of Medicine, 2003.

골수이식

Clyde F Barker & James F Markmann, Historical Overview of Transplantation, Cold Spring Harb Perspect Med, 2013.

E. D. Thomas, *Bone marrow transplantation: a historical review*, Transplante de medula óssea, 2000.

Mateja Kralj Juric et al., *Milestones of Hematopoietic Stem Cell Transplantation – From First Human Studies to Current Developments*, Frontiers in Immunology, 2020.

Noa Granot & Rainer Storb, *History of hematopoietic cell transplantation: challenges and progress*, Haematologica, 2020.

신장이식

Clyde F. Barker & James F. Markmann, *Historical Overview of Transplantation*, Cold Spring Harb Perspect Med, 2013.

망막박리

Alexis Warren et al., *Rhegmatogenous retinal detachment surgery: A review*, Clinical & Experimental Ophthalmology, 2023.

Harvey Lincoff, *The Evolution of Retinal Surgery: A Personal Story*, JAMA, 2009.

Thomas J. Wolfensberger, *Jules Gonin. Pioneer of Retinal Detachment Surgery*, Indian Journal of Ophthalmology, 2003.

기도이식

Andreas De Block et al., Philosophy of Science Can Prevent Manslaughter, Journal of Bioethical Inquiry, 2022.

Paolo Macchiarini et al., *Clinical transplantation of a tissue-engineered airway*, The Lancet, 2008. * 허위로 밝혀진 논문

Madeleine Svärd Huss, *The Macchiarini case: Timeline*, Karolinska Institutet, 2024.